रानू और भानु

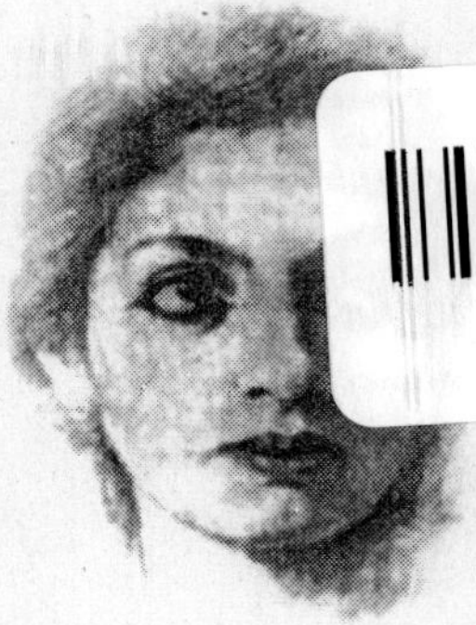

सुनील गंगोपाध्याय

अनुवाद
अमर गोस्वामी

राजकमल पेपरबैक्स

राजकमल पेपरबैक्स में
पहला संस्करण : 2023

राजकमल पेपरबैक्स : उत्कृष्ट साहित्य के जनसुलभ संस्करण

राजकमल प्रकाशन प्रा.लि.
1-बी, नेताजी सुभाष मार्ग, दरियागंज
नई दिल्ली-110 002
द्वारा प्रकाशित

शाखाएँ : अशोक राजपथ, साइंस कॉलेज के सामने, पटना-800 006
पहली मंजिल, दरबारी बिल्डिंग, महात्मा गांधी मार्ग, प्रयागराज-211 001
वेबसाइट : www.rajkamalprakashan.com
ई-मेल : info@rajkamalprakashan.com

बी.के. ऑफसेट
नवीन शाहदरा, दिल्ली-110 032
द्वारा मुद्रित

मूल्य : ₹199

RANU AUR BHANU
Novel by Sunil Gangopadhyay
Translated by Amar Goswami

ISBN : 978-93-95737-12-8

सुनील गंगोपाध्याय

बांग्ला के शीर्षस्थ साहित्यकारों में शुमार सुनील गंगोपाध्याय का जन्म 7 सितम्बर, 1934 को फरीदपुर में हुआ, जो अब बांग्लादेश में है। कोलकाता विश्वविद्यालय से एम.ए. किया। ट्यूशन करके कर्मजीवन की शुरुआत हुई। आनन्द बाजार प्रतिष्ठान की पत्रिका 'देश' से सम्बद्ध रहे।

लेखन की शुरुआत कविताओं से हुई। पहला कविता-संग्रह 'एका एवं कयेकजन' (अकेले एवं कई लोग) छपा। कवि के रूप में जब ख्याति के शीर्ष पर थे तब अचानक उपन्यास लिखना शुरू कर दिया। पहला उपन्यास 'आत्म प्रकाश' था जो 'देश' पत्रिका के शारदीय विशेषांक में छपा। बच्चों के लेखक के रूप में भी खूब लोकप्रिय रहे। 'नील लोहित', 'सनातन पाठक' और 'नील उपाध्याय' छद्मनामों से भी लिखा। 'कृत्तिवास' पत्रिका के संस्थापक-सम्पादक रहे।

दो बार 'आनन्द पुरस्कार' से पुरस्कृत किए गए। 1893 में 'बंकिम पुरस्कार' और 1985 में साहित्य अकादेमी पुरस्कार से पुरस्कृत हुए।

निधन : 23 अक्टूबर, 2012

अमर गोस्वामी

28 नवम्बर, 1945 को मुल्तान में जन्मे अमर गोस्वामी का परिवार देश विभाजन के समय मिर्जापुर (उत्तर प्रदेश) में बस गया। उन्होंने इलाहाबाद विश्वविद्यालय से हिन्दी में स्नातकोत्तर शिक्षा प्राप्त की। पेशेवर जीवन की शुरुआत अध्यापन से की लेकिन बाद में पत्रकारिता, लेखन और अनुवाद में रम गए। हिन्दी में लेखन के साथ-साथ बांग्ला की साठ से भी अधिक पुस्तकों का अनुवाद किया।

उनकी प्रमुख मौलिक कृतियाँ हैं—'हिमायती', 'महुए का पेड़', 'अरण्य में हम', 'उदास राघोदास', 'महाबली', 'भुल-भुलैया' (कहानी-संग्रह); 'इस दौर में हमसफर' (उपन्यास)। बच्चों के लिए भी काफी लिखा।

केन्द्रीय हिन्दी निदेशालय हिन्दी अकादमी दिल्ली और उत्तर प्रदेश हिन्दी संस्थान, सहित अनेक संस्थाओं से पुरस्कृत किए गए।

28 जून, 2012 को गाजियाबाद में निधन।

गीता सेन
और
मृणाल सेन
के लिए

प्रिय रवि बाबू!

मैंने आपके 'गल्प गुच्छ' की सारी कहानियाँ पढ़ ली हैं, समझ भी गई हूँ। सिर्फ 'क्षुधित पाषाण' समझ नहीं पाई। अच्छा, वह बूढ़ा जो ईरानी बाँदी की बात कह रहा था, उस बाँदी की कहानी क्यों नहीं सुनाई? इसे सुनने की बहुत इच्छा करती है। आप लिखिएगा जरूर।

अच्छा 'जय-पराजय' कहानी के अन्त में शेखर के साथ राजकुमारी की शादी हुई थी, ऐसा ही है न? लेकिन मेरी दीदी कहती है कि शेखर मर गया। आप लिखिएगा कि शेखर बच गया और राजकुमारी से उसकी शादी हो गई। ठीक है न? अगर शेखर की सचमुच मौत हो गई है तो मुझे बड़ा दुःख होगा।

मुझे आपसे मिलने की खूऽऽऽऽऽब इच्छा करती है। एक बार हमारे यहाँ जरूर आइएगा। आइएगा जरूर, नहीं तो आपसे कुट्टी हो जाएगी। आप अगर यहाँ आएँ तो आपको हमारे शयनकक्ष में सोने दूँगी। अपने खिलौने भी दिखाऊँगी।

—इति रानू

सुबह की डाक से काफी चिट्ठियाँ और पत्र-पत्रिकाएँ आई थीं। ताजी-ताजी चिट्ठियाँ पढ़ लेना कवि की आदत बन गई थी। किसी-किसी चिट्ठी का जवाब भी तुरन्त देने बैठ जाते थे।

इस चिट्ठी को पढ़कर कवि कुछ देर चकित होकर खिड़की की ओर देखते रहे।

तिमंजिले के इस कमरे की खिड़की से आसमान का काफी हिस्सा दिखता था। कुछ सोचते वक्त कवि की आँखें आसमान की ओर चली जाती थीं।

चारदीवारी के दायरे से निकलकर मन विस्तीर्ण परिसर में भाग निकलता था, मानो शून्य में काफी रचनाएँ या रेखाचित्र खिल उठे हों।

आज आसमान में सुबह से ही बदली छाई थी।

कल रात-भर सिर्फ गर्मी ही थी ऐसा नहीं, हवा भी एकदम बन्द थी। प्रकृति का सब-कुछ स्तब्ध था। कवि को गर्मी में जरा भी तकलीफ नहीं होती थी, गर्मी उन्हें महसूस ही नहीं होती थी। पसीने की बूँदों से पीठ भर जाने पर भी उन्हें कोई असहजता नहीं होती थी।

सावन में ऐसी उमस होते ही यह स्पष्ट था कि बारिश होगी। बादल भी काफी घिर आए थे। कवि को बरसात इतनी प्रिय थी कि वे प्यासे चातक की तरह बार-बार बादल की ओर देखते रहते थे। सब ऋतुओं में उन्हें वर्षा ऋतु ही सर्वाधिक प्रिय थी।

उस चिट्ठी को उन्होंने दो बार पढ़ा। चिट्ठी भेजनेवाली ने अपनी पदवी नहीं, सिर्फ नाम लिखा था। हाँ, पता जरूर लिखा था, बनारस का।

यह रानू कौन थी? कितनी उम्र रही होगी? चिट्ठी की भाषा से वह कम उम्र की लगती थी, लेकिन सम्बोधन उसने बड़ी गम्भीरता से किया था—प्रिय रवि बाबू! पहले या बाद में आदर या प्रणाम जताने की कोई जरूरत ही नहीं समझी थी।

'आपको हमारे शयनकक्ष में सोने देंगे' इस अंश को पढ़कर कवि के चेहरे पर दाढ़ी-मूँछ की आड़ में कौतूहली मुस्कान झलक उठी। क्या यही सबसे ज्यादा खातिरदारी थी? उन्हें अभी तक किसी के बैठकखाने या बरामदे में सोने का आमंत्रण नहीं मिला था।

रानू? कवि की एक बेटी का भी यही नाम था। वह अब इस दुनिया में नहीं थी। सीने में भरा अभिमान लेकर वह इस धरती से चली गई थी।

गड़-गड़ करके बादलों का गरजना शुरू हो गया। जैसे डंके की चोट पर रथ पर सवार होकर वर्षा आ रही थी। अचानक हवा काफी तेज चलने लगी। कवि बरामदे में आकर खड़े हो गए। पहली बौछार का उन्होंने सिर झुकाकर स्वागत किया।

इसके बाद ही नीचे से बुलावा आया।

चिट्ठियों का जवाब देना फिलहाल टल गया।

शान्तिनिकेतन से एक चिन्ताजनक खबर आई थी। वहाँ के चार छात्र बेहद बीमार हो गए थे। उन्हें इन्फ्लुएंजा हो गया था, यह बहुत दुष्ट रोग है। इस महायुद्ध के समय से ही इसकी शुरुआत होने के कारण कवि ने इस बीमारी का नाम युद्ध ज्वर दिया था। जिस तरह युद्ध में काफी सैनिक घायल होते हैं,

काफी लोग मर जाते हैं, उसी तरह यह रोग भी काफी लोगों को पस्त कर रहा था, कुछ की जान भी ले चुका था।

शान्तिनिकेतन में दवाएँ और एक अच्छे डॉक्टर को भेजना जरूरी था। इस वक्त वे सिर्फ कवि नहीं थे, वे गुरुदेव थे, शान्तिनिकेतन विद्यालय का सारा भार उन पर था। उनके भरोसे ही अभिभावक अपने बच्चों को वहाँ भेजते थे।

वहाँ के छात्रावास की छत बरसात में टपक रही थी। उसकी मरम्मत जरूरी थी। वहाँ के लिए एक कला शिक्षक की नियुक्ति भी जरूरी हो गई थी। मगर रुपए?

इसके बाद लगातार कई दिन विभिन्न प्रकार की व्यस्तताओं में बीत गए। फिर वे खुद भी बीमार पड़ गए।

इस वक्त बुखार होने का मतलब ही घबराहट की बात थी। पहले दिन बुखार के बावजूद वे रामानन्द चट्टोपाध्याय से मिलने चले गए। उनका लड़का मलू शान्तिनिकेतन का छात्र था। शाम के वक्त कालिदास और सुकुमार नया गाना सीखने के लिए आए। अपने बुखार की चर्चा उन्होंने किसी से नहीं की। गाना गाते समय वे खुद भी इसे भूल गए।

कालिदास इतिहास के विद्वान थे और सुकुमार 'सन्देश' पत्रिका में कविता, कहानी, नाटक लिखकर न सिर्फ बच्चों को बल्कि बड़ों को भी मुग्ध किए हुए थे। ये दोनों ही संगीत के प्रति बड़े उत्साही थे।

सुकुमार जैसे हर वक्त कौतुक से भरे रहते थे। वे दोनों हाथ फैलाकर सिर हिलाकर गाना गाते थे। उनकी तुलना में कालिदास कुछ गम्भीर स्वभाव के होते हुए भी सुकुमार की हर बात में अपनी सहमति जताते रहते थे।

इसी तरह यदि दिन बीते
तो बीते
मन उड़ता है तो उड़े
गीत के पंखों को फैलाकर

सुकुमार को यह गीत बहुत प्रिय था। इसका अन्तरा अभी भी उनसे सध नहीं पाया था—'अपने हृदय को आज फैलाया धरा ने...'

कालिदास, कवि के मुँह से कोई नया गीत सुनना चाहते थे। कवि कॉपी के पन्ने पलटने लगे। उनका रचित गीत कुछ गम्भीर प्रकृति के देशप्रेम से भरा था—

तेरी भेरी के मंद्रित स्वर
देश-देश में वंदित करके

घेरा तेरा आसन आकर
वीरों के दल ने

गाते-गाते कवि का स्वर एक समय गम्भीर होकर गूँजने लगा—'दुर्जय आह्वान है भैरव तुम्हारा, प्रेरित करो...'

उस गीत को सुनते हुए सुकुमार और कालिदास समझ नहीं पाए कि कवि की तबीयत ठीक नहीं है।

अगले दिन प्रतिमा को इसका पता चला। रथी बेहद परेशान हो गया। इस तरह के बुखार की कतई अवहेलना नहीं की जा सकती। उन दिनों विधान राय नाम के एक युवक डॉक्टर काफी चर्चित थे। उन्हें बुलाया गया। घर आकर मरीज को देखने की उनकी फीस सोलह रुपए थी तथा गाड़ी-भाड़ा अलग से।

डॉक्टर आकर सम्पूर्ण विश्राम का निर्देश दे गए।

विश्राम मतलब लेटे रहना। मगर लेटे-लेटे भी तो लेखन कार्य किया जा सकता था। संगीत विषयक एक लेख लिखने के लिए प्रमथ बार-बार तकादा लगा रहे थे। उस लेख को लिखते समय कवि को याद आया कि उन्होंने अभी तक काफी चिट्ठियों का जवाब नहीं दिया है।

वे हर चिट्ठी का जवाब देते थे। कोई कष्ट करके पत्र लिखे मगर उसका जवाब न पाए, यह उनकी नजर में पत्र पानेवाले की असभ्यता थी। रानू नाम की लड़की को भी उन्होंने चिट्ठी भेज दी। उसके परिचय और उम्र से वाकिफ न होने के कारण उन्होंने एक औपचारिक चिट्ठी लिख दी।

उनका मन शान्तिनिकेतन की ओर लगा था। बुखार के कारण वे जा नहीं पा रहे थे। वर्षा में शान्तिनिकेतन के सौन्दर्य के क्या कहने!

अपनी बीमारी से ज्यादा चिन्ता उन्हें उन चार छात्रों की बीमारी की थी। वहाँ उन्होंने एक डॉक्टर भेज दिया था। कई दिनों के बाद उन छात्रों की हालत बेहतर होने की खबर पाकर कवि का स्वास्थ्य भी सुधरने लगा।

शरीर से वे बेहद कमजोर हो गए थे मगर उनका बुखार उतर गया था। कवि को फिर एक बार बरसात में भीगने की इच्छा हुई। उनके मन में एक नए गीत के भाव जगे—

पथ को भूला
व्याकुल होकर भ्रमर मर गया
वकुल फूल में
कोई गोपन वाणी करती कानाफूसी

आकाश में वातास से
वन का अंचल भरा पुलक से
लगा झूमने...

इस गीत के स्वर को गुनगुनाते हुए उसका संगीत भी नए प्रकार का हो गया।

बीमारी के अलावा भी सुख में बाधा पड़ने के और भी कई कारण होते हैं। कवि राजनीतिक झंझटों की लपेट में आ गए।

सरकार ने नए सिरे से दमन चक्र शुरू कर दिया था। बाल गंगाधर तिलक से उनकी पत्रिका बन्द करने के लिए कह दिया गया था। एनीबेसेंट पर निषेधाज्ञा लागू कर दी गई थी। उनके बम्बई और मध्य प्रदेश में जाने पर रोक लगा दी गई थी। इतना ही नहीं एनीबेसेंट को भी मद्रास में नजरबन्द कर दिया गया।

इसके विरोध में पूरा देश मुखर हो उठा। सरकार को उपयुक्त जवाब देने के लिए मद्रास के तेजस्वी पूर्व न्यायाधीश सर सुब्रह्मण्यम अय्यर ने उन्हें अंग्रेज शासकों द्वारा प्रदान की गई सर और दीवान बहादुर की उपाधि लौटा दी और यह प्रस्तावित किया कि उस बार के राष्ट्रीय कांग्रेस के अधिवेशन में एनीबेसेंट को ही अध्यक्ष बनाया जाए।

विभिन्न राज्य कांग्रेस कमेटियों ने इस प्रस्ताव का साग्रह अनुमोदन किया मगर बंगाल में आम राय कायम नहीं हो पाई। बांग्ला कांग्रेस में दलबन्दी तो लगी ही रहती थी, एनीबेसेंट को अध्यक्ष बनाने के मुद्दे पर मतभेद तीव्र हो गया। दो पक्षों के बीच बहस और हल्ले-गुल्ले में सभा की कार्यवाही स्थगित हो गई।

सुरेन्द्रनाथ बनर्जी जैसे कांग्रेस के एक वर्ग के नरमपन्थी नेताओं की धारणा थी कि चूँकि इस विश्वयुद्ध में अंग्रेजों को भारत से काफी सेना और सम्पत्ति लेने के लिए विवश होना पड़ा था, लिहाजा बदले में युद्ध समाप्त होने के बाद सरकार भारतीयों को स्वायत्त शासन देने के लिए बाध्य होगी। हाल ही में विलायत की पार्लियामेंट में भारत सचिव ने ऐसा आश्वासन दिया भी था। इसलिए इस वक्त सरकार को नाराज न करके उसके साथ सहयोग करना ही बेहतर होगा। दूसरी तरफ चितरंजन दास जैसे चरमपन्थी नेताओं की दृढ़ धारणा

थी कि सरकार इतनी आसानी से स्वायत्त शासन देनेवाली नहीं है। भारत सचिव का यह आश्वासन निरा धोखाधड़ी या बहलाने की बात है।

राज्य कांग्रेस के वोटों का विभाजन देखकर चरमपन्थियों ने ठीक किया कि स्वागत समिति के अध्यक्ष के पद पर सर रवीन्द्रनाथ ठाकुर को मनोनीत किया जाए। ऐसा होने पर आम सदस्य उनके समर्थन में वोट देंगे। फिर एनीबेसेंट को राष्ट्रीय अधिवेशन का अध्यक्ष बनाने का प्रस्ताव भी मंजूर कराना आसान हो जाएगा। एक सुबह चितरंजन दास, विपिनचन्द्र पाल, फजलुल हक तथा और भी कई लोग रवीन्द्रनाथ से मिलने पहुँचे।

रवीन्द्रनाथ एनीबेसेंट का आदर करते थे। अंग्रेज सरकार के कुशासन के विरुद्ध वे गरिमामयी अंग्रेज महिला आम जनता को जागृत करने के लिए अनथक परिश्रम कर रही थीं। उनका समर्थन करना एकदम उचित था। उन्हें नजरबन्द करके सरकार उनको अपमानित करना चाहती थी, इसलिए भारतवासियों का कर्तव्य था कि उनके प्रति सम्मान व्यक्त करने के लिए उन्हें कांग्रेस के अध्यक्ष पद पर आसीन किया जाए।

लेकिन रवीन्द्रनाथ ने कभी भी सीधे-सीधे अपने को राजनीति से नहीं जोड़ा था। बस, लगभग एक युग पहले, बंग-भंग के प्रस्ताव के समय उन्होंने सड़क पर उतरकर जुलूस में भाग लिया था। मगर वह पूरी तौर से राजनीति नहीं थी, वह भावना का सम्बन्ध था। इसके बाद राजनीतिक नेताओं के द्वारा उसका मोर्चा सँभाल लिये जाने के बाद उन्होंने इस आन्दोलन से किनारा कर लिया था। किसी कवि के लिए राजनीति से दूर रहना ही उचित होता है।

लेकिन ऐसे संकट के समय, उनके नाम के इस्तेमाल से अगर एक महान काम सम्पन्न हो सकता हो तब क्या उससे विमुख हुआ जा सकता है? अपने कई मित्रों के निषेध के बावजूद वे इस प्रस्ताव पर राजी हो गए। इसकी खबर सभी समाचार-पत्रों में छप गई।

बस, इसके बाद गाली-गलौज भी शुरू हो गया। नरमपन्थियों के हाथों में काफी अखबार थे। उनमें उन्हें जिद्दी और चंचल व्यक्ति कहा गया। यह भी कहा गया—कुछ नीतिहीन राजनीतिक नेताओं के चक्कर में पड़कर उम्र के आखिरी दौर में कवि अध:पतन की ओर बढ़ रहे थे। कविता लिखना छोड़कर क्या अब वे सत्ता हथियाने के लोभ में पड़ गए? जबकि राजनीति के मामले में वे एकदम अनभिज्ञ थे।

चितरंजन दास, विपिनचन्द्र पाल आदि कुछ प्रमुख नेता अमूमन रवीन्द्रनाथ के घोर विरोधी थे, कोई भी मौका पाते ही उनके लेखों की अपव्याख्या करके

उन्हें गाली देने से नहीं चूकते थे। ऐसी स्थिति में रवीन्द्रनाथ के उनसे हाथ मिला लेने पर भला दूसरे नेता व्यंग्य करने से बाज कैसे आते?

लेकिन उनसे सहयोग करने की उनकी सहमति क्या सत्ता लोभ के कारण थी? इस बीच उन्होंने यह फैसला कर लिया था कि बाद में वे फिर कभी कांग्रेस के साथ कोई सम्पर्क नहीं रखेंगे। किसी भी पक्ष की राजनीति में उन्हें शामिल ही नहीं होना था।

ये सब निन्दा कटूक्तियाँ जैसे एक-एक पैने बाण थे। इनसे काफी चोट भी पहुँचती थी और तकलीफ भी होती थी। कवि की सहनशक्ति की भी एक सीमा थी। वे कभी-कभी सोचते—ऐसी पत्र-पत्रिकाएँ पढ़ेंगे ही नहीं। मगर कोई-न-कोई व्यक्ति ऐसा निकल ही आता जो ऐसे आरोपित स्थलों पर निशान लगाकर ऐसी चीजें उनके सामने रख देता। वे कभी सोचते इन्हें वे अहमियत नहीं देंगे, इनकी अनदेखी करेंगे, मगर ऐसा हो नहीं पाता था। काँटा जितना भी छोटा हो, चुभने की क्षमता तो रखता ही था।

ऐसे समय मन में न कविता फूटती थी, न गीत।

उन्हें कहीं भाग जाने की इच्छा होती।

हालाँकि भागने का भी उपाय नहीं था। उनके सामने करने के लिए काफी काम पड़ा था, उन पर काफी दायित्व था। जमींदारी की आय बहुत घट गई थी। लगातार कई साल सूखे के चलते शिलाईदह की प्रजा उन्हें ठीक से लगान नहीं दे पा रही थी। उन्होंने दो सौ रुपए वेतन पर जमींदारी का काम देखने के लिए प्रमथ चौधुरी को मैनेजर नियुक्त किया था, मगर वे भी कुछ खास नहीं कर पा रहे थे।

शिलाईदह एक बार खुद जाने की जरूरत थी, उसका भी समय नहीं मिल पा रहा था।

ऐसी अस्थिरता और व्यस्तता के बीच भी ताजी हवा के झोंके की तरह बनारस से एक और चिट्ठी आई—

प्रिय रवि बाबू!

आपने इतने दिनों तक मुझे चिट्ठी नहीं लिखी थी जिससे मैं बहुत नाराज थी, मगर अब आपकी चिट्ठी पाकर मैं बहुत खुश हो गई हूँ। आपको मेरा अच्छा नाम पता है! प्रीति, बहुत सुन्दर नाम है न! स्कूल में सभी मुझे इसी नाम से बुलाती हैं। मगर आप मुझे रानू, रानू नाम से ही बुलाइएगा। मुझे यह नाम

ज्यादा पसन्द है, इसी से कह रही हूँ। मेरे और भी नाम हैं, सुनिएगा? रानी, राजा, बाबा—सभी नाम खूबसूरत हैं। है न? आपने जो 'कर्ता के नाम से कर्म' नामक जो बढ़िया भाषण दिया था, वह 'भारती' और 'प्रवासी' में छपा था। माँ, बाबजा, बाबू, आशा वगैरह ने पढ़कर उसकी प्रशंसा की थी। इसीलिए मेरी भी उसे पढ़ने की इच्छा हुई। मगर मेरी समझ में कुछ भी नहीं आया। शायद वह बहुत कठिन है। कुछ दिन पहले मैं बहुत बीमार हो गई थी। अब ठीक हूँ। आप एक दिन हमारे घर जरूर आइएगा। हम लोग यह घर छोड़कर नहीं जाएँगे। यह हम लोगों का अपना घर है। किराए का मकान नहीं। आप आते वक्त हमें खबर कीजिएगा। मैं स्कूल से छुट्टी लेकर आपको स्टेशन लेने जाऊँगी। इस चिट्ठी का जवाब अब जल्दी दीजिएगा, कहीं इसे खो मत दीजिएगा। देखिए, मैंने कितना सुन्दर फूलवाले कागज पर यह चिट्ठी लिखी है।

—रानू

अपने घर का पता फिर से लिख रही हूँ—

235 August Kund
Benares City

आप इन दिनों कहानियाँ क्यों नहीं लिखते?

कवि ने उस पत्र को पढ़ने के बाद उसे उलट-पलटकर देखा। लिखावट काफी स्पष्ट थी। हिज्जे की भी गलती नहीं थी। बिलकुल बोलचाल की भाषा थी, बनाकर लिखी जानेवाली नहीं। जैसे वह सामने बैठकर बात कर रही हो। इस बार भी सम्बोधन में बड़ी गम्भीरता से 'प्रिय रवि बाबू' लिखा था, श्रद्धा-भक्ति जताने की कोई जरूरत ही नहीं समझी गई थी, अन्त में सिर्फ नाम लिखा था, जैसे वह हमउम्र हो।

कौन थी यह लड़की?

उस पते को पढ़कर कवि को कुछ खटका हुआ।

अगस्त्य कुंड। कुछ जाना-पहचाना लग रहा है। काशी में एक बार अगस्त्य कुंड के एक मकान में गए थे न?

हाँ, याद आया। संस्कृत के अध्यापक फणिभूषण अधिकारी के यहाँ। क्या वह उस घर की कोई थी? फणिभूषण की पत्नी का नाम सरयूबाला था।

उसने कभी कुछ चिट्ठियाँ लिखी थीं। वे चिट्ठियाँ अलग प्रकार की थीं। यह लड़की स्कूल में पढ़ने का जिक्र कर रही है।

फणिभूषण की कई सन्तानें थीं। उनमें से एक की बात ही थोड़ी-थोड़ी याद है। पहले थोड़ा विचित्र लगा था। उस लड़की की साज-सज्जा एकदम लड़कों जैसी थी। उसे बुलाया भी जाता था नन्द दुलाल के नाम से। बाद में पता चला कि उनके लगातार दो लड़कों की मृत्यु हो जाने के कारण तीसरी सन्तान लड़की होने के बावजूद उसे लड़के के ही पहनावे में रखा जाता था। उसका वास्तविक नाम आशा था। उन्होंने सुना था कि वह पढ़ने-लिखने में बहुत अच्छी थी। उपनिषद उसे बिलकुल सही-सही कंठस्थ था।

तो क्या रानू या प्रीति उस आशा के बाद की बहन थी? आशा ही इस वक्त अधिक-से-अधिक तेरह-चौदह वर्ष की होगी, तो फिर उसकी उम्र कितनी होगी? वह किस क्लास में पढ़ती थी, यह भी नहीं लिखा। उसकी उम्र ग्यारह-बारह से ज्यादा हो ही नहीं सकती। इसी बीच उसने उनकी इतनी रचनाएँ पढ़ ली थीं। यहाँ तक कि लेख पढ़ने की भी कोशिश करती थी।

आप अब कहानियाँ क्यों नहीं लिखते?

हाँ, बहुत दिनों से उन्हें कोई कहानी नहीं सूझी थी।

कवि ने सोचा, मैं मनुष्य के रूप में खजूर के पेड़ जैसा हूँ। कोई कोंचता नहीं तो रस ही नहीं निकलता। कोई पीछे न पड़े तो दिमाग में कोई नई बात ही नहीं आती। इस वक्त सिर्फ लेख के लिए तकादे आ रहे थे। इस लड़की के लिए एक कहानी लिखनी पड़ेगी।

रानू की अगली चिट्ठी पाकर कवि काफी देर तक अकेले में हँसते रहे।

इस सत्तावन साल के जीवन में उन्हें कम चिट्ठियाँ नहीं मिली थीं, खुद भी उन्होंने कई हजार लिखी होंगी, लेकिन ऐसी बचपने से भरी निर्मल रस की चिट्ठी का आस्वाद उन्होंने पहले कभी नहीं प्राप्त किया था।

उसने लिखा था, "मैंने इतने दिनों तक चिट्ठी नहीं लिखी, इसलिए आप नाराज मत होइएगा। मैं बहुत बीमार पड़ गई थी। मगर अब ठीक हूँ। आप तो बहुत अच्छे हैं, गुस्सा मत करिएगा। आज से हमारी पूजा की छुट्टियाँ शुरू हो गई हैं। अब स्कूल 31 अक्टूबर को खुलेगा। अच्छा, आपको चिट्ठी लिखने के अलावा और क्या काम है! अब कहानियाँ भी नहीं लिखते। स्कूल भी नहीं जाते। मेरे पास आपसे ज्यादा काम है। सुबह नौ बजे तक मास्टर साहब के पास पढ़ती हूँ। शाम चार बजे तक स्कूल में रहती हूँ। स्कूल से लौटकर एक

पंडित जी से हिन्दी पढ़ती हूँ। और रात में लिखती हूँ, होमवर्क करती हूँ। आपका चेहरा देखकर खराब नहीं कह सकती। तस्वीर में तो आपको बहुत सुन्दर ढंग से आँका जाता है। आप जरूर तस्वीर से भी ज्यादा सुन्दर होंगे। मेरे एक बहुत सुन्दर साथी। ठीक है न? आपका शायद कोई भी सुन्दर साथी नहीं है, आपको देखकर मुझे बहुत अच्छा लगेगा। मगर आपको यहाँ आकर हमारे घर में ही रहना पड़ेगा। आप और कहीं नहीं ठहर सकते। अच्छा, आप पद्मा नदी में नाव पर रहते थे या फिर नदी के किनारे घर में? मुझे वहाँ जाने की इच्छा करती है।"

वह लड़की बार-बार उन्हें देखने की इच्छा प्रकट करती थी, इस पर कवि ने उसे लिखा था, "मुझे देखकर तुम डर जाओगी। दाढ़ी-मूँछवाला मेरा भयंकर चेहरा है, मेरी उम्र भी काफी हो चुकी है, सत्तावन।"

जवाब में रानू ने लिखा था, "आप इतनी उम्र के हैं ही नहीं। कवियों की भला उम्र बढ़ती है...आप सत्ताईस के हैं। मेरे लिए आप ऐसे ही हैं। आपकी उम्र इससे ज्यादा नहीं बढ़ेगी।"

शान्तिनिकेतन में ज्यादा दिन रहना सम्भव नहीं हुआ। काफी काम अधूरा रखकर लौटना पड़ा। बेला की बीमारी बढ़ गई थी।

बेला की बात सोचते ही कवि का मन उदास हो जाता था। सिर्फ उसकी बीमारी के लिए ही नहीं। बेला को क्षय रोग हो गया था। उसे बचाया नहीं जा सकता। इस रोग का इलाज नहीं था। लेकिन आखिरी दिनों में उसके ससुराल के लोगों के साथ कवि के सम्बन्ध खराब हो गए।

बेला यानी माधुरीलता को कवि अपने बच्चों में सबसे ज्यादा चाहते थे। जैसा उसका रूप था वैसा ही उसके हृदय का सौन्दर्य भी था। कवि ने खुद बेला को पढ़ने के लिए नई-नई किताबें दी थीं। साहित्य रचना करना सिखाया था। उन्होंने अपने एक समय के प्रिय कवि बिहारीलाल चक्रवर्ती के योग्य पुत्र शरत्कुमार के साथ कितनी तमन्ना से बेला की शादी की थी।

उनसे चूक हो गई थी। काफी बड़ी गलती हुई थी। अपनी बेटियों के विवाह के मामले में कवि ने बार-बार अविवेक का परिचय दिया था। उस वक्त उन पर एक और कवि परिवार के साथ सम्बन्ध स्थापित करने की धुन सवार हुई थी। बेला सिर्फ गृहवधू ही नहीं होगी बल्कि उस परिवार के साहित्यिक माहौल में उसकी सृजन-प्रतिभा भी विकसित होगी।

मगर कहाँ का साहित्यिक माहौल? शरत्कुमार को काव्य-कला से कोई लेना-देना ही नहीं था। विवाह का प्रस्ताव करने के बाद जब लड़केवालों की ओर से दहेज में बीस हजार रुपए माँगे गए तभी कवि को पहला झटका लगा था। फिर भी उनकी आँखें नहीं खुलीं। ठाकुर परिवार दहेज प्रथा का घोर विरोधी था, फिर भी उन्होंने प्रकारान्तर से वह माँग स्वीकार कर ली। बेला के सुख की मिथ्या कल्पना के कारण अपने कुछ मूल्यबोध त्यागने के लिए भी कवि तैयार हो गए।

वही शरत्कुमार अब ससुर की परवाह ही नहीं करते थे। मेज पर पैर उठाकर सिगरेट फूँकते रहते, कवि को देखकर भी पैर नीचे नहीं करते थे। उनसे बात तक नहीं करते थे। अपना मुँह दूसरी ओर फेर लेते।

पता नहीं किस अभिमानवश अब बेला का भी मन बदल गया था। वह अब रथी या प्रतिमा से भी मिलना नहीं चाहती थी। उसकी बीमारी की कोई भी खबर जोड़ासाँको के घर में नहीं दी जाती थी। इसके बावजूद कवि खुद नियमित खबर लेते थे, खुद उससे मिलने जाते थे।

पाँच साल पहले पूरे एशिया महाद्वीप में नोबेल पुरस्कार पानेवाले वे पहले व्यक्ति थे। सारे विश्व से उन्हें आमंत्रित किया जाता था। कितने ही व्यक्ति उनसे मिलकर अपने को धन्य समझते थे। ऐसे कवि को अपनी बेटी की ससुराल के दरवाजे पर उपस्थित होते ही कितने तरह का अपमान बर्दाश्त करना पड़ता था। फिर भी कवि अपनी अति प्रिय बेटी के अन्तिम समय में दूर नहीं रह सकते थे, बार-बार वहाँ भागे-भागे चले जाते थे।

कवि को पूरी तौर से बाधा भी नहीं दी जाती थी। मगर उस घर का कोई व्यक्ति उनका स्वागत नहीं करता था। सभी जैसे उन्हें देखकर आड़ में हो जाते थे। बैठकखाने में शरत्कुमार पर उनकी नजर पड़ती थी। वह जवाब नहीं देगा, यह जानकर भी कवि उससे बड़े प्यार से पूछते, "शरत् कैसे हो?"

फिर वे सीढ़ियों से दोमंजिले पर चले जाते थे। अपनी बीमार बेटी के बिस्तर के पास जाकर बैठ जाते।

माधुरीलता का वैसा रूप अब नहीं रहा। उसकी दोनों आँखों में रोशनी नहीं थी। कभी मक्खन जैसी मुलायम त्वचा अब बेहद रूखी हो गई थी। गले की कंठी निकल आई थी। पहनावे का समिज ढीला हो गया था। चेहरे का रंग राख जैसा हो गया था।

कवि हर बार अपने साथ ताजे फूलों का गुलदस्ता और कई तरह का इत्र ले आते थे। बिस्तर के बगल में फूल रखकर वे पूछते, "आज बुखार कुछ ज्यादा है क्या बेला?"

बेला खोई हुई नजरों से देखती रहती।

किशोर उम्र में उसके मौन के बावजूद लगता जैसे वह हर समय मुखर हो। इस वक्त उसके दोनों ओंठ सूखे हुए थे। जैसे सारी बातें अब खत्म होने जा रही थीं।

कवि फिर भी बातें करते जाते थे। वे कहानी सुनाते। कविता सुनाते। बेला एकदम मौन रहती थी।

कभी-कभी कवि उसे कोई गीत भी सुनाते। पूछते, यह गाना तुझे याद है? तुझे बेहद पसन्द था—

फेंक दिया है पन्थ किनारे
मेरा हृदय कठोर
मिलेगा उस पत्थर को
स्पर्श मधुर तेरे चरणों का...

बेला की आँखों की चमक थोड़ी बढ़ जाती। वह अस्फुट स्वर में कहती, "बाबा (बाबूजी) थोड़ा और गाओ।"

कवि बहुत धीमी आवाज में गाने लगते—

अपने अभिमान के बदले आज ले माला तुम्हारी
आज निशि शेष में/मैं शेष कर दूँगा अपनी अश्रुधारा...

बेला के दुबले हाथ को वे अपनी मुट्ठी में जकड़े होते। उनकी आँखों से निकले आँसू उनके गालों पर बहते होते।

कवि के लिए कोई एक प्याली चाय या एक गिलास शरबत तक नहीं भेजता था। गाना सुनते-सुनते बेला की आँख लग जाती।

कवि सिर झुकाकर सीढ़ियों से नीचे उतर आते।

दु:ख के बाह्य प्रकाश से जैसे दु:ख की पवित्रता नष्ट हो जाती है। कवि का सारा दु:ख उनके सीने में ही दबा रहता था। निर्जन में वही दु:ख कविता में या गीतों में अभिव्यक्त होता।

बेला के घर से लौट आने के बाद वे फिर तमाम कामों में व्यस्त हो जाते थे। लेकिन किसी से बेटी की बीमारी के बारे में चर्चा नहीं करते थे।

कवि ने तिलक और एनीबेसेंट के होमरूल के दावे का समर्थन किया था। इस बात को जाहिर करने के लिए उन्होंने लेख भी लिखे। लेकिन उनकी राय थी अंग्रेजों से सत्ता प्राप्त करने के पहले भारतीयों को भी उसके

लायक बनना पड़ेगा। भारतीयों ने अभी भी धर्मतंत्र के आगे अपना विवेक बन्धक रखा हुआ था। उससे मुक्त हुए बिना समाज में एकता आ ही नहीं सकती।

अपना लेख उन्हें राममोहन लाइब्रेरी में पढ़ना था। किसी-किसी ने यह चिन्ता भी व्यक्त की कि इस समय भारत प्रतिरक्षा आईन लागू है। इस समय सरकारविरोधी भाषण देने पर उनके भी अन्य नेताओं की तरह गिरफ्तार होने की सम्भावना थी। इस सम्भावना से कवि ने भी इनकार नहीं किया, लेकिन अब जेल जाने में उन्हें आपत्ति नहीं थी।

उस दिन वे घर नहीं लौट पाएँगे यह समझकर ही वे घर से निकले थे। यथासमय भाषण भी हुआ, पुलिस भी आसपास मँडरा रही थी मगर उसने उन्हें गिरफ्तार नहीं किया। वे सिर्फ कवि ही नहीं थे, नाइटहुड के खिताब से नवाजे गए भारतीय भी थे। उनको छूने के पहले एकदम ऊपरवालों की अनुमति की जरूरत पड़ती।

इसी बीच 'डाकघर' नाटक में अभिनय की तैयारी भी चल रही थी। गगनेन्द्र, अवनीन्द्र, समरेन्द्र इन तीन भाइयों में बेहद उत्साह था। असित हालदार और मुकुल दे नाम के दो तरुण कलाकार भी काफी मेहनत कर रहे थे। असित को कोई पार्ट न मिलने का काफी दुख था। रिहर्सल चलने के दौरान नाटककार ने नाटक में उनके लिए धृष्ट पाँचू नाम का एक चरित्र जोड़ दिया। आशामुकुल नाम का एक बालक अमल की भूमिका में बहुत प्रभावशाली अभिनय कर रहा था।

'विचित्रा' में मूल अभिनय के दिन नाटक के बीच ही एक छोटा नाटक घटित हो गया।

कवि ने इस बात को पहले ही महसूस कर लिया था कि 'डाकघर' नाटक में गाने की कमी रह गई है। कभी उन्होंने 'मैं चंचल हूँ, मैं सुदूर का प्यासा' कविता लिखी थी। 'डाकघर' की विषयवस्तु के साथ इस भावना का मेल था। इसलिए उन्होंने इस गीत को सुर में बाँधकर इन्दिरा को नेपथ्य से गाने के लिए कहा था। इन्दिरा अकेले गाने के लिए राजी नहीं थी इसलिए उसने डॉ. नीलरतन सरकार की लड़की अरुन्धती तथा अन्य लड़कियों को साथ ले लिया।

पीछे के मार्ग से दो वैष्णव-वैष्णवियों को गाते हुए जाना था—'ओ नन्दरानी, छोड़ो हमारे श्याम को।' इसके बाद कुछ क्षण के लिए पर्दा गिरा देना था।

कवि ने अपने लिए सिर्फ गायक की भूमिका चुनी थी। सिर पर गेरुआ रंग की पगड़ी बाँधकर बाउल की भूमिका में माधवदत्त के घर के बगल से होकर नाचते-गाते जाना था—

लाल माटी का पथ वह
मुझे याद आता है रे
उस छूटे हुए गाँव का।

एक गीत नेपथ्य से भी गाना था—

बीत गया दिन पन्थ तुम्हारा तकते...

फिर भी पटाक्षेप के बाद उन्हें विषय के अनुरूप एक और गीत की जरूरत महसूस हुई।

ग्रीनरूम में एक मेज के पास खड़े-खड़े वे झटपट नया गीत लिखने लगे। समय बिलकुल नहीं था। वे तेजी से लिखते जा रहे थे। साथ ही सुर में बाँधने के लिए गुनगुना भी रहे थे जैसे दैवशक्ति के वशीभूत होकर गीत के बोल और धुन का साथ-साथ सृजन हो रहा था। उन्होंने नन्दलाल बसु से कहा कि जब वे इशारा करें तभी पर्दा उठाया जाए। आशामुकुल को इशारे से बुलाकर कहा, "इस गीत को झटपट सस्वर याद कर ले, तुझे गाना है।"

आशामुकुल के हाथ-पाँव फूल गए। सिर्फ एक बार सुनकर पूरा गीत याद करके सही धुन में गाना उसके लिए सम्भव नहीं था। उसने बहुत संकोच से कहा, "गुरुदेव, मुझे माफ कीजिएगा!"

गुरुदेव ने कहा, "पर्दा उठा दो।"

इसके बाद खुद ही नेपथ्य से गाने लगे—

तोड़कर चाबी मेरे घर की
कौन मुझे ले जाएगा।

नाटक के बाद इस सद्यःरचित गीत के लिए सभी ने उनकी बहुत प्रशंसा की, सिर्फ एक व्यक्ति ने कहा, "गुरुदेव, गीत तो वाकई अच्छा है, बाउल गाने की धुन भी अच्छी बनी है लेकिन हड़बड़ी में एक भयंकर भूल आप कर गए हैं। जरा बताइए तो वह क्या है?"

कवि समझ नहीं पाए।

उस व्यक्ति ने फिर कहा, "चाबी तोड़ने से क्या मकान खुलता है? उससे तो बात और बिगड़ जाएगी। मकान खोलने के लिए ताला तोड़ना पड़ेगा।"

कवि हँसते हुए बोले, "तूने वाकई गलती पकड़ ली।"

कविता में 'चाबी' के साथ 'निये जाबी' (ले जाएगा) का तुक बैठ जाता था। 'घर का ताला' लिखने पर तुक के लिए किसी और शब्द की जरूरत पड़ती थी। बन्दीशाला? जावार पाला? (जाने की घड़ी) आदि उपयुक्त नहीं लग रहे थे। कवि ने कोई सुधार नहीं किया। इसे एक आर्ष प्रयोग के तौर पर मान लिया।

हालाँकि कवि ने 'आर्ष प्रयोग' शब्द को खुद नहीं कहा है, ऐसा कहने पर खुद को ऋषि कहकर जाहिर करना होता।

इसे अपवाद के रूप में भी लिया जा सकता है।

मजे की बात यह कि कवि ने इसके बाद भी अनेक बार गौर किया कि लोग अमूमन ताला तोड़ने और चाबी तोड़ने का फर्क समझ नहीं पाते थे।

कुछ लोग सब कुछ बिलकुल यथार्थ जैसा ही देखना चाहते हैं जैसे कि उनके जीवन में कल्पना या दुर्बोधता की कोई जगह नहीं हो।

कोलकाता में कांग्रेस के अधिवेशन के बाद विशिष्ट अतिथियों के लिए फिर से 'डाकघर' नाटक का मंचन हुआ, जिसे देखने के लिए गांधीजी, तिलक, मदनमोहन मालवीय, एनीबेसेंट आदि आए।

इन सबके बीच-बीच कवि की तबीयत खुद भी ठीक नहीं रहा करती थी। बेला को भी देखने जाना ही पड़ता था।

आस्ट्रेलिया से उनके पास निमंत्रण आया था। उन्हें कुछ विश्वविद्यालयों में भाषण देना था। गांधीजी ने उनके पास प्रस्ताव भेजा था कि होमरूल आन्दोलन के लिए आम जनता से दानस्वरूप उन्हें जो धन प्राप्त हुआ था उनमें से वे पचास हजार रुपए रवीन्द्रनाथ को देना चाहते थे। उन रुपयों से रवीन्द्रनाथ अमरीका में जगह-जगह जाकर भारत के इस आन्दोलन के बारे में वहाँ के लोगों को बताएँ और इसके पक्ष में विश्व जनमत तैयार करें।

पहले निमंत्रण के बारे में विचार करने का समय लेने के बावजूद उन्होंने विनयपूर्वक गांधीजी के प्रस्ताव को ग्रहण करने से इनकार कर दिया। जनता ने जो धन राजनीतिक आन्दोलन चलाने के लिए दिया था, उसे ग्रहण करना कवि के लिए सम्भव नहीं था। विदेश में राजनीतिक प्रचारक की भूमिका निभाना भी उनके लिए सम्भव नहीं था।

दोपहर को वे अकेले ही अपनी बीमार बेटी के पास चले जाते थे। उसे 'डाकघर' के मंचन से जुड़ी बातें भी बताते थे। उस नाटक को देखकर मालवीय जी की आँखें भीग गई थीं, तिलक ने कवि के दोनों हाथों को अपने

माथे से लगा लिया था, एनीबेसेंट बड़ी अभिभूत थीं, गांधीजी ने मुँह से कुछ न कहकर अपनी पत्रिका में उसकी लम्बी प्रशंसा लिखी थी।

वहाँ से आने के पहले उन्होंने उसे एक नया गीत सुनाया, 'मातृमन्दिर पुण्य-आँगन करो महोज्ज्वल आज हे।' जगदीशचन्द्र बोस ने विज्ञान मन्दिर की स्थापना की थी, उस मौके के लिए उन्होंने इस गीत को लिखा था।

अचानक बेला की हालत में काफी सुधार हो गया। वह उठकर बैठ सकती थी, चलने-फिरने भी लगी। खाने में अरुचि काफी कम हो गई थी। उसके चेहरे पर भी लगा पहले से कुछ रौनक आ गई थी। कवि कुछ निश्चिन्त होकर अपनी अमरीका यात्रा की तैयारी करने लगे। गांधीजी के प्रस्तावानुसार नहीं, अपनी ही चेष्टा से।

तभी सी.एफ. एंड्रूज एक बुरी खबर लेकर आए।

एंड्रूज रवीन्द्रनाथ के भी भक्त थे, गांधीजी के भी। शान्तिनिकेतन विद्यालय में उन्होंने पढ़ाने की भी जिम्मेदारी ली थी, मगर इसके लिए उन्हें ज्यादा वक्त नहीं मिलता था। उनके साथ अक्सर तरह-तरह की भागदौड़ लगी रहती थी। जहाँ भी भारतीयों पर किसी किस्म का अन्याय और अत्याचार होता वहीं वे उसके तथ्यों की जानकारी के लिए पहुँच जाते। यहाँ तक कि दक्षिण अफ्रीका भी उन्हें बार-बार जाना पड़ता था।

एंड्रूज को कई विदेशी पत्र-पत्रिकाओं की कतरनें मिली थीं जिनमें रवीन्द्रनाथ के बारे में गन्दी, झूठी और बेबुनियाद निन्दा छपी थी। एंड्रूज ने दिल्ली से भागे-भागे आकर कवि को उन खबरों की जानकारी दी।

ब्रिटिश सरकार के विरुद्ध षड्यंत्र करने के अभियोग में कुछ भारतीय अमरीका में गिरफ्तार हुए थे जिन पर सैन फ्रांसिस्को में मुकदमा चल रहा था। उस मामले के मुख्य अभियुक्त एक बंगाली थे, जिनका नाम डॉ. चन्द्रकान्त चक्रवर्ती था। उनके विरुद्ध आरोप था कि अमरीका में रहकर ब्रिटिशों के विरुद्ध क्रान्तिकारी दल गठित करने के लिए उन्हें जर्मनी से आर्थिक मदद मिलती थी। उस समय अंग्रेजों से जर्मनी की लड़ाई चल रही थी, इसीलिए जर्मनी भारतीय क्रान्तिकारियों की मदद कर रहा था। ऐसी ही मदद रूस सरकार को ध्वस्त करने के लिए जर्मनी ने लेनिन की भी की थी।

उन चन्द्रकान्त चक्रवर्ती ने कहा था कि उनका रवीन्द्रनाथ ठाकुर से सम्पर्क था। पिछली बार रवीन्द्रनाथ जब अमरीका आए थे उस वक्त उन्होंने उनके कार्यक्रम का समर्थन किया था तथा इस मामले में मदद पाने के लिए विशिष्ट लोगों से सम्पर्क किया था। अमरीका से उनके स्वीडन जाने की भी

बात थी लेकिन वहाँ गिरफ्तार होने की आशंका से उन्हें जल्दी स्वदेश वापस लौटना पड़ा था। क्रान्तिकारियों की कोश से रवीन्द्रनाथ को बारह हजार डॉलर भेंट भी किए गए थे।

ये सारी बातें एकदम निराधार थीं।

सिर्फ अमरीका में ही नहीं, जापानी पत्र-पत्रिकाओं में भी इस अभियोग का विवरण छपा था जिनमें से काफी व्यंग्यात्मक भी थीं। यह सब पढ़कर कवि कुछ देर हतवाक् होकर बैठे रहे।

लेकिन इसका प्रतिकार तो करना ही होगा। एंड्रूज ने बड़ी तत्परता से बंगाल सरकार और भारत सरकार से सम्पर्क किया। रवीन्द्रनाथ ने अमरीका के प्रेसीडेंट वुडरो विल्सन के नाम एक लम्बी चिट्ठी भेजी। उसे पहुँचने में कहीं देर हो इसलिए एक टेलिग्राम भी भेज दिया गया।

सैन फ्रांसिस्को में मुकदमे की सुनवाई के समय अमरीकन सरकार की ओर से एटॉर्नी ने जब रवीन्द्रनाथ के नाम अभियोग सम्बन्धित कागजात अदालत में पेश किए तब अभियुक्तों के वकील ने पूछा था, 'तो क्या रवीन्द्रनाथ ठाकुर भी एक अभियुक्त हैं?' एटॉर्नी साहब ने जवाब में कहा था, 'ऐसा नहीं है, हम लोग जल्दबाजी में उनका नाम शामिल करना भूल गए हैं।'

अमरीका के राष्ट्रपति के पास रवीन्द्रनाथ की चिट्ठी और तार पहुँचने के बाद खोज-खबर शुरू हुई। तब उन एटॉर्नी महोदय ने बताया कि रवीन्द्रनाथ ठाकुर सचमुच अभियुक्त नहीं हैं। उन्होंने अभियुक्तों के वकील के सवाल का जवाब मजाक करते हुए दिया था। अखबारवालों ने मजाक न समझकर उसे सच समझ लिया। भारत सरकार की ओर से भी कहा गया कि सर रवीन्द्रनाथ ठाकुर के विरुद्ध ऐसे अभियोगों का कोई प्रमाण नहीं है, ये सम्पूर्ण निराधार है।

इस मामले के समय और भी रोमांचकारी घटना घट गई।

अमरीका में भारतीय क्रान्तिकारियों के बीच कवि को लेकर तीव्र मतभेद था। उनमें से एक दल को लगता था कि कवि रवीन्द्रनाथ को उनके समर्थन में लाने की कोशिश करनी चाहिए। प्रचार के काम में उनका इस्तेमाल करने से अच्छा फल मिलेगा।

दूसरे दल के अनुसार, कवि अपने विभिन्न भाषणों में पूर्व-पश्चिम के आदान-प्रदान के बारे में जो सब बातें कह रहे थे, वे भारतीय राष्ट्रीयताबोध की विरोधी थीं। वे अंग्रेजों के कुशासन के विषय में कुछ भी कहते नहीं थे। दोनों के बीच मतभेद इतना तीव्र था कि दूसरे दल के कुछ लोगों को लगा कि अगर कवि की जुबान ही बन्द करा दी जाए तो नुकसान कम होगा। कवि जब सैन

फ्रांसिस्को के एक होटल में रुके थे और एक क्रान्तिकारी उनकी हत्या करने पहुँचा तब दूसरे दल का एक व्यक्ति उस आततायी को बाधा देने के लिए वहाँ भागा आया। होटल की लॉबी में दोनों में बहस छिड़ गई। आखिरकार दोनों को ही वहाँ से लौट जाना पड़ा।

मामले के वक्त इस प्रसंग का जिक्र छिड़ते ही अभियुक्तों की ओर से किसी ने झट से पिस्तौल निकालकर अपने एक साथी पर गोली चला दी। तुरन्त अदालत के मार्शल ने भी गोली चलाकर दूसरे व्यक्ति को मार डाला। दोनों क्रान्तिकारियों की मौत से वास्तविक सत्य का रहस्योद्घाटन ही नहीं हो पाया।

जब एक बार ऐसी अफवाह फैल गई तब इसे पूरी तौर से खत्म होने के पहले अमरीका जाने का सवाल ही नहीं उठता था। कवि ने यात्रा की सारी तैयारी रद्द कर दी।

इसी बीच एक और बुरी खबर आई। जापान से भारत लौटते समय कवि के एक और प्रिय अंग्रेज दोस्त पियर्सन को बीजिंग में गिरफ्तार कर लिया गया था। शान्त, निर्विरोधी, मधुर स्वभाव के व्यक्ति पियर्सन यहाँ के छात्रों से अपने लगाव के कारण शान्तिनिकेतन में ही रहने लगे थे। कवि को उन्हें छुड़ाने के लिए भी सक्रिय होना पड़ा।

व्यक्ति के प्राण के साथ दीपक की तुलना कभी पुरानी नहीं होती।

कुछ दिनों से ऐसा लग रहा था कि बेला सचमुच धीरे-धीरे सम्पूर्ण स्वस्थ होने की ओर बढ़ रही है। अचानक दो दिन पहले उसकी हालत बहुत बिगड़ गई।

कवि अमूमन अपनी बेटी को दोपहर के वक्त अकेले में देखने जाया करते थे। वे कल शाम तक वहीं थे। आज सुबह से ही उनका मन बेचैन था। लिखने-पढ़ने या किसी अन्य काम में उनका मन नहीं लग रहा था। आखिरकार वे घर से निकल पड़े।

बेला के घर के सामने गाड़ी से उतरकर, थोड़ा आगे बढ़ते ही वे चौंककर रुक गए।

उस मकान के सदर दरवाजे के दोनों पल्ले खुले हुए थे। बैठकखाने में और बाहर कुछ लोग खड़े थे। वे सभी आपस में धीरे-धीरे बातें कर रहे थे। कवि को देखकर अचानक सभी चुप हो गए।

कवि के पैर जड़ हो गए। कुछ देर वे स्थिर मूर्तिवत खड़े रहे। वे समझ गए, बेला नहीं रही।

शोक के घर में अलग से कुछ बताने को नहीं रहता। हवा में उसकी गन्ध मौजूद रहती है। अगर फूलों की भी गन्ध हो तो वह गन्ध अलग तरह की होती है। दूसरे दिन भी शायद इस तरह दरवाजा खुला रहता होगा, आज का दरवाजा कुछ ज्यादा ही खुला था। शायद अन्य दिन भी ये ही लोग आते होंगे, लेकिन आज वे अन्य तरह के लग रहे थे।

कवि फिर ऊपर नहीं गए। वे अपनी दिवंगत बेटी का चेहरा नहीं देखना चाहते थे। इस घर से उनका सम्बन्ध भी खत्म हो गया। बेला चली गई, अब इस परिवार के लोग कवि को शायद और भी अप्रिय बातें कहने में संकोच नहीं करेंगे।

वे अपने साथ फूल लाए थे। बेला के प्रिय चम्पा फूल। फूलों का गुच्छा दरवाजे के पास रखकर वे तेजी से लौट गए।

उनकी आँखों में आँसू नहीं थे। उनके सीने में जैसे कोई बोझ लदा हुआ था। उन्होंने अपने मन को शान्त होने के लिए कहा। मृत्यु के सामने वे किसी तरह से भी हार नहीं मानेंगे। मृत्यु तो अनन्त जीवन प्रवाह का ही अंग है।

बेला को अब ज्यादा दिन पकड़कर नहीं रखा जा सकता, इसके लिए वे खुद को पहले से ही तैयार कर रहे थे। उनकी एक और बेटी रानू और रानू की माँ पर भी मृत्यु की छाया धीरे-धीरे पड़ रही थी। हाँ, उनके बड़े प्यार का बेटा शमी, जिसे सभी अपने पिता की प्रतिच्छवि कहते थे, वह शमी भी अचानक चला गया। वह आघात सँभालना आसान नहीं था।

जोड़ासाँको में आकर उन्होंने चिन्तित रथी और प्रतिमा वगैरह को बहुत संक्षेप में यह खबर दे दी। ठीक कब, बेला की आखिरी घड़ी किस तरह आई, या उसका अन्तिम संस्कार किस तरह सम्पन्न होगा, इस विषय पर उन्होंने कोई बात नहीं की। वे अपने तिमंजिले के कमरे में चले गए।

रथी अपने पिता के स्वभाव से परिचित था। खुद वे शोक का कोई लक्षण नहीं दिखाते थे, अगर उनके सामने कोई शोकातुर नजर आता तो वे खीज जाते थे। मौत की परवाह न करने का एकमात्र उपाय सम्पूर्ण स्वाभाविक रहना है। पिताजी अब अन्य दिनों की भाँति अपने लिखने-पढ़ने में व्यस्त हो जाएँगे। यहाँ तक कि कोई दूसरा उनसे मिलने आएगा तो उससे इस तरह बात करेंगे कि वह समझ ही नहीं पाएगा कि आज उन पर क्या बीती है।

शाम होने तक कवि अपने कमरे में ही रहे।

इसके बाद अचानक बड़ी व्यस्तता से बाहर निकलने की पोशाक पहनकर सीढ़ियों से नीचे उतरने लगे।

रथी सारे समय छिपकर उन पर नजर रखता रहा। उसने पहले सोचा, नीचे क्या कोई उनसे मिलने आया है? नहीं, ऐसा होने पर उसने नौकरों को पहले उसे ही बताने का निर्देश दे रखा था।

उसने पूछा, "पिताजी, आप कहीं जा रहे हैं?"

उन्होंने कहा, "हाँ, जरा घूम आऊँ।"

रथी ने फिर पूछा, "मैं आपके साथ चलूँ?"

उन्होंने कहा, "इसकी जरूरत नहीं। शाम ढलने के पहले ही लौट आऊँगा।"

रथी ने बरामदे से देखा, पिताजी ने घर की गाड़ी नहीं ली। वे पैदल ही जा रहे थे। शायद वे गंगा तट पर जा रहे थे। कुछ देर के लिए नदी की ताजी हवा का स्पर्श उनके लिए अच्छा ही होगा। जेठ की उमस भरी गर्मी का दिन था। वे बाहर से कुछ भी प्रकट नहीं करेंगे, लेकिन पिताजी कैसे कठिन संयम की परीक्षा दे रहे थे, क्या इसे रथी नहीं समझ रहा था? माधुरीलता अब नहीं रही। रथी खुद सारी दोपहर निःशब्द रोता रहा।

कवि ने कुछ दूर तक पैदल चलकर चितपुर के रास्ते पर पहुँचकर एक घोड़ागाड़ी को बुलाया। उस पर चढ़कर उसे भवानीपुर चलने के लिए कहा।

वहाँ पहुँचकर वे लैंसडाउन रोड पर एक नम्बर ढूँढ़ने लगे। कुछ देर बाद वे एक मकान के सामने जाकर रुके। हाँ, यही तो था पैंतीस नम्बर का मकान।

मकान का सदर दरवाजा बन्द था। उन्होंने गर्दन उठाकर जोर से पुकारा, "रानू! रानू!" ऊपर की खिड़की से किसी ने गर्दन निकालकर देखा।

कवि ने अपने खयालों में खोए हुए पूछा, "रानू कहाँ है? मैं उससे मिलने आया हूँ।" दरवाजा बड़ी तेजी से खुला।

पहली नजर में कवि को ऐसा लगा जैसे वे कोई अलौकिक दृश्य देख रहे हों। सामने कौन खड़ी थी, कोई परी या अप्सरा? या कि उनकी नजरों का धोखा था? वैसे देखने पर वह दस-ग्यारह साल की बालिका लगी, दूध-आलता रंग, सरल हिरनी जैसी आँखें, सिर पर घुँघराले बाल, उसके बदन पर सूत भर कपड़ा भी नहीं था, वह सम्पूर्ण नग्न थी।

इस उम्र की लड़कियाँ नंगी नहीं रहतीं। कवि जिस समाज में रहते थे, वहाँ दो-तीन साल की लड़कियाँ भी कपड़े के बिना किसी बाहरी व्यक्ति के सामने नहीं आतीं। कवि भी यही देखने के अभ्यस्त थे। इसीलिए उन्हें लगा

कि वह कोई परी या अप्सरा होगी। उन्हें पोशाक की जरूरत नहीं होती। प्री-रैफेलाइट चित्रकला में जो सब उड़नेवाली परियाँ नजर आती हैं, वे ठीक ऐसी ही होती हैं।

कवि को लगा, इस बालिका ने रुपए-पैसे गिनना नहीं सीखा होगा, घड़ी देखना नहीं जानती होगी क्योंकि स्वर्गलोक में रुपए-पैसे या घड़ी तो नहीं होती।

यह बालिका जन्म-मृत्यु से परे थी। काल का चिह्न उसे स्पर्श नहीं करता होगा। आज के दिन शायद वह बालिका स्वर्ग से सीधे उतरकर उनके दिल को राहत पहुँचाने आई होगी।

रानू अपनी दोनों बड़ी-बड़ी आँखों से कवि को एकटक देखती रही।

कवि के दीर्घकाय सुडौल शरीर में अभी भी उम्र की छाप नहीं पड़ी थी। सिर के बालों में सफेदी लगी ही थी, दाढ़ी भी अधपकी थी लेकिन आँखें अभी भी यौवनदीप्त थीं।

उनकी विपन्नता पर अब विस्मय हावी हो गया था।

रानू ने पहली नजर में ही पहचान लिया था। लेकिन उसने मुँह से कुछ न कहकर कवि का हाथ पकड़ लिया। ऐसा कुछ क्षणों के लिए ही रहा। इसके बाद रानू की माँ, बुआ और मामा हड़बड़ाकर सीढ़ियों से नीचे उतर आए। मामा ने चकित होकर कहा, "अरे, रवि बाबू!"

कवि ने उस नंगी बालिका की ओर एक नजर डालकर पूछा, "तुम्हीं रानू हो?"

रानू बोली, "आप रवि बाबू हैं, मतलब अपना वादा आपने रखा। आ गए।"

रानू की माँ बोली, "छि: छि: छि: रानू, तू इस तरह...जा जल्दी भीतर जा।"

रानू नासमझ की तरह बोली, "क्यों, क्या हुआ? ये तो मुझसे ही मिलने आए हैं।" माँ बोली, "नादान लड़की, जा जाँघिया पहनकर आ। कपड़ा पहन ले।"

रानू बोली, "बहुत गर्मी है। पसीने-पसीने हो रही हूँ।"

कवि ने भी जैसे यथार्थलोक में लौटकर थोड़ी लज्जा महसूस की।

विगत आठ-नौ महीने से ही रानू उन्हें लगातार चिट्ठियाँ लिख रही थी, वे भी उनका जवाब दे रहे थे। इतने दिनों तक उसे आमने-सामने नहीं देखा था। आखिरी चिट्ठी में रानू ने अपने सिर की कसम दी थी कि वह कोलकाता आ रही थी, इस बार भेंट करनी ही होगी। उसने ही इस मकान का पता दिया था।

लेकिन कवि तो रानू के माता-पिता से भी परिचित थे। मामा को भी पहचानते थे। फिर भी वयस्क व्यक्तियों को आवाज न लगाकर, अपनी धुन में उन्होंने रानू का नाम लेकर ही पुकारा था।

कवि को दोमंजिले के बड़े बैठकखाने में आरामकुर्सी पर बिठाया गया।

सभी ने फटाफट कवि के चरणों के पास सिर झुकाकर प्रणाम किया। रानू अपवाद रही।

वह इस बीच एक गुलाबी रंग की साड़ी किसी तरह लपेटकर कुछ दूर खड़ी शरारत से मुस्कुरा रही थी।

अपनी लाठी के सहारे चलकर दुबले-पतले फणिभूषण अधिकारी भी आ पहुँचे।

वे काफी दिनों से बीमार चल रहे थे। उनकी खाँसी किसी तरह से भी ठीक नहीं हो रही थी इसीलिए हवा बदलने और इलाज के लिए वे सपरिवार कोलकाता आए थे।

अब बड़ों के साथ ही कवि बातें करने लगे। बाहर से कोई अतिथि आकर उस घर की किसी बालिका से ही बातें करता रहे, यह तो देखने में अच्छा नहीं लगता। हालाँकि कवि का यहाँ रानू के चलते ही आना हुआ था।

वे बीच-बीच में रानू को देख लेते थे।

वह जैसे ठीक इस उम्र की माधुरीलता थी। रानू का शरीर बेला की तुलना में थोड़ा बड़ा था, फिर भी उसे जितनी बार देख रहे थे, बेला से ही उसका साम्य नजर आ रहा था।

बेला अपने पिता को जिस तरह देखती थी, रानू की नजर उससे भिन्न थी।

उसमें जैसे थोड़ा गुस्सा था। जैसे, कवि उसे छोड़कर दूसरों से क्यों बातें कर रहे हैं, यह बात उसे पसन्द नहीं आ रही थी।

रानू के मामा कालीप्रसन्न चट्टोपाध्याय बातचीत में बड़े पटु थे। कोई बात शुरू करते तो फिर रुकने का नाम ही नहीं लेते थे। वे बांग्ला-हिन्दी मिलाकर बात करते थे जो सुनने में बहुत अच्छा लगता था। एक बार उन्होंने शान्तिनिकेतन के छात्रों के सामने एक भाषण दिया था, उसका शीर्षक बड़ा चौंकानेवाला था। कोबाँ चो चा (कोमोर बाँधो चोख चाओ) 'क बाँ आँ खो' अर्थात् कमर बाँधो आँखें खोलो। उस उपदेशात्मक भाषण को सुनकर छात्र भला शिक्षा क्या ग्रहण करते, वे हँसते-हँसते लोट-पोट हो गए थे। कवि जाने के लिए तैयार हुए। सभी ने कुछ देर और बैठने का आग्रह किया। कवि क्या अपनी एक-दो नई रचनाएँ नहीं सुनाएँगे? या कोई गीत?

अनुरोध करनेवालों को पता नहीं था कि उस दिन सुबह ही कवि को कन्या-वियोग सहना पड़ा था। मगर कवि, रानू को जितनी बार देख रहे थे उतनी बार उनके दिल को कुछ राहत मिल रही थी, यह बात भी ठीक थी।

उठकर खड़े होते हुए उन्होंने फणिभूषण से कहा, "अधिकारी महाशय, आप स्वास्थ्योद्धार करना चाहते हैं तो सभी मिलकर शान्तिनिकेतन आ जाइए। वहाँ की जलवायु बहुत अच्छी है। लोगों का कहना है कि वहाँ के पानी में पत्थर तक हजम हो जाता है। मगर मैं आप लोगों को पत्थर खाने को नहीं दूँगा। आप लोगों को कोई भी दिक्कत नहीं होने दूँगा, सारी जिम्मेदारी मेरी है।"

कविता लिखते नहीं बन रहा था। कवि अब बांग्ला के बदले अंग्रेजी ज्यादा लिख रहे थे। कभी अपनी रचना का अनुवाद कर रहे थे तो कभी विदेशी दोस्तों तथा शुभचिन्तकों को चिट्ठियाँ लिख रहे थे। 'गीतांजलि' पुरस्कृत होने के बाद उनकी कई पुस्तकें अंग्रेजी में प्रकाशित हुई थीं। उनकी बिक्री भी अच्छी होती थी। उनकी रॉयल्टी के रुपयों से शान्तिनिकेतन के निरन्तर बढ़ते हुए खर्चों की थोड़ी-बहुत भरपाई हो जाती थी। उनकी कुछ और पुस्तकों के अंग्रेजी में प्रकाशन की माँग भी हो रही थी।

फिलहाल विदेश यात्रा स्थगित हो गई थी। विश्वयुद्ध इस वक्त जोरों पर था। इस बीच रूस और रोमानिया ने जर्मनी से सन्धि कर ली थी। जर्मनी ने पूर्वी रणक्षेत्र से अपनी सेना हटाकर फ्रांस पर सँड़सी हमले तेज कर दिए थे। पेरिस का पतन निकट था।

कवि का ज्यादातर समय शान्तिनिकेतन में बीतता था। वे नियमित रूप से छात्रों को पढ़ा रहे थे। उनकी कक्षाओं में दस-बारह साल के छात्र तो होते ही थे, अध्यापक भी उनमें मौजूद रहते थे। एंड्रूज तो अचानक आ ही जाते थे, सीता-शान्ता जैसी युवतियाँ भी एक किनारे बैठी रहती थीं।

फणिभूषण अधिकारी को महर्षि भवन में सपरिवार ठहराया गया था। उनके इलाज में भी कोई कमी नहीं थी, हालाँकि कोई खास उन्नति नहीं हो रही थी। कवि प्रतिदिन उन्हें देखने जाते थे।

रानू वनबाला की तरह सर्वत्र घूमती रहती थी। कभी वह सभी के उपासनागृह में झाँक आती थी, कभी वह कक्षा में पढ़ाई के समय एक बगल खड़ी रहती थी, कभी वह आम्रकुंज के किसी पेड़ पर चढ़कर बैठ जाती थी।

वहाँ पर एक पालतू हिरण था, वही उसके खेलने का साथी था। उसे वह घास खिलाती थी, चना खिलाती थी। एकाएक वह हिरन खोआई की ओर भागने लगता तो साथ में रानू भी भागती। मगर रानू के पहले ही वह हिरन अपनी जगह वापस लौट आता था।

दूर से यह देखकर कवि हँसते थे। उन्होंने एक दिन कहा, "सोचता हूँ, तुम्हें अब शकुन्तला कहकर पुकारूँ।"

रानू को बेहद आपत्ति थी। अन्य किसी नाम की तुलना में रानू नाम ही उसे ज्यादा पसन्द था। उसने कवि से शकुन्तला की कहानी सुनाने का आग्रह किया।

कवि बाकी काम छोड़कर उसे कहानी सुनाने लगे।

किशोरी शकुन्तला के रूप का वर्णन करते समय कवि को लगा सामने ही बैठी लड़की जैसे उसी का प्रतिरूप है। मगर रानू यह समझ नहीं पाई।

वह अभी भी अपने बारे में सचेत नहीं हुई थी। इसीलिए गर्मी लगते ही वह अपने कपड़े उतार देती थी। इसीलिए वहाँ पर उसकी माँ की नजर हमेशा उस पर रहती थी। वे खुद रानू को साड़ी पहनाकर बाहर भेजती थी।

भागदौड़ करते समय रानू की साड़ी का आँचल जमीन पर गिर जाता था। इससे कभी-कभी पैर फँस जाने पर वह मुँह के बल गिर भी पड़ती थी। कभी वह खुद को सँभाल भी लेती थी।

कहानी सुनते हुए रानू ने पूछा, "शकुन्तला क्या साड़ी पहनती थी?"

कवि मुस्कुराते हुए कुछ क्षण चुप रहे। आश्रम के ऋषिगण वल्कल की पोशाक पहनते थे। उस जमाने में धोती-साड़ी का प्रचलन नहीं था। हालाँकि तस्वीरों में कुछ दूसरा ही चित्रित किया जाता है।

उन्होंने कहा, "उन दिनों पेड़ के पत्ते सिलकर बहुत सुन्दर पोशाक बनाए जाते थे। साड़ी से भी ज्यादा सुन्दर।"

रानू ने कल्पना करने की चेष्टा की कि पत्तों से बनी पोशाक कैसी होगी।

शकुन्तला की कहानी पूरी नहीं हो पाई क्योंकि बीच में किसी के आने से बाधा पड़ गई।

किसी और के आ जाने पर रानू भी वहाँ नहीं रुकना चाहती थी।

दोपहर के वक्त कवि जब लिखने बैठते थे, तब उनके कमरे में कोई नहीं आता था। आश्रम के सभी लोगों को यह बात पता थी। मगर रानू को कौन रोकता? हवा के झोंके या आसमान की बिजली को भला कौन रोक सकता है!

बहुप्रतीक्षित वर्षा आ गई थी। अगले कुछ महीनों में पहले आषाढ़ का उत्सव होगा। आज भी रुक-रुककर बारिश हुई थी। कवि किसी विदेशी महिला को अंग्रेजी में चिट्ठी लिख रहे थे।

अचानक आँधी के झोंके की तरह रानू दरवाजा ठेलकर भीतर घुसी।

बारिश में उसके सिर के बाल भीग गए थे। उसका चेहरा भी कमल-कली की तरह जल से धुला था। वह एक ताजे केले के पत्तेवाले रंग की साड़ी पहने हुए थी। आँचल कमर में खुँसा हुआ था।

वह अपनी आँखें बड़ी-बड़ी करके बोली, "जानते हैं, कल से उस हिरण का पता नहीं चल रहा है।"

कवि को यह खबर पहले ही मिल चुकी थी। लिखते वक्त उससे ध्यान हटाना बहुत कठिन होता है। उन्होंने अनमने होकर कहा, "हूँ।"

रानू करीब आकर उनके हाथ से कलम छीनकर डाँटते हुए बोली, "इतना बड़ा एक हादसा हो गया और आप लिखने में लगे हुए हैं। आखिर दिन-भर इतना क्या लिखते रहते हैं। इतना लिखने की जरूरत नहीं है। कल से सभी मिलकर उसे ढूँढ़ रहे हैं, मैं भी ढूँढ़ने गई थी।"

कवि ने पूछा, "कहाँ ढूँढ़ने गई थी?"

रानू बोली, "बहुत दूर, खोआई के पास जो जंगल है...इसके बाद लालबाँध..."

कवि ने अब अपने लिखने का सामान एक तरफ सरकाते हुए कहा, "जंगल का हिरण एक दिन जंगल में चला जाएगा, मुझे पता था। इस बार के वसन्त में जब शाल वृक्ष कलियों से भर गए, हवा में उसकी सुगन्ध भर गई, तभी उसे कुछ उन्मन-सा देखा था। मेरे हाथों से खाना लेना नहीं चाहता था। मैं तभी समझ गया था कि अरण्य उसे बुला रहा है, अब वह लोगों के बीच नहीं रहना चाहता। तुम सही-सलामत लौट आई हो, जंगल में खो नहीं गई, यही काफी है।"

रानू बोली, "मैं क्यों खो जाऊँगी? मुझे जंगल अच्छा नहीं लगता। काशी अच्छा लगता है।"

कवि ने पूछा, "शान्तिनिकेतन अच्छा नहीं लग रहा है?"

रानू बोली, "हाँ, अच्छा लग रहा है। आप हैं इसलिए ज्यादा अच्छा लग रहा है। अच्छा, वह हिरण क्या अब कभी नहीं मिलेगा? मुझे बहुत तकलीफ हो रही है।"

कवि गाते हुए बोले, "सुहृद कौन था मन में मेरे वन का हिरण/किसने उसे बाँधा अकारण...।"

रानू अपनी भौंहें उठाकर बोली, "यह क्या है, गाना है? इसे अभी बनाया?"

कवि बोले, "नहीं, कल रात को ही दिमाग में आया था। वन के हिरण को घर के पास न बाँधकर मन में रखना ही तो ज्यादा अच्छा है।"

रानू बोली, "आगे क्या लिखा है, जरा सुनूँ?"

कवि ने फिर सुर में कहा—

वह कौन था मन में मेरे वन का हिरण
किसने उसे बाँधा अकारण
गतिराग का वह गान था
अँधेरे-उजाले का प्राण था
चकित कर देता था वह-आकाश को।

अचानक गाना रोककर कवि बोले, "इस बार दो अन्य जीव पालने की बात सोची है। जरा बताओ, किस जीव के शरीर से उसकी दुम ज्यादा लम्बी होती है?"

रानू कुछ क्षण सोचकर बोली, "मुझे पता है। बन्दर!"

कवि हँसते हुए बोले, "छि: छि:! मैं बन्दर पालूँगा? तुमने सोचा होगा, उसका मुझसे मेल है? मेरी दुम जरूर नजर नहीं आती, लेकिन मैं भी बीच-बीच में छलाँग लगाकर समुद्र लाँघता हूँ।"

रानू नाराज होने की मुद्रा में बोली, "इस लिहाज से मैंने यह बात नहीं कही थी। क्या आपको पता नहीं आप कितने सुन्दर हैं? आप सभी से ज्यादा सुन्दर हैं।"

कवि बोले, "यह सुनकर आश्वस्त हुआ। मैं सोच रहा था कि मैं छह फुट लम्बा व्यक्ति हूँ, इतनी बड़ी-बड़ी मूँछ-दाढ़ीवाला विचित्र दिखनेवाला कुरूप इनसान हूँ। पहले-पहल मुझे देखकर शायद नारदमुनि जैसा समझकर डर जाओगी, तुम्हारा चेहरा उतर जाएगा। मगर उस दिन ऐसा नहीं हुआ जब तुमने आकर मेरा हाथ थामा, तब तुम्हारा हाथ जरा भी नहीं काँपा, जरा बताओ तो यह भी भला कोई बात हुई?"

रानू कवि की देह से सटकर बोली, "मैंने मन-ही-मन जैसा सोच रखा था, आप उससे भी ज्यादा सुन्दर हैं। आप इस बार क्या पालेंगे, बताइए न?"

कवि बोले, "मोर! रथी को मैंने मोरों की जोड़ी लाने के लिए कहा है। जोड़ी बिना वे अच्छे नहीं लगते।"

रानू अपने अनार जैसे रंगवाले ओंठ बिचकाकर उपेक्षा से बोली, "ओह, मोर! हमारे काशी में कितने ही मोर हैं, उन्हें पालना नहीं पड़ता। इस बार रेल से आते वक्त दोनों ओर मैदान में काफी मोर देखे।"

कवि बोले, "हाँ, तुम ठीक कहती हो। मगर यहाँ तो मोर खुद नहीं आते। इस बरसात में पंख फैलाकर उन्हें नाचते हुए देखने के लिए फिलहाल पालना ही होगा। हाँ, एक और बात, सभी मुझे प्रणाम करते हैं, तुम क्यों नहीं करती?"

रानू बोली, "अन्य सभी लोग आपको गुरुदेव कहते हैं, मैं तो नहीं कहती। एक दूरी जैसे महसूस होने लगती है।"

कवि बोले, "ओह, यह बात है! मैंने सोचा था, तुम्हारे मन में भी शायद जात का घमंड है। तुम्हारे पिताजी जब पहली बार यहाँ आए थे, उन्होंने भी मुझे प्रणाम करना नहीं चाहा था। सुना था, तुम लोग ऊँची जात के ब्राह्मण हो, और हम लोग पिरीली के ब्राह्मण हैं, पतित, इसलिए मेरे पैर छूना तुम लोगों के लिए उचित नहीं।"

रानू बोली, "यह बिलकुल गलत बात है। मैंने देखा है, मेरे माता-पिता सभी आपको प्रणाम करते हैं।"

कवि बोले, "अब करते हैं। फिर भी तुम क्यों नहीं करती?"

रानू बोली, "मुझे उतनी भक्ति-श्रद्धा नहीं आती। मैं आपसे प्यार करती हूँ।"

कवि रानू का मक्खन जैसा मुलायम एक हाथ पकड़कर बोले, "इतनी साफ-साफ प्रेम करने की बात न जाने कब से किसी ने मुझसे नहीं कही। रानू, लगता है तुम मेरी माधुरीलता का शून्य स्थान भरने चली आई हो। तुम्हें जितनी बार रानू कहकर बुलाता हूँ, उतनी बार मेरी एक बेटी रेनू की याद भी मुझे आ जाती है। मैं कभी-कभी उसे रानू भी कहकर बुलाता था। लेकिन अगर तुम मुझसे प्रेम करती हो तो हर चिट्ठी में इतनी गम्भीरता से प्रिय रवि बाबू क्यों लिखती हो? यह तो बिलकुल औपचारिक सम्बोधन लगता है। तब तो मुझे भी तुम्हें चिट्ठियों में रानू देवी लिखना पड़ेगा।"

रानू बोली, "मैंने जब आपको पहली बार चिट्ठी लिखी थी, तब भी आप मेरे लिए एकदम रवि बाबू ही थे। मैं तब भी आपसे प्यार करती थी। लेकिन अब उससे भी ज्यादा प्यार करती हूँ। मैंने आपको अंग्रेजी कायदेवाला प्रिय नहीं लिखा। प्रिय का जो बांग्ला मतलब होता है वही लिखा है। मैं किसी और को प्रिय लिखती भी नहीं। आप तो कविता में न जाने कितनी बार प्रिय लिखते हैं, मेरे लिखने में ही क्या सारा दोष है! प्रिय जो चिट्ठी लिखने का तरीका है, मैं इसे जानती भी नहीं। आप मुझे प्रिय लगते हैं इसलिए लिखती हूँ। आप भगवान को जैसा कहते हैं उसी तरह मैं भी आपको प्रिय कहती हूँ।"

कवि खुश होकर बोले, "समझ गया, समझ गया। तुम्हारे तर्क के आगे हार मानता हूँ। अध्यापक की लड़की की बजाय पक्के वकील की लड़की

लगती हो। लेकिन रवि बाबू क्यों? कुछ नहीं तो रवि दादा भी तो लिख सकती हो।"

रानू बोली, "इस नाम से भी आपको काफी लोग पुकारते हैं। मैं ऐसा नाम चाहती हूँ जिस नाम से कोई और नहीं पुकारे।"

कवि बोले, "ऐसा नाम तो ढूँढ़ना पड़ेगा।"

रानू ने पूछा, "आपकी बेटी माधुरीलता कभी आपकी गोद में बैठती थी?"

कवि बोले, "तुम्हारी उम्र में? जरूर, जब मन होता आकर मेरी गोद में झट से बैठकर मेरा गला जकड़ लेती थी।"

रानू ने पूछा, "तो फिर मैं भी बैठूँ?"

रानू से थोड़ी बड़ी लगभग हमउम्र बहन भक्ति थी। वह भी काफी सुन्दर थी लेकिन उसके सौन्दर्य में रानू की तरह दीप्ति नहीं थी। उनके पिता ने अपनी इन दोनों बेटियों का एक और नाम रखा था छाया और काया। भक्ति सचमुच छाया की तरह निर्वाक् और सुस्थिर थी। वह रानू के साथ-साथ घूमती थी, लेकिन रानू की चाल हिरनी की तरह थी जबकि भक्ति उसके विपरीत थी। रानू किसी भी व्यक्ति के साथ सहज ही घुल-मिल सकती थी, भक्ति उस वक्त आड़ में चली जाती थी।

रानू समय-असमय कभी भी कवि के पास पहुँच जाती थी, भक्ति शरमाने के कारण कवि से कभी खुलकर बात ही नहीं कर पाती थी।

रथी और प्रतिमा के साथ भी रानू की दोस्ती हो गई थी। आश्रम के सभी लोग अब रानू को पहचानने लगे थे। कवि का इस बालिका के प्रति विशेष झुकाव था, इसे भी सभी जानते थे। इस लड़की ने कवि के मन से माधुरीलता की वियोग वेदना को काफी कम कर दिया था, इसलिए सभी उसे अबाध प्रश्रय देते थे।

कवि की देखरेख का भार उनकी पुत्रवधू प्रतिमा पर था। खाने के मामले में कवि की अपनी पसन्द-नापसन्द थी, इसलिए रसोइए-नौकरों पर निर्भर न करके प्रतिमा खुद उनका भोजन बनाती थी, उसे कवि के पास खुद ही ले जाती थी।

रानू बीच-बीच में रसोईघर में आकर प्रतिमा से बातें करने लगती।

एक पत्थर के गिलास में गर्म दूध भरा था। चाँदी की तश्तरी में दो सन्देश और छिले हुए अनार रखे थे।

रानू ने पूछा, "मैं इन्हें ले जाऊँ प्रतिमा दीदी?"

प्रतिमा भौंहें सिकोड़कर बोली, "ओ माँ, तू मुझे दीदी कह रही है? मैं तुझसे कितनी बड़ी हूँ?"

रानू ने पूछा, "तो क्या कहकर पुकारूँ? बहू दीदी?"

"कल तू मेरे पति को क्या कहकर बुला रही थी? रथी काका न? काका की पत्नी क्या बहू दीदी होती है?"

दोनों ही खिलखिलाकर हँसने लगीं।

इसके बाद प्रतिमा बोली, "तू बाबा मोशाय को रवि बाबू कहती है? कैसी खुर्राट लड़की है!"

रानू बोली, "चिट्ठी में लिखती थी, मुँह से तो नहीं कहती।"

"तो फिर अब क्या कहकर बुलाती हो, उनसे बातें करते समय?"

"कुछ भी नहीं कहती। अभी तक नाम तय नहीं कर पाई हूँ।"

"हम लोग बाबा मोशाय (पिता महाशय) कहते हैं, तू दादा मोशाय कह सकती है?" रानू ने इनकार में सिर हिलाया। यह सम्बोधन उसे पसन्द नहीं आया।

इसके बाद हाथ बढ़ाकर बोली, "आज मैं उनका खाना लेकर जा सकती हूँ?"

प्रतिमा बोली, "तुम ले जाओगी? ठीक है ले जाओ। उनमें एक दोष है। वे किसी भी तरह पूरा दूध नहीं पीते। सन्देश भी आधा खाकर छोड़ देते हैं। देखो, अगर तुम पूरा खिला सको।"

रानू बहुत सावधानी से एक-एक कदम रखती हुई अपने दोनों हाथों में पत्थर का गिलास और तश्तरी लिये हुए कवि के सामने उपस्थित हुई।

कमरे में दो व्यक्ति कवि से आश्रम-विद्यालय के बारे में चर्चा कर रहे थे।

कवि किसी बाहरी व्यक्ति के सामने कुछ नहीं खाते थे, इसे रानू इसी बीच जान गई थी। उसने गिलास और तश्तरी मेज पर रख दी।

बातचीत से वह समझ गई कि उन दोनों व्यक्तियों का नाम कालीमोहन और सन्तोष था। कवि बीच-बीच में सुरूल, खलिहान, कृषि, गोपालन आदि शब्द कह रहे थे। कवि के मुँह से इस प्रकार की नीरस बातें रानू को जरा भी पसन्द नहीं आ रही थीं। दूध भी ठंडा हो रहा था।

हालाँकि वे दोनों कुछ ही देर में चले गए।

रानू कवि के सामने दूध का गिलास ले आई।

कवि ने एक घूँट लेकर कहा, "वाह, बहुत अच्छा है!"

रानू बोली, "उँहूँ, इतना थोड़ा पीने से नहीं चलेगा। और पीजिए।"

कवि बोले, "शायद प्रतिमा ने निराश होकर तुम्हें प्रतिनिधि बनाकर भेजा है। ठीक है, तुम्हारे सम्मान में एक और घूँट लिये ले रहा हूँ।"

रानू बोली, "इसे पूरा पीना पड़ेगा।"

कवि बोले, "तुम क्या मुझे दूध पीता बच्चा बनाना चाहती हो? मैं विवश होकर थोड़ा पी लेता हूँ, मैं बछड़ों को पूरी तरह से वंचित नहीं करना चाहता।"

रानू बोली, "अब बछड़ा यह दूध कैसे पिएगा? दूध तो दुहा जा चुका है।"

अचानक कवि से तीन मिलनेवाले आ गए। रानू झटपट दूध का गिलास लेकर चली गई। उनमें छापेखाने को लेकर बात होने लगी।

अमरीका के लिंकन शहर के रहनेवालों ने कवि को एक छापाखाना उपहार में दिया था। जहाज के जरिए अनेक प्रकार के टाइप और मशीन के पुर्जे भी पहुँच गए थे। शान्तिनिकेतन में अभी तक वह छापाखाना ठीक से चालू नहीं हुआ था।

इस बार भी कवि आगन्तुकों के साथ नीरस बातचीत करने लगे, बीच-बीच में अंग्रेजी भी बोल रहे थे।

उन तीनों व्यक्तियों को रानू पहचानती थी। कल ही पहले आषाढ़ के सिलसिले में वर्षा उत्सव मनाया गया था उसमें अनेक संस्कृत श्लोकों का पाठ और गाना उसने सुना था। कवि ने भाषण दिया था, गाना गाया था। खूब मजा आया था। उसमें चश्मावाले व्यक्ति ने भी गाना गाया था।

अचानक बातों के बीच में कवि बोले, "यह देखो, तुम लोगों के साथ इस चंचल बालिका का परिचय तो मैंने करवाया ही नहीं। इसका नाम रानू है। चारु, तुम्हें तो मैंने इस लड़की की बात लिखी थी। कह सकते हो अब यही मेरी हर वक्त की साथी है। रानू, ये लोग हैं—चारुचन्द्र, सुकुमार और अजित।"

इसके बाद चश्मावाले व्यक्ति की ओर इशारा करते हुए बोले, "तुम क्या सुकुमार को नहीं पहचानती? ये सुकुमार राय हैं—छापाखाना के बहुत बड़े जानकार, इसके अलावा उन्होंने तुम जैसी उम्रवालों के लिए कितनी मजेदार चीजें लिखी हैं।"

रानू ने बड़ी-बड़ी आँखें करके कहा, "सुकुमार राय यानी सन्देश? मैंने पढ़ा है। पगला दासू, पाँतभूत का जीवित शिशु, और...गीत गा रहे हैं, ग्रीष्मकाल में भीष्मलोचन शर्मा, गूँज रही आवाज उनकी दिल्ली से बर्मा।..."

अजित बोले, "वाह, तुमने तो इनकी काफी चीजें याद कर रखी हैं।"

रानू कवि की बाँह छूकर सुकुमार से बोली, "मगर मैं आपसे प्यार नहीं करती। सिर्फ इन्हें प्यार करती हूँ।"

उसके इस सरल कथन पर सभी ठहाका लगाकर हँस पड़े।

कवि बोले, "यह बालिका प्रेम को बाँटना नहीं जानती।"

सुकुमार बोले, "इस वस्तु को बाँटने से वैसा स्वाद नहीं रहता। मुझे एक पाठिका मिली है, यही काफी है।"

चारुचन्द्र बोले, "छापेखाने की चर्चा फिलहाल स्थगित रखी जाए। गुरुदेव को तैयार होना होगा। शाम को सभा है।"

उनके बाहर जाते ही रानू ने फिर से दूध और सन्देश खत्म करने के लिए कवि पर जोर दिया।

कवि बोले, "अब मैं नहीं खा पाऊँगा। इसके बाद लेक्चर देने जाना है। जो व्यक्ति ज्यादा बातें करता है, उसे थोड़ा भोजन करना चाहिए।"

रानू बोली, "आप इतना लेक्चर क्यों देते हैं? आप न कहानी लिखते हैं, न कविता लिखते हैं बस लेक्चर देते रहते हैं। यह बिलकुल अच्छी बात नहीं है। आपको यह सब-का-सब खत्म करना ही पड़ेगा।"

कवि एक सन्देश मुँह में रखकर बोले, "इसके बाद देर हो जाएगी। अब उठता हूँ।"

रानू बोली, "आप इसी तरह सभा में जाएँगे? बाल भी नहीं सँवारा। कवियों को क्या बाल नहीं झाड़ना चाहिए?"

कवि बोले, "बाबू रवीन्द्रनाथ एक समय खूब सजते-धजते थे। तुमने तो देखा नहीं। मगर अब...जरूरत-मुताबिक कुछ भी ढूँढ़ नहीं पाता हूँ। कंघी न जाने कहाँ छिप जाती है।"

रानू दराज खींचकर बोली, "यह तो कंघी रखी है। आप चुपचाप बैठिए। मैं बाल झाड़े देती हूँ।"

माँ जिस तरह अपने बच्चे का गाल दबाकर कंघी करती है, वैसे ही एक बालिका एक वृद्ध व्यक्ति को कंघी करने लगी।

कवि स्नेहपूर्वक रानू की पीठ पर हाथ रखकर बोले, "मैं क्या तुम्हारा खिलौना हूँ?"

रानू बोली, "अब हिलिए मत। कितने सुन्दर बाल हैं। दाढ़ी भी ठीक किए देती हूँ।"

कवि बोले, "रानू, तुम्हारे चले जाने के बाद कौन मेरे बाल सँवारेगी, कौन मुझे जबर्दस्ती खिलाएगी?"

रानू के वहाँ से जाने का दिन करीब आ गया।

फणिभूषण के स्वास्थ्य की थोड़ी उन्नति हुई थी। डॉक्टर ने कुछ दिन और वहाँ रुक जाने की सलाह दी थी, मगर उन्हें नौकरी भी करनी थी। आखिर

कितनी छुट्टी मिलती। रानू यहीं पर रह जाना चाहती थी। वहाँ के स्कूल में पढ़ने की उसकी इच्छा थी। उसने इस बात की जिद ठानकर ऐसा रोना-धोना शुरू किया कि उसके माता-पिता ने आखिरी दिन उसे घर से बाहर ही नहीं निकलने दिया।

कवि स्वयं इस परिवार को गाड़ी में चढ़ाने के लिए बोलपुर तक आए। ट्रेन छूटने के समय उन्हें लगा कि वे न आते तभी ठीक होता।

रानू किसी तरह से भी ट्रेन में चढ़ने के लिए तैयार नहीं थी। वह लगातार अपने मामा का हाथ छुड़ाने के लिए जोर लगा रही थी और रोए जा रही थी। साथ ही अकुलाहट से कवि की ओर देखकर कह रही थी, "आप मेरे पिताजी से कहिए मैं आपके पास रहूँगी...।"

कवि के दिल में भी कसक हो रही थी। उन्होंने बलपूर्वक अपना मुँह फेर लिया।

लगभग खींच-तान कर रानू को ट्रेन में चढ़ाया गया। सीटी बजाकर गाड़ी चल पड़ी। चलती ट्रेन में भी रानू का रोना थमा नहीं।

उसकी दोनों दीदियों ने उसे बहलाने की कितनी कोशिश की मगर रानू बाहर का दृश्य देखने के लिए तैयार ही नहीं हुई। जहाँ-जहाँ ट्रेन रुक रही थी, खाने-पीने की चीजें खरीदी जा रही थीं मगर वह खा भी नहीं रही थी।

आखिरकार माँ बोली, "बाप रे बाप, इस जिद्दी लड़की को सँभालना मुश्किल है! गुरुदेव ने हम लोगों से फिर आने के लिए कहा है। तू फिर आएगी। इतना रोने-धोने की क्या बात है?"

रानू अपनी सिसकी रोककर बोली, "अब हम लोग फिर कब आएँगे?"

माँ बोली, "जल्दी ही। देखती हूँ, अगर पूजा की छुट्टी में सम्भव हो।" ट्रेन वर्धमान से आगे बढ़ी तो रानू चिट्ठी लिखने बैठ गई।

...इस वक्त गाड़ी चल रही है। मैं खूब रो रही हूँ। आपकी बहुत याद सता रही है। आपके पास जाने की इच्छा कर रही है। आपने नहा लिया है, आपके बाल कौन सँवार देगा? रोज आराम कीजिएगा। मुझे शाम को अच्छा नहीं लगेगा। शायद आपको भी अच्छा नहीं लगेगा। अगर कुछ सभाएँ हैं तो ज्यादा जोर से लेक्चर मत दीजिएगा। आज शाम को मैं नहीं आऊँगी, आप शायद सभा करेंगे। इस बार जिस दिन आप छत पर बैठेंगे, उस दिन जरूर आपको मेरी याद आएगी। आप अकेले चुप करके बैठे रहिएगा। हम लोगों ने कुछ देर पहले नाश्ता किया है। आप दूध कुछ ज्यादा पीजिएगा। साँझ होनेवाली है। इस समय शान्तिनिकेतन की बातें याद आ रही हैं। इसी समय तो मुझे आपकी याद

सबसे ज्यादा आएगी। काशी पहुँचकर भी आपकी याद आएगी। मुझे गाड़ी में जरा भी अच्छा नहीं लग रहा है। आपके पास जाने की इच्छा हो रही है।...

कवि भी कुछ दिन उदास रहे। इस एक महीने में उस सरल सुन्दर बालिका ने उनका मन लावण्य से भर दिया था। माधुरीलता के चले जाने के बाद ही उससे भेंट हुई थी, यह भी एक आश्चर्य संयोग था। बीच-बीच में ही माधुरीलता और रानू गड्डमड्ड हो जाती थीं। रथी और प्रतिमा भी उसे चाहने लगे थे।

रानू की चिट्ठी पाते ही कवि जवाब लिखने बैठ गए।...

रेल में जाते हुए तुम उदास हो गई थी इसे जानकर मुझे बड़ा दुख हुआ। तुम ऐसा मत समझना कि मैं समझ नहीं पाया था। बुधवार को जब तुम्हारी गाड़ी चल रही थी और मैं चुपचाप अपने कमरे के कोने में तथा शाम को छत पर बैठा था तब तुम्हारा कष्ट मेरे मन में गूँज रहा था। मैं मन-ही-मन सिर्फ यह कामना कर रहा था कि बादलों में जिस तरह इन्द्रधनुष बनता है, उसी तरह तुम्हारे आँसुओं से भरे कोमल हृदय में स्वर्ग का पवित्र प्रकाश पड़े, सौन्दर्य की छटा से तुम्हारे जीवन का एक दिगन्त से दूसरा दिगन्त भर जाए।

मैंने अपने जीवन को उन्हीं को समर्पित किया है—जिस समर्पण को उन्होंने ग्रहण किया है इसीलिए बीच-बीच में वे मुझे विभिन्न इशारों से जता देते हैं—अचानक तुम उन्हीं की दूत होकर मेरे पास आई हो। तुम पर मेरा गहरा स्नेह उनका वही इशारा है। यही मेरा पुरस्कार है। इससे मुझे काम करने में दोगुना उत्साह मिलता है। मेरी थकान दूर हो जाती है। मेरे मन का आकाश उज्ज्वल हो जाता है।

बेनीमाधव अधिकारी नदिया जिला के टुंगी गाँव के एक टोले-मुहल्लेवाले विद्यालय के पंडित थे। छात्रों को पढ़ाने के अलावा संस्कृत साहित्य और शास्त्रों की चर्चा करके वे समय बिताते थे। पंडित जी की अन्त:पुर में रहनेवाली पत्नी की भूमिका बस दिन-भर खाना पकाना और नियमित बच्चे पैदा करना था। सात बेटे-बेटियों को जन्म देने के बाद पंडित जी की पत्नी एक दिन इस दुनिया से चुपचाप विदा हो गईं।

गृहिणी गृहमुच्यते। गृहिणी के दिवंगत हो जाने के बाद अब गृह रखने का लाभ क्या! पंडित जी गाँव छोड़कर वैरागी हो गए। दंड धारण कर संन्यासी बन गए। उनका नया नामकरण हुआ स्वामी योगानन्द सरस्वती।

पूरा भारत भ्रमण करके योगानन्द सरस्वती एक समय काशी में रहने लगे। तब तक उनके कुछ भक्त और शिष्य बन गए थे। एक धनी भक्त ने

उन्हें एक मकान और उससे लगी जमीन दान कर दी थी। वहाँ एक आश्रम बन गया। ब्रह्मकुंड के उस आश्रम में राम-लक्ष्मण-सीता और शिव की पूजा तथा नियमित साधन-भजन होने लगा।

संन्यासी होने पर भी योगानन्द सरस्वती ने अपने पूर्वजीवन की स्मृति एकदम मिटा नहीं दी थी। बीच-बीच में वे अपनी सन्तानों की खोज-खबर लेते रहते थे। उनकी सन्तानों में एक ने विद्या क्षेत्र में नाम किया था। वे संस्कृत और दर्शन के प्रसिद्ध अध्यापक हुए, बाद में वे दिल्ली के हिन्दू कॉलेज के अध्यक्ष भी हुए।

एकदम आखिरी उम्र में योगानन्द अपनी सन्तानों में से किसी को अपने करीब पाने के लिए व्यग्र हो उठे थे। उन्होंने दिल्ली से फणिभूषण को बुला भेजा। वे अपने पिता के अनुरोध की अनदेखी नहीं कर पाए। वे दिल्ली की नौकरी छोड़कर सपरिवार काशी चले आए मगर उन्होंने आश्रम में रहना स्वीकार नहीं किया। बगल में ही एक नया घर बनवाया। काशी शहर विद्या चर्चा का एक बृहत् केन्द्र था, वहाँ पर अध्यापक की नौकरी पाने में उन्हें कोई दिक्कत नहीं हुई।

फणिभूषण का अपना परिवार भी काफी बड़ा था। पाँच लड़के-लड़कियाँ, पत्नी, आश्रित नाते-रिश्तेदार, दास-दासी, भरपूर गृहस्थी थी। उस परिवार में संगीत का भी माहौल था, हालाँकि बच्चों की पढ़ाई के मामले में फणिभूषण की कड़ी नजर रहती थी।

दो पुत्र-सन्तान की मृत्यु के बाद जब पहली बेटी आशा हुई तब उसे काफी दिनों तक लड़के की ही वेशभूषा में रखा गया। सभी उसे नन्द दुलाल कहकर बुलाते। रजस्वला होने के बाद आशा अपना यह नाम सुनकर नाराज हो जाती थी। उसने अपने लड़कोंवाले कपड़े फेंक दिए। अब वह साड़ी ही पहनती थी। पढ़ाई में वह बहुत अच्छी थी। छोटी उम्र में ही उसका आध्यात्मिकता की ओर रुझान हो गया था। वह अक्सर एकान्त में बैठकर ध्यान लगाया करती।

दूसरी बहन शान्ति मुँह छिपानेवाली, शरमीली थी। घर में उसके होने का पता ही नहीं चलता था। उसके बाद की बहन प्रीति का घर का नाम रानू था। स्वभाव में वह अपनी दोनों बड़ी बहनों के एकदम विपरीत थी। घर में वही सबसे ज्यादा शरारती थी। अपने खिलन्दड़े स्वभाव के कारण वह हर समय कुछ-न-कुछ करती रहती। ज्यादा देर तक वह एक जगह टिककर बैठ नहीं सकती थी। वह जैसे हर समय घर में हर जगह नजर आती थी।

शान्त लड़कियों और सुबोध बालकों की प्रशंसा जरूर होती है लेकिन वयस्क लोग चंचल बच्चों को ज्यादा पसन्द करते हैं। तीन-चार साल की उम्र

से ही रानू बगल के आश्रम में भी जाकर हुड़दंग किया करती थी। योगानन्द सरस्वती अपनी इस पोती को प्रश्रय की दृष्टि से देखते रहते। वे उसे गोद में बिठाकर प्यार करना चाहते लेकिन रानू चुपचाप बैठी रहनेवाली लड़की ही नहीं थी। वह छटपटाकर उठ जाती थी। योगानन्द कविता में कहते—'रानू मेरी मानिक (माणिक)। न हिलाऊँगा, न डुलाऊँगा, बस देखूँगा खानिक-खानिक' (थोड़ा-थोड़ा)।

अपनी बहनों के साथ रानू स्कूल जरूर जाती थी पर स्कूल की पढ़ाई में उसका मन नहीं लगता था। वह हर प्रकार की कहानियों की किताब पढ़ती। भले ही वह बड़ों की हो या छोटों की हो, इसमें कोई फर्क नहीं समझती थी। उसके यहाँ किताबें बहुत थीं। कोलकाता से भी पत्र-पत्रिकाएँ आती थीं। सभी लड़कियाँ जन्म से ही दिल्ली-वाराणसी में रही थीं, स्कूली शिक्षा का माध्यम हिन्दी था फिर भी वे सभी बहुत अच्छी बांग्ला जानती थीं। माँ सरयूबाला चन्दन नगर की लड़की थीं, अक्षरज्ञान के समय से ही उन्होंने अपने हर बच्चे को बांग्ला भाषा में दीक्षित किया था। पहले वे उन्हें रामायण-महाभारत और लोककथाएँ सुनाती थीं फिर उन्हें किताबें थमा देती थीं।

रानू को सात साल की उम्र से ही कहानी पढ़ने का नशा हो गया था। ढेरों किताबें पढ़ते-पढ़ते वह रवीन्द्रनाथ ठाकुर नाम के एक लेखक की रचनाएँ ही ज्यादा पसन्द करने लगी थी। उनका जो कुछ भी पढ़ती उसे अच्छा लगता। उनकी काफी कविताएँ उसने रट ली थीं। कुछ रचनाएँ उसे जरूर पूरी तौर से समझ में नहीं आती थीं फिर भी उन्हें पढ़ना नहीं छोड़ती थी। दस साल की उम्र में ही वह रवीन्द्रनाथ ठाकुर की पक्की भक्त बन गई थी।

रवि बाबू गीत भी लिखते थे। माँ रवि बाबू के काफी कुछ गीत गाती भी थी। उन गीतों को सुनते समय रानू बिलकुल शान्त लड़की हो जाया करती थी। चुपचाप सुनती रहती थी। रानू खुद नहीं गा पाती थी, उसका गला मीठा नहीं था। इसका उसे बहुत दुःख होता था।

रानू स्कूल की किताबों को ज्यादा नहीं छूती थी, बस परीक्षा के पहले ही वह रात-भर जागकर पढ़ाई में जुट जाती थी। एक बार उसका परीक्षाफल देखकर सभी चौंक गए। रानू स्कूल से लगभग भागते हुए घर आई। उसके एक मामा कालीप्रसन्न अक्सर वहाँ चले आते थे। वे बांग्ला ठीक से नहीं बोल पाते थे। उनकी बातों में हिन्दी के काफी शब्द होते थे। उनके सामने आकर रानू

परीक्षाफल को लेकर उछलते हुए बोली, "मैं हिन्दी में फर्स्ट आई हूँ, हिन्दी में फर्स्ट आई हूँ।"

सिर्फ अपने स्कूल में ही नहीं, पूरे उत्तर प्रदेश की हिन्दी परीक्षा में इस बार उस बंगाली लड़की को सबसे ज्यादा नम्बर मिले थे।

कालीप्रसन्न खुश जरूर हुए, कौतुकवश हाथ बढ़ाकर बोले, "देखूँ, कहीं और सब सब्जेक्ट में लड्डू तो नहीं मिला?"

आश्चर्य! बेहद आश्चर्य! रानू हर विषय में क्लास में प्रथम आई थी। ऐसा क्या किसी जादू के कारण सम्भव हुआ था?

इसके बाद अभिभावकों ने तय किया कि रानू की स्कूल की पढ़ाई-लिखाई को लेकर अब और टोकाटाकी नहीं करेंगे। वह अपनी तरह से ही पढ़े।

अपने छोटे से जीवन में रानू ने अपनी पहली चिट्ठी अपने प्रिय लेखक रवि बाबू को लिखी थी। उनके एक बार जवाब देते ही नियमित पत्र लेखन शुरू हो गया था। रानू इसके अलावा और किसी को चिट्ठी नहीं लिखती थी।

चिट्ठी में अब नाम के चुनाव को लेकर समझौते की बात चल रही थी। सभी उन्हें गुरुदेव या रवीन्द्रनाथ कहते थे। गुरुदेव सम्बोधन रानू को जरा भी पसन्द नहीं था। सुनते ही लगता जैसे दादाजी की तरह कोई गेरुआ वस्त्रधारी सिर पर जटाजूटधारी कोई बूढ़ा है। वे तो संन्यासी नहीं, कवि हैं। इसीलिए रानू अभी तक रवि बाबू ही कहती आई थी। मगर कवि को यह पसन्द नहीं था। उन्होंने लिखा था, रवि बाबू के बदले रवि दादा नाम कैसा रहेगा?

इस नाम से रानू ने दो-एक लोगों को बुलाते हुए सुना था। उसे तो ऐसा नाम चाहिए था जो उसका अपना हो, जिस नाम से उन्हें कोई और न बुलाता हो।

मगर रवि नाम कवि को बहुत पसन्द था। एक था जो रवि, जो था सिर्फ कवि। बदलने के वक्त ऐसा नाम तो रखना ही होगा जिसका अर्थ रवि ही हो।

रवि माने सूर्य। सूर्य दादा? इस नाम से बुलाने पर वे बिलकुल अजनबी व्यक्ति हो जाएँगे। मार्तंड? धत्त! सुनते ही लगेगा धू-धू करके आग जल रही है। दिवाकर? इस नाम का काशी में एक परिचित व्यक्ति था, जो जरा भी अच्छा नहीं था।

कवि ने खुद ही एक और नाम प्रस्तावित किया। कम उम्र में उन्होंने भानुसिंह के छद्म नाम से कुछ कविताएँ और गीत लिखे थे। इसके बाद काफी

दिनों से किसी को यह नाम याद नहीं रहा। भानु दादा कैसा लगेगा? इस नाम से उन्हें और कोई नहीं बुलानेवाला।

यह नाम रानू को बहुत पसन्द आया।

भानु के साथ रानू के नाम का भी यह बढ़िया मेल था। अगर इस नाम से कोई और उन्हें बुलाए तो उससे कहा जाएगा, इस नाम के साथ पहले अपने नाम का तालमेल बिठाओ। कादम्बिनी अथवा जगदम्बा वगैरह ऐसा कर पाएँगी? यहाँ तक कि सीता और शान्ता के साथ भी मेल नहीं बैठ पाएगा।

भानु दादा सिर्फ रानू के ही रहेंगे।

और गुरुदेव या रवीन्द्रनाथ ठाकुर, वे बाकी सभी के हों, उसे फर्क नहीं पड़ता।

उस बार कोलकाता में जाने के बाद पहली बार भेंट हुई, इसके बाद शान्तिनिकेतन में महीने-भर का घनिष्ठ सम्पर्क रहा। उसके बाद से ही रानू को लगता, इस दुनिया में उसका इतना अपना और कोई नहीं है।

वे देखने में कितने सुन्दर थे! दीर्घकाय, शक्तिशाली व्यक्ति, मगर दोनों आँखें कितनी कोमल, सिर पर घने बाल, कच्ची-पक्की दाढ़ी से भरा चेहरा। जब हँसते थे तब लगता उनके शरीर पर उम्र की कोई छाप ही नहीं पड़ी है। गम्भीर, सुरीला कंठस्वर, हर समय कौतुक से भरी बातें करते। उन्हें देखकर लगता नहीं था कि वे कभी क्रोध भी करते होंगे।

हालाँकि जब वे दूसरे लोगों से बात करते थे, तब रानू कई बार उनके पास ही खड़ी देखती और सुनती होती थी। तब वे गम्भीर भी होते थे, कड़ी बातें कहते थे, दूसरों को डाँटते भी थे। मगर रानू के सामने एकदम बदल जाते थे। जैसे एकदम मन के व्यक्ति हों। रानू उनके लिखने में बाधा देती थी तो भी वे नहीं खीजते थे। वे एक दिन बोले, "तुम्हें देखते ही मुझे एक नया गीत सूझ रहा है।"

कितने दुख की बात है कि उनकी बेटी माधुरीलता अब इस दुनिया में नहीं रही। रानू उसे देख भी नहीं पाई। कभी-कभी कवि रानू का हाथ पकड़कर उसे माधुरीलता के बारे में बताते। उस समय भी उनकी आँखें भरी हुई नजर नहीं आती थीं बस उनकी नजर जैसे कहीं दूर चली जाती थी।

शान्तिनिकेतन छोड़कर आते समय रानू को बहुत तकलीफ हुई थी। अब तक काफी हद तक वह उससे उबर चुकी थी, आख़िर माता-पिता की बातें भी तो माननी पड़ेंगी। माँ ने कहा था, "जल्दी ही हम लोग फिर शान्तिनिकेतन जाएँगे।"

दिन बीत रहे थे। सुबह, दोपहर, शाम, साँझ और रात को मिलाकर एक काफी लम्बा दिन। शहनाई की आवाज के साथ भोर होती। सितार की भैरवी और आसावरी रागिनी की तरह सुबह बीत जाती, तबले के बोल की तरह दोपंहर, वायलिन की छड़ की पूरबी में शाम के अन्त का सूर्यास्त गंगा में होता, इसके बाद अँधेरे में स्वर आलोकित किसी-किसी बजरे से नूपुरों की ध्वनि और गाने की आवाज सुनाई पड़ती, सिन्धु बारोवाँ 'राग विशेष' के उदास सुर की तरह आँखों में नींद उतर आती।

वर्षाकाल के बाद शरद ऋतु आई। पूजा की छुट्टियों में भी शान्तिनिकेतन जाना सम्भव नहीं हुआ। पिताजी कुछ स्वस्थ होकर काम में व्यस्त हो गए थे। रानू को बड़ा अभिमान होता। पहले उसे काशी कितना अच्छा लगता था, अब शान्तिनिकेतन की उसे हरदम याद सताती रहती थी।

एक दिन आश्रम के कुएँ के पास न जाने कहाँ से एक मोर उड़कर आकर बैठ गया। खबर पाते ही सुबह अपनी पढ़ाई की किताब परे रखकर रानू उसे देखने के लिए भागी। अपने पूरे बदन पर विभिन्न रंगों की बहार लेकर वह मोर सिर उठाकर दृप्त भंगिमा में बैठा हुआ था।

वह भले ही कितना सुन्दर रहा हो, बच्चों को मोर के बहुत करीब जाने नहीं दिया जाता था। सुना है, वे आँखें नोच लेते हैं। रानू जरा भी नहीं डरती थी। उसे कौन रोकता! वह धीरे-धीरे उसकी ओर बढ़ गई।

उसे याद आया, शान्तिनिकेतन में दो मोरों के लाए जाने की बात थी। इतने दिनों में तो वे आ ही गए होंगे। कवि क्या उन्हें खुद अपने हाथों से खिलाते होंगे?

मगर बिना कुछ कहे-सुने वह मोर जिस तरह अचानक आया था वैसे ही अचानक उड़कर चला गया।

वह मोर जहाँ बैठा था अब वहाँ नहीं था। मगर उसकी उपस्थिति अभी भी महसूस हो रही थी।

रानू जैसे उसे देख रही थी। वह उसी तरफ उस शून्यता में एक मोर की सृष्टि करके टकटकी लगाकर देखती रही।

एक दिन साँझ को रानू अपनी दीदियों के साथ पढ़ने बैठी थी। ठंडी हवा चलनी शुरू ही हुई थी। रानू बीच-बीच में अनमनी हो उठती थी। वह सोचने की कोशिश करती थी कि जाड़े में शान्तिनिकेतन कैसा नजर आता होगा? उस वक्त क्या सभी पेड़ों के पत्ते झर जाते होंगे? कोपाई नदी में पानी रहता होगा? वहाँ के छात्र क्या ठंड भगाने के लिए शाम के समय आग तापते होंगे?

लगा कोई सदर दरवाजे की कुंडी खटखटा रहा था।

शाम के वक्त फणिभूषण से काशी के विशिष्ट व्यक्ति मिलने आया करते थे। बैठकखाने में शास्त्रीय संगीत की चर्चा छिड़ जाती। कभी-कभी पीछे के दालान में गाने-बजाने की महफिल बैठती।

आज के सज्जन अपरिचित थे। फणिभूषण उनसे बात कर रहे थे। बगल के कमरे से रानू के कानों में थोड़ी-थोड़ी आवाज आ रही थी।

अपरिचित व्यक्ति का नाम भीमराव शास्त्री था। वे मराठी सज्जन थे। कविगुरु रवीन्द्रनाथ के बुलावे पर वे शान्तिनिकेतन में शास्त्रीय संगीत के शिक्षक के रूप में पहुँचे थे। एक व्यक्तिगत काम से वे वाराणसी आए थे। आते समय गुरुदेव ने उन्हें उन लोगों का पता देकर कहा था कि उस मकान में रानू नाम की एक लड़की रहती है, वह कैसी है, जरा इसका पता करते आइएगा।

शान्तिनिकेतन शब्द कानों में पड़ते ही रानू खुद ही वहाँ भागी हुई पहुँची।

फणिभूषण बेटी को अपने पास खींचकर हँसते हुए बोले, "यही मेरी बेटी रानू है। रवि बाबू से कहिएगा, यह मजे में है। तेजी से बड़ी हो रही है। उनके नाम से पागल हुई रहती है।"

भीमराव शास्त्री की खातिर करके भीतर बिठाया गया। शान्तिनिकेतन में गुरुदेव ने इस परिवार की कितनी खातिरदारी की थी, आज उनके दूत का सत्कार किए बिना कैसे छोड़ दिया जाता? उन्हें मलाई, जलेबी, नमकीन और शकरपारे खिलाए गए। भीमराव भोजन-रसिक थे। इन चीजों में उन्हें कोई आपत्ति नहीं थी।

वे एक गायक थे। क्या बिना गाना सुने ही चले जाते?

बस, महफिल बैठ गई। भीमराव खयाल-तराना के विशेषज्ञ थे। शान्तिनिकेतन में दीनू बाबू से उन्होंने गुरुदेव के थोड़े से गीत भी सीख लिए थे। उन्हें भी सुनाया। रानू से बोले, "यह गुरुदेव का नया गीत है—ओ हे सुन्दर, मैं बलिहारी जाऊँ!"

तीन-चार दिनों तक संगीत की महफिल के कारण जैसे शान्तिनिकेतन की बयार ब्रह्मकुंड में बहने लगी।

आखिरी दिन रानू भीमराव शास्त्री से बोली, "जरा आपके दोनों हाथ देखूँ।"

विस्मित भीमराव के बढ़ाए दोनों हाथों को अपने हाथों में लेकर रानू ने पूछा, "शान्तिनिकेतन पहुँचकर आप कवि को प्रणाम तो कीजिएगा?"

भीमराव बोले, "जरूर। गुरुदेव के चरण छूकर मेरा तन-मन पवित्र हो जाता है।"

रानू ने कहा, "यह जो मैंने आपका हाथ पकड़ा, आप इस हाथ से कवि को छूइएगा, इससे कवि को मैं भी थोड़ा छू लूँगी। रेल में जाते समय अब आप किसी को छुएँगे नहीं, शान्तिनिकेतन पहुँचकर भी नहीं, सबसे पहले कवि को..."

सरयूबाला हँसते-हँसते बोलीं, "देख रहे हैं न, यह लड़की वाकई पागल है।"

'भारतवर्ष' पत्रिका के सम्पादक जलधर सेन एक साहित्यकार मित्र को लेकर शान्तिनिकेतन आए थे।

रवीन्द्रनाथ ठाकुर 'भारतवर्ष' पत्रिका में नहीं लिखते थे। वे 'प्रवासी' और 'सबुजपत्र' के लेखक थे। जलधर सेन उनसे रचना माँगने नहीं आए थे। वे किसी और काम से आए थे। जलधर सेन का मूल निवास नदिया जिले के कुमारखाली गाँव में था। वह अंचल ठाकुरों की जमींदारी में था। जलधर सेन उनकी प्रजा थे। उनका कई साल का लगान बकाया पड़ गया था। वे जमींदार रवीन्द्रनाथ ठाकुर के पास थोड़ा लगान माफ कर देने का आवेदन लेकर आए थे।

रवीन्द्रनाथ के साथ भेंट होने के निर्दिष्ट समय के पहले जलधर सेन अपने मित्र के साथ चारों तरफ घूम-घूमकर देख रहे थे।

सुबह की प्रार्थना सभा खत्म करके रथी इस तरफ आ रहा था। जलधर सेन को देखकर उन्हें पहचानकर वे उनसे बात करने लगे। बातों के बीच में जलधर सेन ने अपनी बगल में खड़े साँवले रंग के, मध्यम आकृति के मामूली से चेहरेवाले व्यक्ति को दिखाकर कहा, "इन्हें पहचानते हैं? ये उपन्यासकार शरतचन्द्र चट्टोपाध्याय हैं। नाम जरूर सुना होगा।"

रथी ने चौंकते हुए कहा, "विलक्षण! इनके नाम से भला कौन अपरिचित होगा। ये बहुचर्चित लेखक हैं।"

नमस्कार के आदान-प्रदान के बाद रथी ने पूछा, "आप यहाँ पहली बार आए हैं? कैसा लग रहा है?"

शरतचन्द्र बोले, "बहुत मनोरम परिवेश है। सुना था, यहाँ एक स्कूल है। मगर वह तो कहीं नजर नहीं आया।"

रथी ने मुस्कुराते हुए चारों तरफ पेड़ों की ओर हाथ उठाकर कहा, "यही तो स्कूल है।"

शरतचन्द्र ने ठीक से समझ न पाने के कारण अपनी भौंहें सिकोड़ीं।

रथी ने फिर कहा, "इन पेड़ों के नीचे ही स्कूल लगता है। मैं भी यहीं पढ़ा हूँ। मेरे पिताजी यहीं क्लास लेते हैं।"

जलधर सेन ने पूछा, "बरसात में किस तरह क्लास होता है?"

रथी के बदले शरतचन्द्र ने जवाब दिया, "रेनी डे! छुट्टी हो जाती है। बचपन में ऐसा स्कूल पाने पर मैं भी पढ़ता।"

रथी ने कहा, "आपकी उम्र के काफी लोग भी पिताजी के क्लास में आकर बैठते हैं।"

शरतचन्द्र बोले, "भला मेरा ऐसा सौभाग्य कहाँ!"

रथी उन दोनों को अपने पिता के पास ले गए।

कवि भोर से ही बेहद व्यस्त हो गए थे। उपासना के समय भाषण देना पड़ा था, गाना पड़ा था। इसके बाद नाश्ते के पहले ही काफी लोगों से बातें करनी पड़ी थीं, तरह-तरह की जरूरी बातें।

शरतचन्द्र के साथ उन्हें हँसी-ठट्ठा करने का भी वक्त नहीं था। कुशल विनिमय के बाद उन्होंने जलधर सेन को ज्यादा बात करने का मौका नहीं दिया। उनकी समस्या सुनने के बाद उन्होंने सिर्फ आंशिक लगान ही नहीं, पूरा लगान ही माफ कर दिया। इसके बाद रथी से बोले, "तू इनकी देखभाल कर, खातिरदारी में कोई कमी न रह जाए। शरत कुछ खयाल मत करना, मैं आज ज्यादा वक्त नहीं दे पा रहा हूँ।"

शरतचन्द्र बोले, "जी ऐसा मत सोचिए।" वे प्रणाम करके उठ गए।

कवि की ज़्यादा व्यस्तता का कारण यह था कि 7 पौष का मेला शुरू हो गया था। अगले दिन एक महत्त्वपूर्ण कार्यक्रम होनेवाला था। उसकी व्यवस्था अभी तक पूरी नहीं हो पाई थी।

प्राचीन आर्यों के अनुकरण में उन्होंने शान्तिनिकेतन में अपने यौवनकाल में ब्रह्मचर्याश्रम की स्थापना की थी। इसके बाद इतने वर्षों में उनकी सोच और आदर्श में काफी विस्तार आया था। सिर्फ बंगाल का नहीं, सिर्फ भारत का नहीं, वे समस्त विश्व के ज्ञान विनिमय का केन्द्र इसे बनाना चाहते थे। जो ज्ञान हर प्रकार के धर्म विश्वास से परे हो। इसीलिए अगले दिन वे जिस संस्थान का उद्बोधन कर रहे थे उसका उन्होंने नाम रखा था विश्वभारती।

सिर्फ इतना ही नहीं। अत्याधुनिक कृषि, गोपालन इत्यादि की शिक्षा देने के लिए एक और संस्थान की स्थापना के बारे में भी वह सोच रहे थे। बंगाल के गाँवों की कृषि और पशु-पालन की उन्नति हुए बिना देश की उन्नति कैसे सम्भव थी?

संस्थान बना देने से ही तो काम नहीं चलता, उसे चलाने के लिए रसद की भी जरूरत होती है। इतने रुपए आएँगे कहाँ से? दक्षिण भारत से उन्हें चित्र प्रदर्शनी के उद्घाटन, सभा और कॉलेजों में भाषण देने के लिए आमंत्रित किया गया था। उनके साथ जानेवालों के लिए राह-खर्च तथा शान्तिनिकेतन विद्यालय के लिए अच्छे परिमाण में आर्थिक सहायता पाने की भी बात थी, इसलिए जाना जरूरी था। यही कारण था कि अस्वस्थ होने के बावजूद कवि को यात्रा में थकान की चिन्ता नहीं थी।

निमंत्रण करनेवालों में खुद मैसूर के महाराजा भी थे। अपने वसन्त महल में उन्होंने आकर स्वागत और आतिथ्य करने की पेशकश की थी। इसके पीछे सबसे बड़ा हाथ महाराजा के राजस्व सचिव ज्ञानशरण चक्रवर्ती का था। सर्वपल्ली राधाकृष्णन नामक एक अध्यापक कवि के विशेष भक्त थे। वे भी बेहद आग्रही थे। इतने सारे आह्वानों की उपेक्षा नहीं की जा सकती थी।

उन्होंने लगभग सवा दो महीने तक दक्षिण भारत के अनेक स्थानों का भ्रमण किया। बीच में इन्फ्लुएंजा से बीमार होने के बावजूद अपने भाषणों की निरन्तरता बनाए रखी। कोलकाता जब वे वापस लौटे, वहाँ काफी गर्मी पड़ने लगी थी। वहाँ भी सभा-समिति में कमी नहीं रही। इन्हीं सबके दौरान मन में अचानक बेचैनी छा जाती। एक अभावबोध, शून्यता का अहसास मन में बना ही रहता। उन जैसे विख्यात और अति व्यस्त व्यक्ति के मन में जो एक स्नेह का भूखा कंगाल बैठा था, उसे भला कौन समझता? सिर्फ काम और काम, इससे तो उनके काका का स्रोत ही सूखने का खतरा पैदा हो गया।

रानू वगैरह का उस साल आना नहीं हो पाया।

उसे देखने के लिए कवि बीच-बीच में बेहद व्याकुल हो जाते थे। क्यों? उस सरल बालिका के साथ समय बिताते हुए वे अपनी उम्र भूल जाते थे। हल्के कौतुक से मन हल्का हो जाता था। रवीन्द्रनाथ के प्रति सभी में भक्ति और श्रद्धा थी, भानु की बात अब किसी को याद भी नहीं थी। इस लड़की के सान्निध्य में, यहाँ तक कि चिट्ठी-पत्रियों में वे भानु को फिर से वापस ले आए थे। रानू जब-तब झट से उनकी गोद में बैठ जाती थी। उनके गले में बाँहें डालकर प्यार करती थी, बाल न सँवारने के लिए डाँटती थी, ऐसा करनेवाली तो कोई और नहीं थी।

इस बात को अरसा हो गया। इन्दिरा भी ऐसी ही थी। उससे नियमित न मिलने पर, चिट्ठी लिखने में देर करने पर वह बेहद अभिमान करती। उसके लिए उन्हें एक बार विलायत से जल्दी लौटना पड़ा था। इन्दिरा से अब वैसा

सम्पर्क नहीं था, भेंट जरूर होती थी, पर बात करने का अब लहजा बदल गया था।

रानू खुद नहीं आ पाई थी इसलिए वह कवि से काशी में आने के लिए हर चिट्ठी में अनुरोध करती थी। उसे लगता था कि कवि का काम इतना महत्त्वपूर्ण नहीं है, दरअसल काम से छुट्टी लेना ही असली बात थी। शायद अपनी जगह वह ठीक ही थी।

मगर एक बालिका ने उन्हें बुलाया था इसीलिए तो काशी नहीं जाया जा सकता। इसके लिए एक उपलक्ष्य चाहिए था। ऐसे चले जाने पर काफी लोगों को कैफियत देनी पड़ती।

वाराणसी से आमंत्रण आ भी गया। वहाँ के साहित्य परिषद् में उन्हें भाषण देने के लिए बुलाया गया था।

वे अभी-अभी दक्षिण भारत से थके हुए लौटे थे। इन्फ्लुएंजा की कमजोरी अभी तक बनी हुई थी। ऐसी हालत में काशी जाना क्या ठीक होगा? रथी, प्रतिमा तथा और भी, अनेक की एकदम इच्छा नहीं थी। साहित्य परिषद् का भाषण तो कुछ महीने बाद भी हो सकता था। मगर कवि ने जाने की ठान ली। उनका इतना आग्रह क्यों था इसे भला और कौन समझता!

सभी अपने-अपने काम में व्यस्त थे।

शान्तिनिकेतन में रोज नई समस्या पैदा होती थी। कौन शिक्षक ठीक यहाँ का आदर्श मानकर नहीं चल रहा, किस विषय के लिए नए शिक्षक की नियुक्ति करनी होगी, ये सभी चीजें कवि को देखनी पड़ती थीं।

छात्रावास की छत टपकने की शिकायत भी कवि के पास ही आती थी, उन्हें ही इसकी व्यवस्था करनी पड़ती। हर छात्र की भर्ती के मामले में भी उन्हीं की सलाह जरूरी होती थी।

उधर प्रमथ भी अक्सर जमींदारी के मामलों पर चर्चा करने उनके पास आते रहते थे। अनेक दलील-दस्तावेजों पर उनके हस्ताक्षरों की जरूरत पड़ती थी।

कवि इन सारे कामों को फटाफट निपटाते जा रहे थे। बीच-बीच में अनमने होकर वे जैसे काशी की गंगा का दृश्य देखने लगते। अपराह्न के मन्द होते प्रकाश में नदी पर धीमे-धीमे तैरते बजरे...ब्रह्मकुंड की गली में एक मकान, उस मकान में रहने के लिए एक बालिका ने उनसे कितनी बार अनुरोध किया था, उसके माता-पिता भी खुश होंगे...वहाँ किसी भी तरह के काम-काज की बात नहीं, सिर्फ अकेले में स्वच्छन्द बातचीत, सिर्फ कौतुक। कवि के लिए ऐसे थोड़े वक्त की बेहद जरूरत थी।

अपना काफी काम अधूरा छोड़कर कवि ट्रेन में सवार हो गए।

पहले से ही खबर फैल गई थी। वाराणसी स्टेशन पर लोगों की भीड़ इकट्ठी हो गई। कवि के स्वागत के लिए काफी लोग मालाएँ और गुलदस्ते लिये खड़े थे। प्लेटफार्म में बंगालियों की संख्या काफी ज्यादा थी क्योंकि सभी बांग्ला ही बोल रहे थे। कलरव मुखरित ख्याति का प्रांगण इसे ही कहा जाता है। ट्रेन के दरवाजे के सामने कवि कुछ क्षणों तक ठिठके खड़े रहे।

फूलों की वर्षा और प्रणाम की धूम मच गई। मुख्य लोगों में से कुछ ने कवि के चारों तरफ घेरा डालकर भीड़ को ठेलकर आगे बढ़ने की कोशिश की। कवि व्याकुलता से गरदन मोड़कर किसी एक को ढूँढ़ने लगे। तय हुआ कि रानू खुद आकर उन्हें स्टेशन से ले जाएगी। मगर वहाँ रानू कहाँ थी? इतनी भीड़ में एक छोटी लड़की को ढूँढ़ निकालना असम्भव था।

स्टेशन से बाहर निकलकर कवि को एक मोटर में बिठाया गया। प्रबन्धकों ने उन्हें बताया कि उनके रहने का इन्तजाम काशी नरेश के अतिथि भवन नदेसर पैलेस में किया गया है। मगर ब्रह्मकुंड के एक गली के घर में एक बालिका उनके लिए आसन बिछाकर बैठी हुई थी, कवि तो वहीं रहने की बात सोचकर आए थे। मगर यह बात वे कह नहीं पाए। राज आवास में जाने से इनकार करने के लिए वे क्या तर्क देते?

विशाल प्रासाद, सुन्दर बागीचा, इसी बीच अनगिनत दर्शनार्थी वहाँ उनके इन्तजार में बैठे हुए थे।

आयोजकों ने उन्हें जानकारी दी कि उनके स्वागत और भाषणों का कहाँ-कहाँ कार्यक्रम है। अगले कई दिन उनके लिए अवकाश निकालना मुश्किल ही था।

बंगालियों द्वारा आयोजित स्वागत सभाओं से कवि बहुत आतंकित रहते थे। स्वागत करने के बहाने कुछ विशिष्ट महानुभाव लम्बे-लम्बे भाषण देने लगते थे, उनमें बेमतलब की बातें, स्थानीय समस्या, यहाँ तक कि पेयजल प्रणाली की जल निकासी की बदइन्तजामी की बात भी नहीं छूटती थी। कई लोग अपनी लम्बी-लम्बी कविताएँ भी सुना देते थे। यहाँ तक कि इस मौके पर दो-एक व्यक्ति गाना भी लिख लाते थे। खुद की धुन पर बना वह गाना जैसे खत्म ही नहीं होता था। लंगरखाना की खिचड़ी के दाल-चावल जैसे अपना अलग अस्तित्व बनाए रखते हैं, ये गाने भी वैसे ही होते थे, उनके शब्दों और सुर में बहुत दूरी होती थी।

साहित्य परिषद् की सभा में ठीक ऐसा ही हुआ। कवि बड़े धैर्य से ऊपर से मुस्कुराते हुए सब सुनते गए। बचपन से ही उन्हें ऐसी शिक्षा

मिली थी, अपनी नापसन्दगी की बात वे किसी तरह अपने मुँह से कह ही नहीं पाते थे।

रानू वगैरह क्या मिलने नहीं आएँगे!

अगले दिन शाम को जब कवि किसी दूसरी सभा में जाने के लिए तैयार हो रहे थे, तभी नदेसर पैलेस के सामने घोड़ागाड़ी आकर रुकी। उसमें से रानू अपनी बहनों, बुआ और माता-पिता के साथ उतरी।

आयोजक कवि को अपने साथ ले जाने का इन्तजार कर रहे थे, अब बात करने का वक्त कहाँ था!

रानू इस बीच थोड़ी लम्बी हो गई थी। वह कुछ दुबली नजर आ रही थी। उसके चेहरे का खास आकर्षण उसकी बड़ी-बड़ी आँखें थीं, उनमें अभिमान भरा था।

फणिभूषण और सरयूबाला से बातें करते-करते कवि ने पूछा, "रानू कैसी हो?"

रानू ने मुँह से कुछ न कहकर सिर्फ गरदन टेढ़ी कर दी।

सभा का समय बीत रहा था, अब देर करना सम्भव नहीं था। कवि ने फणिभूषण से कहा, "आप लोग कल एक बार और आइए। आज कुछ बातें ही नहीं हो पाईं। कल शाम को मैं कहीं नहीं जाऊँगा।"

फणिभूषण बोले, "हमारा घर यहाँ से बहुत दूर है। सोचा था वहाँ आपको ले जाएँगे। हम सभी की बड़ी इच्छा है कि अगर एक बार आपके चरणों की धूल हमारे यहाँ पड़ती।"

कवि बोले, "यह तो अभी सम्भव नहीं है। कल शाम को आप सभी आइए। जरूर आइएगा।"

अगले दिन फणिभूषण और सरयूबाला नहीं आ सके। अपनी बुआ के साथ चारों बहनें जरूर आईं।

आज कवि ने एक सभा का कार्यक्रम रद्द कर दिया था। जल्दी ही बाकी दर्शनार्थियों को भी निपटा दिया। उनके लिए उन्होंने कॉफी-आइसक्रीम मँगवाई थी। बनारस के लोग तो जब चाहे मलाई-रबड़ी खाते ही रहते, मगर यह चीज नई थी।

बाकी बहनें फिर भी थोड़ी-बहुत बातें कर रही थीं लेकिन रानू एकदम मौन थी।

बुआ ने पूछा, "गुरुदेव, मुझे पता है राजमहल में काफी अच्छी-अच्छी चीजें पकती हैं, लेकिन यहाँ आपको भात खाने को मिलता है?"

कवि बोले, "नहीं, मगर मुझे रोटियाँ भी अच्छी लगती हैं।"

बुआ बोलीं, "एक दिन हमारे यहाँ आकर हमारे हाथ का भोजन नहीं करेंगे?"

कवि बोले, "मेरी तो बहुत इच्छा है।"

रानू वहाँ से उठकर बरामदे की रेलिंग पकड़कर खड़ी हो गई।

कवि भी थोड़ी देर बाद वहाँ जाकर धीमे स्वर में बोले, "तुम मुझ पर बहुत नाराज हो न?"

रानू तुरन्त मुँह फेरकर बोली, "वह तो हूँ ही। आपने बात नहीं रखी। आप हमारे यहाँ रहने नहीं आए। हमारा घर छोटा है, यह राजप्रासाद ही आपको ज्यादा पसन्द है।"

कवि बोले, "ऐसी बात नहीं है। राजमहल में मुझे जरा भी चैन नहीं मिलता। तुमने देखा ही, शान्तिनिकेतन में मैं मिट्टी के मकान में रहता हूँ। राजाओं के साथ यही मुश्किल है। वे जब-तब कवियों को अपने यहाँ पकड़कर ले आते हैं। विक्रमादित्य के जमाने से ऐसा शुरू हुआ है। इसके अलावा आयोजकों का कहना था, यहाँ आपको कई जगह भाषण देना है। यहाँ से आने-जाने की सुविधा रहेगी।"

रानू तीखे स्वर में बोली, "आप इतना भाषण क्यों देते हैं? न दें तो नुकसान क्या है?"

कवि छद्म विस्मय से बोले, "क्या कहती हो! मैं तो भाषण तुम्हें खुश करने के लिए दे रहा हूँ। गले में जरी की चादर लटकाकर, सज-धजकर रवीन्द्रनाथ ठाकुर ने अपने बैठे गले को और भी खराब करके अपनी भाषण कला के चमत्कार से काशीवासियों को मुग्ध कर दिया है। सभी कम-से-कम यह तो समझ गए कि यह आदमी एकदम अवहेलना का पात्र नहीं है, मुँहचोर नहीं है। क्या इससे भानु दादा की रानी खुश नहीं होगी?"

रानू अपना मुँह उठाकर सिर्फ इतना बोली, "भानु दादा।"

एकान्त में बातें करना सम्भव ही नहीं था। इस बीच कुछ लोग किसी जरूरी काम से वहाँ पहुँच गए।

उन्हें थोड़ा इन्तजार करने के लिए कहकर कवि बगल के कमरे से एक बहुत सुन्दर, चाँदी की कारीगरीवाला हाथी दाँत से बना एसराज लाकर बोले, "यह तुम्हारे लिए है।"

रानू को उसे लेने में हिचकिचाते देखकर वे बोले, "तुम्हारी अन्य बहनों के लिए भी कुछ-न-कुछ उपहार लाया हूँ। मेरी बहुत इच्छा है कि तुम एसराज बजाना सीखो। फिर इसे मेरे गीतों के संग बजाना।"

रानू ने इस बार एसराज लेकर इस पर अपना गाल रखा। वह पहले से ही एसराज बजाना सीख चुकी थी। फणिभूषण ने पढ़ाई के साथ-साथ बेटियों को गाना-बजाना सिखाने की व्यवस्था भी की थी। दो मुसलमान उस्ताद आकर उन्हें नियमित तालीम दे जाते थे। बड़ी बहन सितार बजाती थी, बाकी दो बहनें गाने का रियाज करती थीं, रानू का गला उतना मीठा नहीं था, मगर एसराज बजाने में वह इस बीच काफी दक्ष हो गई थी।

कवि को इस बात का पता नहीं था, फिर भी वे रानू के लिए एसराज ही क्यों ले आए?

जो जर्मनी अपराजेय बेहतर ताकतवर लगता था, उस जर्मनी के विरुद्ध ब्रिटिश, फ्रांसीसी, इटैलियन, बेल्जियन और अमरीकी सेना द्वारा सम्मिलित हमला करने से युद्ध की दिशा ही बदल गई। इसी बीच जर्मनों के खाद्य और रसद में कमी आ गई थी। वे पीछे हटने लगे। कुछ दिनों में ही जर्मनी के सम्राट कैजर ने देश से भागकर हॉलैंड में शरण ली।

रूस में अक्टूबर क्रान्ति के बाद राजतंत्र का नामोनिशान मिट गया, जार के खानदान का नामोनिशान मिट गया। लेनिन के नेतृत्व में साम्यवादी राष्ट्र गठित हुआ। गृहयुद्ध और बाहरी शत्रुओं के हमलों के विरुद्ध लड़ने के लिए ट्रॉट्स्की ने लाल फौज का गठन किया। आस्ट्रो हंगेरियन साम्राज्य भी नष्ट हो गया था। जन अभ्युत्थान के कारण आस्ट्रिया के सम्राट को विदा होना पड़ा, हंगरी के टुकड़े-टुकड़े हो गए। तुर्की के ऑटोमन साम्राज्य का भी अस्तित्व नहीं रहा, मुस्तफा कमाल अतातुर्क भी प्रजातंत्र की राह पर चल पड़े। निरपेक्ष देश स्विट्जरलैंड के जेनेवा में राष्ट्रसंघ की स्थापना हुई।

प्रथम विश्वयुद्ध की समाप्ति के बाद पूरी दुनिया में ऐसे अभूतपूर्व बदलाव नजर आए लेकिन पराधीन भारत की राजशक्ति में कोई भी परिवर्तन नहीं हुआ।

युद्ध के दौरान भारत की सम्पदा और सेना की सहायता लेने की अंग्रेजों को काफी जरूरत थी, इसलिए वे बार-बार भारतीय नेताओं को झूठा आश्वासन दिए जा रहे थे। युद्ध की समाप्ति के बाद उन शासकों के नाखून और दाँत अब ज्यादा पैने नजर आए।

युद्ध के समय ब्रिटिश सेना में एक लाख एकसठ हजार से ज्यादा भारतीयों को नियुक्त किया गया था। उनमें से एक लाख साढ़े इक्कीस हजार सैनिकों को बाहर लड़ने के लिए भेजा गया था। एक लाख से ज्यादा भारतीय सेना

फिर नहीं लौटी। भारत की कितनी सम्पदा इसमें खर्च हुई थी इसका कोई हिसाब नहीं था।

इस रक्तदान और सम्पत्ति के बदले स्वायत्त शासन का अधिकार देने की बात तो दूर रही बल्कि दमन और भी बढ़ गया। नागरिक अधिकारों को ताक में रखकर रौलेट एक्ट पास कर दिया गया। भारत के सर्वमान्य नेता कोई सशस्त्र क्रान्तिकारी लेनिन की तरह नहीं थे, वे अहिंसावादी मोहनदास गांधी थे।

गांधीजी ने युद्ध के समय अंग्रेज़ों को परेशान न करके उनसे सहयोग करने की नीति अपनाई थी, मगर अब उन्हें सत्याग्रह आन्दोलन की घोषणा करने के लिए मजबूर होना पड़ा। हड़ताल की घोषणा करके गांधीजी ने देशवासियों से निवेदन किया था कि वे इस आन्दोलन को शान्तिपूर्ण और अहिंसक बनाए रखें।

मगर ऐसा नहीं हुआ। विभिन्न जगहों में जनता और पुलिस के बीच तेज झड़पें हुईं। सिर्फ गुजरात में ही जनता के हमलों से दो पुलिसवाले मारे गए और पुलिस की गोलियों से अट्ठाईस लोगों की मौत हुई। जब लोगों ने ट्रेनें रोकीं, सरकारी सम्पत्ति को नुकसान पहुँचाया, टेलीफोन के तार काटे तब सरकार ने भी गाँवों में मशीनगन से गोलियाँ चलाईं और हवाई जहाज से बम गिराए।

इन सब हिंसात्मक घटनाओं से गांधीजी बहुत दुखी हुए। देश की जनता ने उनका निर्देश नहीं माना था इसलिए वे तीन दिन अनशन पर बैठ गए।

जनता ने सत्याग्रह का वास्तविक अर्थ नहीं समझा था। उन्हें इसके बारे में सही जानकारी भी नहीं दी गई थी। उसके पहले ही आन्दोलन शुरू करना गलती थी। गांधीजी ने विभिन्न जनसभाओं में कहा, फिलहाल आन्दोलन बन्द है लेकिन जनता अगर निष्ठा के साथ, दृढ़ चित्त से, अहिंसा के पथ पर सत्याग्रह के लिए तैयार हो, तो वे इसे तीन महीने बाद फिर शुरू कर देंगे।

ऐसे समय बम्बई के गवर्नर ने गांधीजी को बुला भेजा। स्वयं बड़े लाट लॉर्ड चेम्सफोर्ड का निर्देश उन्होंने बिना लाग-लपेट के उन्हें सुना दिया। मिस्टर गांधी अगर फिर से कानून उल्लंघन आन्दोलन शुरू करेंगे तो इस बार सरकार का दमनचक्र और भी कठोर होगा। मार्शल लॉ लगा दिया जाएगा, देश में खून की नदियाँ बहने लगेंगी।

इसके बाद भी खतरा उठाने में गांधीजी के विवेक ने बाधा दी। उन्होंने कुछ अखबारों में वक्तव्य भेजकर पूरे देश से सामयिक तौर पर सत्याग्रह आन्दोलन वापस ले लिया।

इस बीच एक जघन्य, अकल्पनीय, निष्ठुर कांड घट गया।

अखबारों पर कठोर निषेधाज्ञा लगी हुई थी, काफी खबरें छपती ही नहीं थीं। देश में कहाँ क्या घटित हो रहा था इसे जानने का भी कोई जरिया नहीं था। पंजाब में मार्शल लॉ लागू था। वहाँ की एक बीभत्स घटना की उड़ती हुई खबर कानों में आ रही थी। एंड्रूज साहब चकरी की तरह पूरे भारत में घूम रहे थे, वे भी कुछ पता लगाकर आए थे। शान्तिनिकेतन में बनवारीलाल चौधुरी नामक एक व्यक्ति ने आकर जलियाँवाला बाग की मार्मिक घटना के बारे में बताया।

पंजाबी लड़ाकू जाति के होते हैं। विश्वयुद्ध के समय पंजाब के गवर्नर माइकल ओ डायर ने इसी राज्य से जोर-जबर्दस्ती सेना के लिए ज्यादा-से- ज्यादा लोगों की भर्ती की थी। उनमें से काफी लोग शहीद हो गए थे। वह बलिदान किसलिए था? युद्ध से जो लौट आए थे, वे भी दबे क्रोध से फुफकार रहे थे, असहयोग आन्दोलन शुरू होते ही पंजाब की विभिन्न जगहों में सरकार के साथ संघर्ष छिड़ गया। जितना विरोध हो रहा था उतना ही अत्याचार बढ़ रहा था। सरकार ने अमृतसर को सेना के हवाले कर दिया था, जिसका नेतृत्व जनरल डायर पर था। डायर ने किसी भी प्रकार की सभा-समिति पर पाबन्दी लगा दी थी।

हर साल तीस चैत्र को अमृतसर में खूब धूमधाम से बैसाखी मनाई जाती है। आसपास के गाँवों से हजारों की संख्या में लोग आया करते थे। इस साल भी गाँव-गाँव से लोग उत्सव में शामिल होने आए थे। वे लोग निषेधाज्ञा की बात जानते ही नहीं थे। करीब दस हजार लोगों की भीड़ जलियाँवाला नामक एक पार्क में जुटी थी। वह पार्क चारों तरफ एक ऊँची दीवार से घिरा था, जिसमें घुसने का एक ही रास्ता था। जनरल डायर ने अपनी बटालियन प्रवेश मार्ग पर लगाकर उसे बन्द कर दिया। आम जनता को वहाँ से चले जाने के लिए भी नहीं कहा गया। जनरल डायर ने बड़ी बहादुरी से गोली चलाने का हुक्म दे दिया। खाली हाथ, शान्त, निरीह लोगों की भीड़, जिनमें औरत, बच्चे और बूढ़े भी थे, वे सभी गोलियों से कीड़े-मकोड़ों की तरह मरने लगे। हजारों आहत और मरनेवालों का आर्तनाद गोलियों की आवाज में खो गया। सँकरी गली होने के कारण मशीनगन लाना सम्भव नहीं हुआ था। बन्दूक की गोलियाँ आखिरकार एक समय खत्म हो जाने के कारण सभी को मारा नहीं जा सका।

रवीन्द्रनाथ हिंसात्मक विरोध के रास्ते का समर्थन नहीं करते थे। गांधीजी ने कानून को अमान्य करने और सत्याग्रह के समर्थन का एक बयान जब रवीन्द्रनाथ से देने के लिए कहा था तब रवीन्द्रनाथ ने उन्हें सावधान करते हुए लिखा था, इस तरह का आन्दोलन अचानक बेलगाम होकर काबू के बाहर चला जा सकता है, उसमें नुकसान की सम्भावना ही ज्यादा है।

इसका मतलब इतने बड़े अत्याचार और एक ऐसी कुत्सित घटना का प्रतिवाद नहीं किया जाए? अंग्रेजों की इस बर्बरता की खबर क्या पूरी दुनिया को नहीं हो? गांधीजी इस वक्त मौन क्यों थे? कांग्रेस का कोई नेता भी कुछ क्यों नहीं कह रहा था?

रवीन्द्रनाथ क्रुद्ध उत्तेजित थे। कुछ तो जरूर करना चाहिए। उन्होंने एंड्रूज को गांधीजी के पास दिल्ली में एक प्रस्ताव सहित भेजा। गांधीजी राजी हों तो वे भी दिल्ली आ जाएँगे। इसके बाद वे दोनों एक साथ पंजाब में प्रवेश करने की कोशिश करेंगे। पंजाब में बाहरी व्यक्ति का प्रवेश इस वक्त निषिद्ध था। ऐसी हालत में रवीन्द्रनाथ और गांधीजी की गिरफ्तारी तय थी। तब इस खबर को दबाना भी मुश्किल हो जाता और वह दुनिया में हर जगह फैल जाती। रवीन्द्रनाथ की दृष्टि में यही प्रतिवाद उचित होता। एंड्रूज दिल्ली जाकर तत्काल नहीं लौटे। उन्होंने कोई खबर भी नहीं भेजी। कवि उदास होकर लेटे रहते। उन्हें कुछ भी लिखने की इच्छा नहीं करती थी। प्रशान्त महलानवीस या कालिदास नाग आते ही पूछते, "एंड्रूज या गांधीजी की कोई खोज-खबर मिली क्या?"

हताश दूत की तरह एंड्रूज काफी दिनों बाद लौटे। वे उस वक्त इसे सँभालें या उसे सँभालें वाली मन:स्थिति में थे। रवीन्द्रनाथ को वे अपना अन्तरंग मित्र जैसा समझते थे, मगर वे गांधीजी के भी बड़े अनुरागी थे। उन्होंने बड़े संकोच से कहा कि गांधीजी ने कवि का प्रस्ताव स्वीकार नहीं किया। वे इस वक्त सरकार से प्रत्यक्ष संघर्ष नहीं चाहते, यह उपयुक्त समय नहीं है।

कवि काफी देर खामोश बैठे रहे। उन्होंने गांधीजी के बारे में कोई टिप्पणी नहीं की। काफी लोगों ने कवि को समय-समय पर शान्त, मौन, समाधि जैसी स्थिति में बैठे देखा था, मगर उस दिन तो उनकी निस्तब्धता में भी चरम अस्थिरता विद्यमान थी।

शाम के वक्त उन्होंने रथी से कहा, "एक ठीकेवाली गाड़ी बुला दे।"

उन्होंने किसी को साथ नहीं लिया। वे अकेले ही भवानीपुर चितरंजन दास के यहाँ चले गए।

चितरंजन दास ने उन्हें खातिर करके बिठाया लेकिन ज्यादा देर तक बात नहीं की। कवि ने बैठते ही सीधे-सीधे पूछा, "क्या बंगाली लोग पंजाब की घटना का विरोध नहीं करेंगे? तुम जैसे कांग्रेस के नेता भी खामोश रहेंगे? तुम एक सभा बुलाओ। मैं उसकी अध्यक्षता करने के लिए तैयार हूँ।"

चितरंजन दास बोले, "जरूर बुलाऊँगा। आप अध्यक्षता करेंगे तो फिर कहना ही क्या। सभी लोग आ जाएँगे। वक्ताओं में किस-किस को बुलाना ठीक रहेगा?"

कवि बोले, "इसे तुम लोग तय करो।"

चितरंजन दास ने कहा, "वैसे यह बात तो है कि जब आप भाषण देंगे तो अन्य वक्ताओं की क्या जरूरत? कहने भी किससे जाऊँ। आप ही हम सभी की ओर से कह दीजिएगा।"

कवि बोले, "ठीक है, ऐसा ही होगा। कब सभा बुलाओगे, कहाँ पर, अभी तय कर लो। वैसे ही काफी देर हो गई है।"

चितरंजन दास अब टालमटोल करने लगे, "अन्य नेताओं से भी परामर्श करने की जरूरत है। पता नहीं कौन कैसी राय दे। सुरेन बांड़घज्ये (बैनर्जी) जरूर टाँग अड़ाएँगे। विपिन पाल, फजलुल हक वगैरह भी...। इस तरह फटाफट क्या मीटिंग बुलाई जा सकती है?"

उन्होंने कवि से कहा, "जब आप ही इसके सभापति और अकेले वक्ता हैं तो क्या यह सभा आपके नाम से ही नहीं बुलाई जा सकती?"

यह सुनते ही कवि खड़े हो गए। वे कुछ देर तक तीखी नजरों से चितरंजन दास को देखते रहे। मतलब चितरंजन दास भी इस दायित्व से कन्नी काटना चाहते हैं। वे किस बात से डर रहे हैं? या इसी का नाम राजनीति है? बाकी समय चरमपन्थी, इस वक्त परम्परावादी।

अब और कुछ न कहकर वे जोड़ासाँको लौट आए।

सीढ़ियों से अपने दोमंजिले के बैठकखाने में आकर वहाँ प्रशान्तचन्द्र और कालिदास को बैठे देखकर बोले, "तुम लोग इस वक्त जाओ। आज मैं खाली नहीं हूँ।"

कालिदास ने कहा, "कल आपने कई नए गीत लिखवाने की बात कही थी।"

कवि ने कुछ रुखाई से कहा, "कह तो दिया, आज और कुछ नहीं होगा। अब इस वक्त कोई मुझे परेशान न करे।"

कालिदास और प्रशान्तचन्द्र ने एक-दूसरे की ओर देखा। कवि ने कभी उनसे इस तरह बात नहीं की थी। वे चुपचाप अपने घर चले गए।

कुछ दिनों से कवि की तबीयत ठीक नहीं चल रही थी। रह-रहकर बुखार आ जाता था। डॉक्टर नीलरतन सरकार आकर देख गए थे। अस्वस्थ होने के बावजूद कवि दिन-प्रतिदिन उदास होकर तो नहीं बैठे रह सकते थे। कुछ-न-कुछ लिखते ही रहते। गाना सिखाने में भी नहीं थकते थे। मगर आज उन्होंने ऐसे रूखे अन्दाज में बात क्यों की? यह सब सोचते-सोचते प्रशान्तचन्द्र को रात-भर नींद नहीं आई। बिस्तर पर करवटें बदलते-बदलते पौ फटते ही वे घर

से निकल पड़े। सड़क पर गैस की रोशनी अभी बुझी नहीं थी, यहाँ तक कि दूधिए भी घरों से अभी नहीं निकले थे।

जोड़ासाँको का विशाल मकान उषाकाल के हल्के अँधेरे में डूबा हुआ था।

सामने के आँगन में दरबान लोग खटिया बिछाए सो रहे थे। प्रशान्तचन्द्र ने देखा, दोमंजिले के सिर्फ एक कमरे की बत्ती जल रही थी। वे दरबानों को जगाकर सीढ़ियों से ऊपर चले गए। जिस कमरे में बत्ती जल रही थी, उसका दरवाजा खुला था। उधर पीठ किए हुए कवि मेज पर बैठे कुछ लिख रहे थे। प्रशान्तचन्द्र खामोश खड़े रहे।

कुछ देर बाद गरदन मोड़कर प्रशान्तचन्द्र को वहाँ खड़े पाकर कवि ने कुछ अनमने होकर कहा, "आ गए! आओ बैठो।"

वे फिर से लिखने में जुट गए।

लिखते वक्त किसी और की उपस्थिति वे पसन्द नहीं करते थे। प्रशान्तचन्द्र समझ नहीं पाए कि इस वक्त उन्हें क्या करना चाहिए। शायद दूसरे कमरे में जाकर इन्तजार करना ही ठीक होगा। मगर कवि ने तो उन्हें वहीं बैठने के लिए कह दिया था।

कुछ देर बाद कवि अपने आप से बोले, "अब बस, इतना काफी हो गया। लो प्रशान्त, इसे पढ़कर देखो।"

प्रशान्तचन्द्र ने उन कागजों को हाथ में लेकर देखा। वह अंग्रेजी में लिखी एक चिट्ठी थी। उसे भारत के बड़े लाट को सम्बोधित करके लिखा गया था।

थके हुए कवि ने कुर्सी से पीठ टिका ली। उनकी आँखों के कोरों में कालिमा छा गई थी लेकिन होंठों पर सन्तोष की मुस्कान थी।

वे बोले, "मैं रात-भर बिस्तर पर नहीं लेटा। पूरा बदन जल रहा था। पंजाब की घटना का एक भी व्यक्ति प्रतिवाद नहीं करेगा, इसे मैं बर्दाश्त नहीं कर पा रहा था। गांधी मेरे प्रस्ताव पर सहमत नहीं हुए, मैंने चित्त से जाकर कहा कि हमें कुछ करना चाहिए, देखा कि वह भी खुद को दूर रखना चाहता है। अगर मुझे ही सारी जिम्मेदारी लेनी हो तो फिर सभा बुलाकर भीड़ जुटाने की क्या जरूरत, अपनी बात खुद ही लिखकर कहूँ। अंग्रेज सरकार ने मुझे सम्मानित करके नाइटहुड दिया था। जो सरकार हमारे देश की जनता पर ऐसा नृशंस अत्याचार करती है, उस सरकार की दी हुई उपाधि की मुझे जरूरत नहीं। जलियाँवाला बाग के प्रतिवाद में मैं इस नाइटहुड को लौटा रहा हूँ।"

इस बीच सुबह का उजाला चारों तरफ फैल गया था। कमरे की बत्ती बुझा दी गई।

खुद ब्रिटिश सम्राट द्वारा दी गई उपाधि को ठुकराना लगभग राजद्रोह के बराबर था। इस चिट्ठी को प्रसारित करने पर सम्राट का ही अपमान समझा जाएगा। प्रशान्तचन्द्र धड़कते हुए दिल से उस चिट्ठी को पढ़ने लगे। चिट्ठी में काफी काट-छाँट की गई थी। उसकी भाषा भी बड़ी तल्ख थी—'द टाइम हैज़ कम व्हेन बैजेस ऑफ़ ऑनर मेक ऑवर शेम ग्लेयरिंग इन देयर इन्कांग्रुयस कंटेंट ऑफ़ ह्युमिलिएशन, एंड आई फ़ॉर माई पार्ट विश टु स्टैंड, शोर्न ऑफ़ ऑल स्पेशल डिस्टिंक्शंस, बाई दि साइड ऑफ़ माई कंट्रीमेन...'

(अब ऐसा वक्त आ गया है जब आपके द्वारा प्रदत्त सम्मान के चिह्न असंगत और अपमानजनक लगते हैं और हमारी शर्म को स्पष्ट रूप से बढ़ाते हैं। आपके द्वारा दी गई विशेष प्रतिष्ठा के बावजूद मैं इस वक्त अपने देशवासियों के साथ खड़ा होना चाहता हूँ...)

उसी वक्त एंड्रूज को बुलाने के लिए आदमी भेजा गया।

कवि ने कहा, "जरा देखिएगा साहब, ठीक है कि नहीं।"

एंड्रूज ने पढ़ते-पढ़ते कहा, "हाँ, प्रतिवाद के हिसाब से यह उचित काम है, लेकिन, लेकिन गुरुदेव, भाषा में कुछ और नरमी लाने से नहीं चलेगा?"

कवि उनकी बात का जवाब न देकर एंड्रूज की ओर देखने लगे।

एंड्रूज सिहर उठे। कवि की ऐसी हिम-शीतल दृष्टि उन्होंने पहले कभी नहीं देखी थी। वे झटपट बोले, "नहीं-नहीं, ठीक है, इस भाषा को बदलने की जरूरत नहीं है।"

उस चिट्ठी को तार के जरिए बड़े लाट तक पहुँचाने की जिम्मेदारी एंड्रूज को सौंपी गई। प्रशान्तचन्द्र उसकी कई प्रतिलिपियाँ, रामानन्द बाबू और अन्यान्य समाचार-पत्रों में भेजने के लिए तैयार करने लगे।

कवि तिमंजिले पर चले गए। अब उन्हें आराम करने की जरूरत थी। अब बिस्तर पर लेटने पर भी रात की अनिद्रा पूर्ति सम्भव नहीं थी, क्योंकि दिन के वक्त उन्हें किसी भी तरह नींद नहीं आती थी।

असली आराम तो स्वच्छन्द बातचीत से ही सम्भव था। इस वक्त वह सब गम्भीर चिन्ताएँ मन से एकदम हटाकर अगर थोड़ा हँसी-मजाक किया जा सकता। काश, इस वक्त कोई उनके तपते माथे पर हाथ फेरनेवाला होता।

वैसा कोई पास नहीं था।

उनकी आँखों के सामने एक लावण्यमयी किशोरी का चेहरा कौंध उठा। रानू के पिता इस बार शान्तिनिकेतन नहीं आए थे। वे सपरिवार पहाड़ घूमने

अल्मोड़ा गए थे। ऐसे वक्त अगर रानू उनके नजदीक होती तो उनका मन थोड़ा शान्त हो सकता था।

इधर काफी दिनों से उन्होंने रानू को कोई चिट्ठी नहीं लिखी थी। चिट्ठी लिखना भी तो बातें करने जैसा ही होता है। रानू अपनी ओर से अपने पहाड़ भ्रमण के विवरणों से भरी दो चिट्ठियाँ भेज चुकी थी।

कवि नहा-धोकर नाश्ता करने की बात भूलकर चिट्ठी लिखने बैठ गए—

> तुमने अपनी चिट्ठी में जिस प्रकार की ठंड और बादलोंवाले दिनों की चर्चा की है उससे स्पष्ट है कि तुम अपने भानु दादा के इलाके से काफी दूर चली गई हो। ज्यादा तो नहीं, बस दो-तीन डिग्री ठंड भी अगर डाक के जरिए यहाँ भेज सको तो तुम्हें भी आराम होगा, हमें भी आराम होगा। यहाँ गर्मी के ताप से आसमान में धुन्ध छाई रहती है, आसमान का नीला रंग धूसर दिखता है, ठीक बेहोश व्यक्ति की धूसर आँखों जैसा। खैर, आसमान का यह प्रताप मैं किसी तरह बर्दाश्त कर सकता हूँ, लेकिन मर्त्य का प्रताप अब बर्दाश्त नहीं होता। इन दिनों तुम लोग तो पंजाब में हो, पंजाब के दुखों की खबर शायद मिलती होगी। इस दुख के ताप ने मेरा सीना जला दिया है। भारतवर्ष में काफी पाप संचित था इसीलिए मार भी काफी खानी पड़ रही है। मनुष्य का अपमान भारतवर्ष में गगनचुम्बी हो गया है। न जाने कितने सैकड़ों सालों से लोगों के द्वारा भारत इतना अपमान सहता आ रहा है, मगर आज भी उसे शिक्षा नहीं मिली। हमें काफी भला होना पड़ेगा, हमारा प्रेम इस धरती में मिसाल कायम करेगा तभी हमारा प्रायश्चित्त होगा।

चिट्ठी को तुरन्त लिफाफे में डालकर, उस पर पता लिखकर उसे नौकर के जरिए डाकबक्से में छोड़ने के लिए भेज दिया गया।

मगर तृप्ति नहीं हुई। यह चिट्ठी जैसे रवीन्द्रनाथ ठाकुर ने लिखी थी, रानू के भानु दादा ने नहीं। अन्त की तरफ कुछ भाषण जैसा हो गया था। रानू के साथ तो कोई बात ही नहीं हुई।

वे फिर से एक चिट्ठी लिखने बैठ गए—

> इधर तुम्हारी एक चिट्ठी का जवाब नहीं दे पाया था। इधर कोलकाता में आना पड़ा। मेरे आने का कारण शायद इस बीच

तुम्हें अखबारों के जरिए पता चल जाएगा। फिर भी तुम्हें खुलासा कर दूँ। अपने लिफाफे पर तुम जब भी मेरा पता लिखती हो, तब हमेशा ही मेरा 'सर' खिताब लिखना छोड़ देती हो। मैंने सोचा, यह पदवी तुम्हें पसन्द नहीं है। इसलिए कोलकाता आकर मैंने बड़े लाट को चिट्ठी लिख दी कि मेरी वह 'छार' पदवी वापस ले ले। मगर चिट्ठी में मैंने असली कारण नहीं लिखा है, बना-बनाकर दूसरा कारण लिखा है। मैंने कहा है, मेरे सीने में काफी दर्द जम गया है, जिसका बोझ मेरे लिए असहनीय हो गया है, इस बोझ पर अपनी इस उपाधि का बोझ अब और बर्दाश्त नहीं कर पा रहा हूँ, इसीलिए उसे सिर पर से उतारने की कोशिश कर रहा हूँ। खैर, ये सब बातें अब और कहने की इच्छा नहीं करती, मगर इससे अलग कुछ सोच भी नहीं पाता। इतने लोगों पर अन्याय हो रहा है कि उनसे दूर बैठकर आराम से रहने पर शर्म आती है—उनके दुःख का थोड़ा हिस्सा अगर मैं उठा सकूँ तो भी दुःख काफी कुछ कम हो सकता है। अरे देखो, फिर वही घूम-फिरकर पुरानी बात ही दोहराने लगा।

चिट्ठी पूरी करके कुछ देर वे चुपचाप बैठे रहे। रेलगाड़ी पर सवार होकर यह चिट्ठी अल्मोड़ा जाएगी। मगर एक ही गाड़ी से काम नहीं होगा, गाड़ी बदलनी पड़ेगी। न जाने पहुँचने में कितने दिन लगेंगे। इसके बाद पोस्टमैन जब चिट्ठी बाँटने उसके घर जाएगा, तब इस चिट्ठी को पढ़कर रानू के चेहरे पर कैसी प्रतिक्रिया होगी? दुनिया जानेगी कि उन्होंने नाइटहुड का परित्याग क्यों किया? और रानू जानेगी कि सिर्फ उसके लिए ही उसके भानु दादा ने सर की पदवी छार कर दी।

उस किशोरी की खुशी उन्हें पूरी तरह से महसूस करने की इच्छा हुई।

अब थकान जो महसूस हो रही थी वह खत्म हो गई थी।

रानू बार-बार शिकायत करती थी कि वे अब कहानियाँ क्यों नहीं लिखते? अब रानू के आने पर उसे निराश नहीं किया जा सकता। रानू के लिए कुछ-न-कुछ लिखना ही पड़ेगा।

वे एक बार फिर लिखने बैठ गए।

शान्तिनिकेतन जाना एकदम पक्का था, फिर भी आखिरी क्षण यह टल गया। फणिभूषण की नियुक्ति बनारस हिन्दू विश्वविद्यालय में दर्शन और संस्कृति के अध्यापक के पद पर हो गई थी। अब उन्हें वहीं कैम्पस में रहना था। मकान बदलने का झंझट-झमेला क्या कम था!

रानू बहुत उदास थी, दूसरी तरफ नए मकान में जाने की थोड़ी उत्तेजना भी थी। नए सिरे से सामानों को व्यवस्थित करना, घर सजाना। ब्रह्मकुंड की गली की तुलना में वहाँ काफी खुला आकाश था। पेड़-पौधे भी काफी थे, बहुत कुछ शान्तिनिकेतन जैसा ही लगता था।

इस बीच गर्मी भी काफी पड़ने लगी थी, मगर रानू अब नंगे बदन नहीं रहती थी। माँ की डाँट-डपट से उसकी आदत सुधर गई थी। हालाँकि उसमें लज्जा और नम्रता की तुलना में चंचलता ही ज्यादा थी। उसके शरीर में यौवन के प्रस्फुटन का समय था पर रानू को अभी इसका पता नहीं था। वह सीढ़ियों से धमाधम उतरती थी, सड़क पर किसी भी फेरीवाले को बुलाने के लिए नंगे बदन दौड़ जाती थी।

उसकी दोनों बड़ी बहनों को हॉस्टल में भर्ती करा दिया गया था, रानू करीब के एक स्कूल में भर्ती हुई थी। पढ़ाई-लिखाई की तुलना में एसराज को लेकर ही वह ज्यादा व्यस्त रहती थी। उसे गाने की भी इच्छा करती थी। वह बीच-बीच में बाथरूम का दरवाजा बन्द करके गाने में डूब जाती थी। पानी का नल खुला रहने पर बाहर से किसी को कुछ सुनाई नहीं पड़ता था।

अचानक एक दिन उस नए मकान में एंड्रूज आकर उपस्थित हुए। रानू को वे बड़े मजेदार साहब लगते थे। बात करते समय वे अपने सिर को दाएँ-बाएँ हिलाते थे और अपनी दाढ़ी पर हाथ फेरते रहते थे। बांग्ला वे बोल नहीं पाते थे। फिर भी बीच-बीच में बांग्ला बोलने की कोशिश जरूर करते थे। गुरुदेव को वे गुढ़ूडेव कहते थे।

एंड्रूज के लाए प्रस्ताव पर रानू खुशी से नाच उठी।

इस गर्मी में उन सभी के शान्तिनिकेतन में जाने की बात थी। इसीलिए गुरुदेव ने तय किया था कि वे रानू से अपने एक नाटक में अभिनय कराएँगे। अपनी नई नौकरी होने के कारण अधिकारी महाशय जा नहीं पा रहे थे। गुरुदेव को पता चलने पर वे उनकी कठिनाई समझ गए थे। लेकिन उन्होंने कहला भेजा था कि अगर अधिकारी महाशय राजी हों तो वे रानू को एंड्रूज के साथ शान्तिनिकेतन भेज दें। बाद में रानू के पहुँचाने की व्यवस्था भी हो जाएगी। एंड्रूज सिर्फ इसी काम के लिए बनारस नहीं गए थे, उन्हें लखनऊ में कोई

काम था। गुरुदेव ने उनसे कह दिया था कि लौटते समय बनारस उतरकर उनकी इच्छा रानू के पिता तक पहुँचा दें।

रानू के पिता राजी नहीं हुए। रानू इसके पहले कभी अकेली घर छोड़कर कहीं भी नहीं रही थी। उसे उतनी दूर भेजने में उनकी सहमति नहीं थी। बेटी के थोड़ी बड़ी हो जाने पर उस पर नजर तो रखना ही पड़ता है।

रानू अपनी माँ के पास जाकर रोने लगी।

सरयूबाला को आपत्ति नहीं थी। एक बार शान्तिनिकेतन देख आने के बाद से उन्हें ही बार-बार वहाँ जाने की इच्छा करती थी। गुरुदेव का सान्निध्य पाना ही तो बड़े सौभाग्य की बात थी। वहाँ कितने नए-नए गाने सुनने को मिलते थे। शाम के वक्त छत पर साहित्य समागम होता था। यहाँ तो वह सब कुछ भी नहीं था।

पति की आशंका को खत्म करने के लिए सरयूबाला बोलीं, "गुरुदेव, रानू से कितना स्नेह करते हैं, रानू उनके पास रहेगी, इसमें चिन्ता की क्या बात है?"

फणिभूषण बोले, "गुरुदेव, रानू से विशेष स्नेह करते हैं, मैं जानता हूँ। मगर वे व्यस्त व्यक्ति हैं, वे क्या हर समय इस चुलबुली लड़की पर नजर रख पाएँगे? वहाँ और भी तो कितने ही लोग हैं?"

सरयूबाला बोलीं, "शान्तिनिकेतन के सभी लोग काशी के लोगों से काफी अच्छे हैं। यहाँ क्या लड़कियाँ अकेली सड़क पर निकल पाती हैं? अक्सर गुंडों के उपद्रव की घटनाएँ सुनने को मिलती हैं। मगर शान्तिनिकेतन में उन्होंने महिलाओं को साँझ ढलने के बाद भी सहजता से घूमते-फिरते देखा है।"

इसके अलावा जब गुरुदेव ने खुद अनुरोध सहित किसी को भेजा है तो उसे टालना क्या ठीक होगा?

इसके बाद कहने को रह ही क्या जाता। फणिभूषण को अपनी सहमति देनी पड़ी।

ट्रेन में एंड्रूज ढेर सारे कागज फैलाकर उन्हें पढ़ने में डूब गए। उन्होंने ज्यादा बातें नहीं कीं। रानू अपने साथ 'गल्पगुच्छ' और 'बहू ठाकुरानी का हाट' ले आई थी। पहले पढ़ी कहानियाँ उसने एक बार फिर पढ़ ली। उसे बार-बार पढ़ना अच्छा लगता था। बीच-बीच में किताब से आँखें हटाकर बाहर के दृश्य देखने लगती थी। हाँ, उसे लगता था कि ट्रेन तो रुकी हुई है और बाहर के लोग-बाग यहाँ तक कि पेड़-पौधे भी विपरीत दिशा में भाग रहे हैं।

माँ ने टिफिन कैरियर भरकर खाना साथ रख दिया था। पूड़ी, आलू की सब्जी, बुँदिया, नमकीन, मलाई। कवि के लिए अलग से सन्देश का डिब्बा। एंड्रूज ये सब नहीं खाते थे। रानू जब देने गई तो वे जैसे घबराकर बोले, "ये चीजें खाने पर पेट खराब हो जाएगा।"

पूड़ी खाने पर पेट खराब होने की बात रानू ने कभी नहीं सुनी थी।

ट्रेन के पहियों की जो आवाज हो रही थी उसकी जैसे एक भाषा थी। पूरी रेलगाड़ी जैसे दौड़ते हुए कह रही थी—'और कितनी दूर, और कितनी दूर।' रानू का मन भी जैसे यही बात कह रहा था—और कितनी दूर, और कितनी देर होगी, भानु दादा के साथ कब भेंट होगी?

बीच में एंड्रूज पढ़ना बन्द करके बोले, "सुनो बालिके, तुमसे एक बात कहना उचित समझता हूँ। तुम गुरुदेव के पास जा रही हो, मगर उन्हें ज्यादा परेशान मत करना। उनका समय मत बरबाद करना। तुम्हें पता है वे कितने बड़े आदमी हैं?"

रानू ने कहा, "पता है। दुनिया के सभी लोगों से वे बड़े हैं।"

रानू के मजाक को वे समझ नहीं पाए। हँसी-मजाक से वे दूर ही रहते थे। उन्होंने गम्भीर होकर कहा, "हाँ, ऐसा कह भी सकती हो। वे बेहद व्यस्त व्यक्ति हैं। मैं जब भी उनके पास जाता हूँ तुम्हें उनके साथ पाता हूँ। उनसे तुम बातें करती रहती हो।"

रानू बोली, "उससे आपको जलन होती है क्या?"

एंड्रूज बोले, "मुझे उनसे जरूरी बातें करनी होती हैं। वे हो नहीं पातीं। तुम बातों में समय बरबाद कर देती हो।"

रानू बोली, "ठीक करती हूँ। मैं अपने कवि से खूब बातें करूँगी।"

एंड्रूज के आँखें बड़ी-बड़ी करके देखते ही रानू खिलखिलाकर हँस पड़ी।

उस डिब्बे के बाकी मुसाफिर आश्चर्य से उन्हें देख रहे थे। एक गोरे साहब के साथ एक प्यारी किशोरी लड़की यात्रा कर रही थी। साहबों को देखते ही लोगों में डर और आदर का भाव पैदा हो जाता था। मगर यह लड़की तो रह-रहकर साहब से हँसी-मजाक किए जा रही थी।

ट्रेन ने उत्तर प्रदेश पार करके बिहार फिर बंगाल में प्रवेश किया। इतने तालाब, नदी, नहर, सरोवर देखते ही बंगाल पहचान में आ जाता है। स्टेशन का नाम भी बांग्ला में लिखा था। अब तक बोली जानेवाली मूँगफली यहाँ बादाम हो जाती थी और शरीफा को लोग कहते थे आता।

हावड़ा स्टेशन पर उतरकर एंड्रूज बोले, "गुरुदेव, इन दिनों शान्तिनिकेतन में हैं। लेकिन मुझे यहाँ कुछ काम है इसलिए दो दिन कोलकाता रुककर फिर वहाँ जाऊँगा।"

रानू ने कहा, "कवि शान्तिनिकेतन में हैं? तो फिर मेरी कोलकाता में एक दिन भी रहने की इच्छा नहीं है।"

एंड्रूज बोले, "कहा न, मुझे यहाँ कुछ जरूरी काम है।"

रानू बोली, "आपकी जो जरूरत है उसे आप पूरा कीजिए। मुझे रेलगाड़ी में बिठा दीजिए, मैं अकेली ही चली जाऊँगी।"

यह तो सम्भव नहीं था। आखिरकार एंड्रूज को अपना काम छोड़कर अगली ट्रेन में सवार होना पड़ा।

बोलपुर से घोड़ागाड़ी में शान्तिनिकेतन। साँझ ढलनेवाली थी। पश्चिम आकाश में डूबते हुए सूर्य की रक्तिम छटा थी। संगीत भवन में छात्र समस्वर में गा रहे थे। पक्षियों के झुंड अपने नीड़ों में लौट रहे थे।

गाड़ी प्रार्थना भवन के सामने रुकते ही रानू कूदकर उतर गई। फिर खुले मैदान के बीच से भागने लगी।

एक तरफ एक काफी बड़ा मकान बन रहा था। वह अभी आधा बनकर तैयार हुआ था। सबसे पहले एक नई बात पर नजर पड़ी। बिजली की बत्ती जल रही थी। इसके पहले यहाँ साँझ के वक्त रानू कमरों में लालटेनें जलती देख गई थी।

उसने साधूचरण से पता किया कि कवि इस वक्त कहाँ थे। वे बार-बार अपना निवास बदलते रहते थे।

एक एकमंजिला मकान के भिड़े दरवाजे को ठेलकर रानू ने भीतर घुसकर देखा, कवि एक खिड़की के सामने खड़े थे। धीमे स्वर में गाना गा रहे थे। शायद अपने नए गीत को सुर दे रहे थे।

रानू ने चुपचाप आगे बढ़कर पीछे से उन्हें पकड़कर पूछा, "बताइए तो मैं कौन हूँ?"

अपना गाना बन्द कर कवि बोले, "रुको-रुको, सोचकर बताता हूँ।"

रानू के दोनों हाथों को पकड़कर वे बोले, "ऐसी शुभ्र कमल कलिका की तरह ये मुट्ठियाँ किसकी हो सकती हैं? निभृत झरने जैसा कंठस्वर भी जाना-पहचाना लग रहा है। मैं पारिजात फूल की सुगन्ध महसूस कर रहा हूँ। कमरे की हवा भी बदल गई है। यह तो लगता है बनारस की जाह्नवी की हवा है..."

फिर पलटकर बड़े विस्मय से बोले, "यह क्या, इस बीच इतनी बड़ी हो गई हो?"

रानू फूलों की कढ़ाईवाला 'घटिहात' (कन्धे पर लोटे जैसा फूला हुआ) ब्लाउज तथा चम्पई रंग की साड़ी पहने थी। उसकी देह इस बीच काफी पुष्ट हो गई थी। सिर के बाल कमर तक लम्बे हो गए थे। चेहरे पर लम्बी रेलयात्रा की जरा भी थकान नहीं थी। उसने कोई प्रसाधन भी नहीं किया था। वह वर्षा-धुली प्रकृति की तरह लग रही थी।

रानू बोली, "वाह, बड़ी नहीं होऊँगी?"

कवि ने अस्फुट स्वर में कहा—

हे सुन्दर
कैसे स्वागत करूँ तुम्हारा
मैं बलिहारी जाऊँ तुम पर...

रानू बोली, "यह गीत मैंने सुना है। इस समय जो गा रहे थे उसे सुनाइए।"

कवि सुर के बिना ही सुनाने लगे—

विदा समय मेरा जर्जर पात देता है आवाज
नव पल्लव के द्वारे-द्वारे...

रानू अपनी करौंदे रंगवाली हथेली कवि के होंठों पर रखकर बोली, "नहीं, इसे नहीं सुनूँगी। विदा समय जर्जर पात का क्या मतलब? नहीं-नहीं, ऐसा गीत नहीं चलेगा।"

कवि हँसकर बोले, "इसके आगे तो सुनो—

तभी तो मेरे इस जीवन वन के साए
लौट-लौट के फागुन में आए दाएँ-बाएँ
नए सुरों में उड़कर गीत पहुँचे अम्बर के पार
वे नए रंगों में फूल खिलाए जैसे गुच्छों के हार..."

रानू के कन्धे पर स्नेह-भरा हाथ रखकर वे आगे बोले,

अहो, मेरे नित्य नूतन रुको हँस के
चलूँगा तुम्हारे निमंत्रण पर नए वेश में।

रानू बोली, "मगर इस बीच आपकी उम्र जरा भी नहीं बढ़ी।"

कवि बोले, "बढ़ने की कौन कहे बल्कि घट रही है। कल क्या हुआ सुनोगी? कल मेरे पाँचवीं के छात्र दोपहर को आकर बोले कि उन्हें भोजन

कराना पड़ेगा। समरेश सिंह नाम का एक लड़का उनका सरदार था। उसी ने मेरे पास आकर दरख्वास्त किया। मैंने कहा, ठीक है। इसीलिए शाम के वक्त इस मकान के नीचे के दक्षिण की ओर के बरामदे में बिठाकर उनकी दावत करनी पड़ी। उनकी फरमाइश पूड़ियों की थी। पूड़ी, दाल, धोका, चटनी उनके पत्तलों में पड़ते ही न जाने कहाँ अदृश्य हो जाती थीं। इसके अलावा आम था, रसगुल्ला था।"

रानू बोली, "यह सुनकर तो मेरे मुँह में पानी आ रहा है।"

कवि बोले, "इसके बाद तकदीर अच्छी थी कि अचानक बारिश होने लगी, नहीं तो उनका खाना नहीं खत्म होता जबकि मेरा खाना खत्म हो जाता। इन लोभी बन्दरों से मैं बहुत प्यार करता हूँ। वे लोग क्लास में कितना शोर मचाते हैं, तुमने तो देखा ही है, अभी भी वैसा ही शोरगुल करते हैं, पूरा शान्तिनिकेतन अशान्त हो जाता है। मेरी कक्षा को तो वे लोग खेल समझते हैं—पढ़ाई के रूप में नहीं लेते, सोचते हैं, मैं उनके खेल का सरदार हूँ। सचमुच मैं भी वैसा ही हूँ—मेरे मन की उम्र नहीं बढ़ी—तुम सत्ताईस की कह रही हो, मैं जैसे सत्ताईस से भी कम हूँ, यह मुझे पता है। इसीलिए तुम्हारी इच्छा मुझे छोटे बच्चे की तरह सजाने की, यत्न करने की, प्यार करने की करती है।"

रानू आँखें तरेरकर बोली, "भानु दादा, आपने आज भी बाल नहीं सँवारे हैं?"

कवि बोले, "मेरी कंघी रानी न जाने कहाँ भाग जाती है। वह सिर्फ तुम्हारे द्वारा ही पकड़े जाने की प्रतीक्षा में छिपी बैठी रहती है।"

रानू ने कंघी ढूँढ़ निकाली।

रानू जिस तरह कवि के गालों को दबाकर उनके बालों में कंघी करती थी, कवि को उसकी वह भंगिमा बहुत प्रिय थी।

वे धीमे स्वर में गाने लगे—

बँधुआ, हिया पर आओ रे,
मिठि मिठि हांसई, मृदु-मृदु भाषई,
हमार मुख पर चाओ (देखो) रे।

रानू चौंकते हुए बोली, "यह क्या गा रहे हैं? हिन्दी है? यह भी कैसी हिन्दी है? इससे अच्छी हिन्दी तो मैं जानती हूँ।"

कवि बोले, "हिन्दी मैं भी खराब नहीं जानता। कभी मझले भैया और मझली बउठान के साथ उत्तर भारत में रहा था। लेकिन यह हिन्दी नहीं है। न

यह बांग्ला ही है। यह नई भाषा है—भानुसिंह की भाषा। अब से मैं बीच-बीच में तुमसे इसी भाषा में बात करूँगा।"

रानू बोली, "थोड़ा और कहिए। थोड़ा और।"

कवि ने कहा—

सजनी सजनी राधिका ओ
देख अबहूँ चाहिया
मृदुलगमन श्याम आउवे
मृदुल गान गाहिया॥

कुछ रुककर अपने माथे को दबाकर कवि बोले, "इसके बाद, इसके बाद... अब याद नहीं आ रहा...कितने पहले की लिखी हुई है...खैर, अन्त के छन्द सुनो—

मल्लिका चमेली वेली
कुसुम तुलह बालिका
गाँथो जूथि (जुही) गाँथो जाति (चमेली, मालती)
गाँथो (गूँथो) वकुल मालिका॥
तृषित नयन भानु सिंह
कुंज पखम (मोर पंख) चाहिया
मृदुल गमन श्याम आउवे
मृदुल गान गाहिया॥"

रानू बोली, "एक बार फिर कहिए, मैं याद कर लूँ।"

कवि ने कहा, "बार-बार क्या गाया जा सकता है? फिर कभी।"

रानू ने पूछा, "इसे कब लिखा था?"

कवि बोले, "लगभग तुम्हारी उम्र में।"

अगले दिन 'विसर्जन' नाटक के रिहर्सल के वक्त रानू ने महसूस किया कि कवि वाकई बाहर से भी पूरे युवा थे।

पहले तय था कि 'विसर्जन' नाटक में कवि रघुपति की भूमिका करेंगे। अचानक उन्होंने खुद ही उसे बदल दिया। रानू बनेगी अपर्णा और वे खुद जयसिंह। युवक जय सिंह की भूमिका में उनकी स्वच्छन्द अभिनय पटुता, अभियान की वह दृप्त भंगिमा देखने लायक थी। उस वक्त कौन कहता, उनकी उम्र सत्ताईस से अधिक थी।

पहले कुछ दिन अभिनय सिखाते वक्त कवि को काफी कठिनाई हुई।

वैसे तो रानू हर वक्त कितनी चंचल और सहज नजर आती थी मगर नाटक में याद किए संवाद बोलते समय वह जड़-सी हो जाती थी। अपर्णा के रूप में वह बेहद जम रही थी मगर संवाद अदायगी भी तो उसे उसी के अनुरूप करनी थी।

मगर कवि ने धीरज नहीं खोया। लेकिन 'विसर्जन' के मंचन की तिथि आगे बढ़ानी पड़ी। कवि को इस बीच कई व्याख्यान देने के लिए गुजरात जाने की जरूरत पड़ गई।

नाटक का रिहर्सल और गीत लेखन बन्द करके कवि भाषण लिखने बैठ गए।

रानू को यह बात पसन्द नहीं थी। कवि को इतने भाषण क्यों देने पड़ते हैं?

रानू बोली, "मैं उतने दूर से यहाँ आई हूँ और आप गुजरात चले जा रहे हैं?"

कवि बोले, "यह क्या कभी सम्भव है? या तो तुम भी मेरे साथ गुजरात चलोगी, या फिर जितने दिन तुम यहाँ रहोगी, उतने दिन मैं गुजरात क्यों अमरावती, अलका भी नहीं जाऊँगा।"

इसके बाद उन्होंने उसे समझाते हुए कहा कि शान्तिनिकेतन चलाने के लिए उन्हें लगातार धन के इन्तजाम की चिन्ता करनी पड़ती है। भिक्षापात्र लेकर देश-देश में जाना पड़ता है। ज्यादातर लोग यूँ ही भिक्षा देना नहीं चाहते इसलिए भाषण देना पड़ता है। जो कोई भी कारण हो, इन दिनों काफी गुजराती छात्र यहाँ पर भर्ती हुए हैं। गुजरात के बड़े-बड़े व्यवसायियों ने चन्दा जुटाने का आश्वासन देकर कई भाषण सभाओं का आयोजन किया है।

रानू जोर से सिर हिलाकर बोली, "आपको भाषण देने की जरूरत नहीं, मैं आपको रुपए दूँगी।"

कवि बड़े कौतुक से बोले, "लगता है तुम्हारे पास काफी रुपए हैं। अध्यापक-कन्या को क्या किसी गुप्तधन का पता चला है? या फिर यक्ष अधिपति स्वयं कुबेर ने तुम्हारा भक्त बनकर तुम्हें हीरे-जवाहरात भिजवा दिए हैं?"

रानू अपने कन्धे से लटकनेवाले छोटे बैग को खोलते हुए बोली, "मुझे परीक्षा में फर्स्ट आने पर तीस रुपए मिठाई खाने के लिए मिले हैं। ये सब रुपए आपके हैं।"

कवि बोले, "सिर्फ परीक्षा में ही क्यों, तुम अनेक विषयों में फर्स्ट हो। लेकिन अपने मिठाई खाने के सारे पैसे मुझे दे दोगी?"

रानू बोली, "मैं रुपए लेकर क्या करूँगी? आपको देने के लिए ही तो लाई हूँ।"

कवि उस किशोरी को कुछ क्षणों तक अपलक देखते रहे।

फिर धीरे-धीरे बोले, "मुझे अनेक राजा-महाराजाओं से दान मिला है, लेकिन तुम्हारे इस दान की कोई तुलना नहीं। तुम दाताओं में सबसे कम उम्र की ही नहीं हो बल्कि तुम्हारी तरह और किसी ने सर्वस्व दान नहीं किया। ठीक है दो, मैं सिर झुकाकर इसे स्वीकार करता हूँ।"

उन रुपयों को हाथ में लेकर उन्होंने फिर कहा, "काफी दिनों से शान्तिनिकेतन में एक घंटाघर बनाने की बात सोच रहा हूँ। तुम्हारे रुपयों से ही यह काम शुरू होगा। रुको, अभी सुरेन को बुलाकर यह बात कहता हूँ। इसके बाद जब तुम आओगी, घंटाघर तैयार पाओगी। जब भी उसके घंटे बजेंगे, भले ही कोई न सुने, उसमें ध्वनित होनेवाला रानू का नाम मैं सुन लूँगा। रानू रानू रानू ढं ढं ढं ढं।"

तीन दिन बाद ही सरयूबाला के बार-बार कहने पर फणिभूषण अपनी बेटियों के साथ शान्तिनिकेतन पहुँच गए। उनके लिए एक अलग मकान की व्यवस्था कर दी गई। कवि के गुजरात सफर की तिथि आगे बढ़ा दी गई।

रानू का अधिकतर वक्त कवि के साथ ही बीतना था, इसे सभी ने समझ लिया था। इससे कवि का मन हल्का रहता था। उनमें नए सिरे से लिखने का ज्वार भी आ गया था।

रानू ने कवि से एक नई कहानी के लिए मनुहार किया था। कवि ने उसे अपनी एक रचना सुनाई, वह कहानी भी नहीं थी, कविता भी नहीं थी। या वह कहानी भी हो सकती थी। कविता भी हो सकती थी। जरूरी नहीं कि हर कहानी में जबर्दस्त कथातत्त्व हो ही। ऐसी कविताएँ भी होती हैं जिनमें कहानी का आभास मिलता है। अंग्रेज-फ्रांसीसी तो अब अतुकान्त कविताएँ लिखने लगे थे।

कवि सुनाने लगे—

यहाँ उतरी संध्या।
सूर्यदेव, सागर पार के किस देश में
अब तुम्हारी प्रात है...

अन्धकार में यहाँ काँपती रजनीगन्धा
प्रथम मिलन के कक्ष द्वार पर
नव वधू सी

अवगुंठिता
खिली भोर की स्वर्णिम चम्पा...।

जागा कौन
संध्या समय जलाया दीपक बुझा दिया
गूँथी गई
रात में जो
उस श्वेत गुलाबों की माला को फेंक दिया...

एक-एक कर यहाँ अर्गला
दरवाजों की बन्द हुई
और वहाँ खिड़कियाँ खुलीं
यहाँ बँधी है नाव किनारे पर आकर
माँझी सोया
वहाँ हवा करती अठखेली जालों से...।

सूर्यदेव, तुम्हारी बाईं ओर यह संध्या
तुम्हारी दाईं ओर वह प्रभात।
इन्हें तुम मिला दो। इसकी छाया उसके प्रकाश को
एक बार गोदी में लेकर चुम्बन ले ले,
और पूरबी इसकी उसके विभास को आशीष देकर जाए चली।

सुनते-सुनते मुग्ध होकर रानू ने पूछा, "आपने इसे कब लिखा?"

कवि बोले, "तुम्हें एक दिन पत्र लिखते-लिखते इसे लिखने की बात ध्यान में आई। या कह सकती हो, इस रचना ने ही जैसे मुझसे लिखवा लिया।"

रानू ने पूछा, "इस रचना का नाम क्या है?"

कवि बोले, "इसका नाम है 'संध्या और प्रभात।' इस तरह और भी लिख रहा हूँ। इस संग्रह का मैंने नाम सोच रखा है—'लिपिका।'

रानू ने कहा, "आपको मुझे ये सभी रचनाएँ सुनानी पड़ेंगी।"

शान्तिनिकेतन की सार्वजनिक रसोई फणिभूषण को पसन्द नहीं थी। उन्होंने अलग रसोई पकानेवाली का इन्तजाम किया था। इसलिए रानू भले ही कहीं हो, उसे साँझ के बाद आकर अपने माता-पिता के साथ भोजन करना पड़ता

था। यहाँ पर सभी जल्दी सो जाते थे। रानू को नींद नहीं आती थी। किसी-किसी दिन वह भोजन के बाद फिर से कवि के पास चली जाती थी या कवि ही उसे बुला भेजते थे।

वह कभी कवि के बदन से सटकर, कभी बच्चे की तरह उनके गले में बाँहें डालकर 'लिपिका' की रचनाएँ सुनती थी। कभी-कभी दोबारा सुनना चाहती थी। शब्दों के झंकार से उसके बदन में सिहरन होने लगती थी। इसी बीच किसी काम के सिलसिले में एंड्रूज भी चले आया करते थे। रानू को देखकर वे प्रकट रूप से खीज उठते थे। इसके बीच जैसे दोनों में निःशब्द प्रतियोगिता चलती रहती थी कि कवि का ध्यान कौन अपनी ओर ज्यादा खींच सकता है। अधिकतर एंड्रूज को ही पहले प्रस्थान करना पड़ता था।

एक दिन ज्यादा रात हो गई। कवि और रानू बातों में, किस्से-कहानियों में ऐसे खो गए कि उन्हें समय का पता ही नहीं चला। पूरा शान्तिनिकेतन उस वक्त नींद में डूबा हुआ था, बस कुत्ते ही जगे हुए थे। रह-रहकर उनके भूँकने के अलावा और कोई आवाज नहीं थी। मेघमुक्त आसमान में चाँदनी खिली हुई थी। पेड़-पौधे उस चाँदनी का प्यार ग्रहण कर रहे थे।

कवि खुद रानू को पहुँचा गए।

रानू किसी को जताए बिना चुपचाप पैर दबाए आकर बहनों के पास लेट गई।

बगल के कमरे में फणिभूषण अभी भी जगे हुए थे। रानू के लौटने की आहट पाकर उन्होंने टॉर्च जलाकर घड़ी देखी, मगर कुछ बोले नहीं।

अगले दिन सुबह नाश्ते के समय रानू बोली, "पिताजी, मुझे शान्तिनिकेतन से जाने की इच्छा नहीं करती। क्या मैं यहीं रहकर नहीं पढ़ सकती?"

फणिभूषण तुरन्त बोले, "नहीं।"

सरयूबाला बोलीं, "इसने बात तो कुछ बुरी नहीं कही। इसे जब शान्तिनिकेतन इतना पसन्द है तो यह यहीं रहकर अपनी पढ़ाई करे। गुरुदेव इससे इतना स्नेह करते हैं, उनके पास रहने पर यह कितना कुछ सीख जाएगी। ऐसा सौभाग्य कितनों को मिलता है।"

फणिभूषण बोले, "गुरुदेव से ज्यादा दुलार पाकर इसका दिमाग बिगड़ सकता है। यहाँ रहकर इसकी पढ़ाई नहीं हो पाएगी।"

सरयूबाला बोलीं, "अगर दूसरों की तरह यह भी हॉस्टल में रहे? यहाँ तो, सुना है, लड़कियों का भी हॉस्टल बन रहा है।"

फणिभूषण बोले, "हॉस्टल का खाना तुम्हारी बेटी को बर्दाश्त होगा?"

रानू बोली, "हाँ पिताजी, मुझे बिलकुल असुविधा नहीं होगी। मैं आराम से रह लूँगी। यहाँ और भी तो लड़कियाँ रहेंगी।"

फणिभूषण कठोरता से बोले, "रानू, मैंने मना कर दिया है। तुम हमारे साथ काशी लौटोगी। बस, और कोई बात नहीं।"

कुछ दिनों के बाद विदा लेते वक्त खुद कवि ने फणिभूषण से अनुरोध किया, रानू को वे अपने तत्त्वावधान में रखकर शान्तिनिकेतन में पढ़ाना चाहते हैं।

फणिभूषण ने पहले ही तय कर लिया था। वे राजी नहीं हुए।

गुजरात का आमंत्रण अब और टाला नहीं जा सकता था, कवि को अपने दल के साथ निकलना ही पड़ा। वहाँ काफी सभा-समितियों में भाग लेना था। मगर मुख्य आमंत्रण गुजरात साहित्य परिषद का था। कवि के आने की खबर पाकर उनका जोरदार स्वागत करने के लिए गांधीजी ने पहले से ही प्रचार शुरू कर दिया था।

अहमदाबाद पहुँचने के पहले ही रेल स्टेशन पर जनता उनके स्वागत के लिए उपस्थित रहती थी। काफी समय से किसी राजकीय अतिथि को भी ऐसा सम्मान नहीं मिला था।

गांधीजी से राजनीति के मामलों में कवि का कुछ-कुछ मतभेद तो था ही, साहित्य विषय में भी वे एकमत नहीं थे। गांधीजी को लगता था जनता की उन्नति ही साहित्यकारों का एकमात्र लक्ष्य होना चाहिए। उनकी रचनाएँ आम जनता को ईश्वर उपलब्धि में सहायता करें, इसीलिए बाणभट्ट की 'कादम्बरी' की तुलना में गांधीजी को तुलसीदास का 'रामचरितमानस' अनुसरणीय लगता था। गांधीजी 'रस' की बात ज्यादा नहीं समझते थे।

साबरमती आश्रम में एक रात बिताकर कवि भावनगर राज्य की ओर रवाना हुए। इसके बाद काठियाबाड़/छोटे-छोटे देसी राज्यों के राजागण विश्वभारती के विभिन्न कामों में धन की सहायता कर रहे थे, इसीलिए कवि को लगातार भाषण देते रहना पड़ रहा था।

उन्होंने जीवन-भर काफी भाषण दिया था, कभी लिखित रूप में, कभी सीधे-सीधे। अब वे इतने अभ्यस्त हो गए थे कि अपने आप ही अनर्गल सुललित वाक्य निकलते रहते थे। वे जल्दी थकते भी नहीं थे।

फिर भी किसी-किसी सभा के दौरान उन्हें लगता था कि क्या भाषण देना ही उनका काम है? एक किशोरी उनसे बार-बार कहती थी, आप इतने भाषण

क्यों देते हैं। वाकई, ये सब बातें सुनकर किसे क्या लाभ होता है? भला कोई याद रखता है? उन्होंने यह बात एक सभा में कह भी दी।

यहाँ उन्हें अंग्रेजी में भाषण देना पड़ता है। उनसे गांधीजी ने एक दिन कहा, " अंग्रेजी तो काफी लोग नहीं समझते, आप हिन्दी में ही बोलिए। जितना बोल सकते हैं, जैसा बोल सकते हैं।"

आखिरकार कवि ने इस तरह शुरू किया, " आपकी सेवा में खड़ा होकर विदेशी भाषा कहूँ यह हम चाहते नहीं। पर जिस प्रान्त में मेरा घर है वहाँ सभा में कहने लायक हिन्दी का व्यवहार नहीं है। महात्मा गांधी महाराज जी की आज्ञा है हिन्दी में कहने के लिए। यदि हम समर्थ होते तब इसमें बड़ा आनन्द और कुछ होता नहीं। असमर्थ होने पर भी आपकी सेवा में दो-चार बार हिन्दी में बोलूँगा।"

कुछ देर हिन्दी में बोलने की कोशिश करके वे बांग्ला में बोलने लगे, "मैं सिर्फ कवि हूँ—वाक्य मेरे कंठ में नहीं, मेरे हृदय में है। मेरी वाणी ऐसी सभा में निकलना नहीं चाहती, वह छन्द के अन्तःपुर में रहती है। मेरा समादर करके आज मुझे मंच पर आसीन कर दिया गया है, कवि से भाषण देने के लिए कहा जा रहा है—बाँसुरी से लाठी का काम लिया जा रहा है। सभा में खड़े होकर आनन्द पहुँचाने की, उपदेश देने की, कुछ काम की बातें कहने की क्षमता मुझमें नहीं है। जनता ने मेरे प्रति जो सौजन्य दिखाया है उसका प्रतिदान नहीं दे पाने के कारण मैं हार स्वीकार करता हूँ...यह प्रीति और समादर ईश्वर का ही अयाचित दान है—इस दान के योग्य होने की साधना करना ही मेरा काम है। यह साधना कवि की साधना है।"

गुजरात के काफी शहरों का भ्रमण करके वे बम्बई पहुँचे। वहाँ जलियाँवाला बाग हत्याकांड दिवस की स्मरण सभा का आयोजन चल रहा था। सभा के अध्यक्ष विशिष्ट बैरिस्टर और कांग्रेस के नेता जनाब मुहम्मद अली जिन्ना थे। वे जलियाँवाला बाग की जमीन खरीदकर वहाँ एक स्मृतिस्तम्भ बनवाना चाहते थे। जिन्ना ने आकर कवि को पकड़ा, इस प्रस्ताव के समर्थन में वे एक भाषण लिख दें। मगर कवि उस बीभत्स दिन की स्मृति स्थायी करने के समर्थक नहीं थे।

गुजरात से कुछ धन जरूर मिला, मगर वह काफी नहीं था। शान्तिनिकेतन-विश्वभारती के सारे खर्च चलाने की जिम्मेदारी कवि की अपनी थी। इधर जमींदारी की आय काफी घट गई थी, प्रमथ इसमें खास सफल नहीं हो पा रहा था। इतने दिनों तक मझले भैया सत्येन्द्रनाथ के साथ संयुक्त रूप से कवि

की जमींदारी थी, अब बँटवारा किए बिना उपाय नहीं था। क्योंकि मझले भैया का लड़का सुरेन जमीन खरीद-फरोख्त का फाटका व्यवसाय करते वक्त बेहद कर्जदार हो गया था। वह अपना हिस्सा बेच देना चाहता था। इसी बीच बालीगंज में ठाकुरों की जमीन बिड़ला नाम के एक व्यवसायी ने खरीद ली थी। बीस बीघा जमीन सिर्फ चार लाख में बिकी थी। सुरेन की बहन इन्दिरा को भी अपनी माँ से दहेज में प्राप्त ब्राइट स्ट्रीट का 'कमलालय' नामक भव्य मकान भी बेचने के लिए मजबूर होना पड़ा था।

रुपए चाहिए, और भी रुपए चाहिए। रुपए की खान उस वक्त अमरीका था। यूरोप फिलहाल युद्ध विध्वस्त था। मगर अमरीका के बदन पर खरोंच तक नहीं लगी थी। उस देश में भाषणों से भी व्यवसाय होता था। कुछ व्यवसायी-संगठन चर्चित व्यक्तियों के विभिन्न शहरों में भाषणों का आयोजन करते थे। वे टिकट से प्राप्त आय का कुछ हिस्सा वक्ता को देकर अधिकांश खुद रख लेते थे। एक बार करार हो जाने पर उससे मुकरने का कोई उपाय नहीं था। स्वामी विवेकानन्द को भी एक बार ऐसे ही वक्तृता के करार में बाध्य होकर भाषण देते-देते थक जाने के बावजूद मुक्ति नहीं मिल पाई थी। नोबेल पुरस्कार पाने के बाद रवीन्द्रनाथ ठाकुर भी एक बार इसी तरह भाषण देकर धन संग्रह कर लाए थे।

कवि ने तय किया कि भले ही कितनी मेहनत पड़े वे एक बार फिर अमरीका जाएँगे। इस बीच एक बार यात्रा की तैयारी कर लेने के बाद भी उन्हें कुछ समय के लिए स्थगित रखना पड़ा। लेकिन इस बार कवि के एजेंट मेजर पेंड ही अनुत्साहित थे। उन्होंने बताया कि अमरीका में इन दिनों भारतीय नामों के प्रति कोई आग्रह नहीं था। युद्ध से लौटनेवाले सैनिकों का सम्मान समारोह करने में ही आम जनता ज्यादा उत्साहित थी। यूरोपीय विस्थापितों के लिए हर जगह चन्दे इकट्ठे किए जा रहे थे। भारत को लेकर किसी में कोई उत्सुकता नहीं थी। कवि की अंग्रेजी किताबों की बिक्री भी इधर लगातार घटती जा रही थी।

फिर भी कवि ने तय किया कि वे वहाँ पर अपने ही भरोसे जाएँगे। वहाँ एक बार पहुँच जाने पर ऐसे काफी लोग मिल जाएँगे जो उन्हें सुनना चाहेंगे। खुद उन्हीं से विश्वमैत्री और महान भारतीय परम्परा की बातें।

वे पहले लन्दन पहुँचे। वहाँ काफी अंग्रेज उनके मित्र और प्रशंसक थे। सभी को सूचित कर दिया गया था। उनमें से काफी लोग उनसे मिलने नहीं आए। रोदेनस्टाइन जैसे जिन कुछ लोगों से भेंट हुई उनका भी लहजा ज्यादा आन्तरिक नहीं था। उनके व्यवहार में औपचारिकता ही ज्यादा नजर आई।

कवि के सबसे बड़े चहेते विली पियर्सन युद्ध के दौरान नजरबन्द थे। अब वे कवि के यात्रा सचिव बन गए थे। कवि ने उनसे इस बदलाव का कारण पूछा। इस बार उनके दोस्त अचानक इस तरह कटे-कटे क्यों हैं?

पियर्सन की समझ में बात आ गई थी। कवि द्वारा नाइटहुड के लौटाने से वे लोग खिन्न थे। खासकर युद्ध संकट के दौरान अंग्रेज सरकार को परेशानी में डालने को काफी लोगों ने पसन्द नहीं किया था।

लेकिन भारतीयों पर किए गए नृशंस अत्याचार से क्या यहाँ के बुद्धिजीवी अवगत नहीं थे?

वाकई, काफी लोगों को इसके बारे में पता नहीं था। पत्र-पत्रिकाओं में सही खबर नहीं छपी थी। इसके अलावा, अंग्रेज जाति का स्वभाव भी था कि वे युद्ध के समय सरकार के किसी भी काम की आलोचना नहीं करते थे। इसीलिए वहाँ उनके अत्याचारों आदि की खबरें नहीं पहुँचती थीं, क्योंकि अखबारें ऐसी खबरें नहीं छापती थीं।

इंग्लैंड से फ्रांस पहुँचकर वहाँ कवि को थोड़ा समादर मिला। वहाँ काफी विद्वानों और मनीषियों से भेंट हुई। यूरोप के और भी कई देशों के सफर के बाद कवि अमरीका रवाना हुए।

न्यूयार्क पहुँचकर वे अपने खर्च से होटल में ठहरे। हर चीज बेहद महँगी थी। यूरोप से लगभग सात गुनी। इसके पहले सम्पन्न घरों के लोगों में उनका आतिथ्य करने के लिए होड़ मच जाती थी। इस बार कोई नहीं आया। वे ऐसे ही कई दिन होटल के अपने कमरे में बैठे रहे। अखबारों में उनके बारे में कोई भी चर्चा नहीं छपती थी। कुछ एक छोटी-मोटी सभाओं का आयोजन जरूर हुआ, मगर उससे पैसे नहीं मिले। इसके अलावा श्रोताओं में भी ज्यादा उत्साह नहीं दिखा।

कवि को इस बात का अहसास ही नहीं था कि अंग्रेजों की भाँति अमरीकी भी उनके नाइटहुड की वापसी को लेकर खिन्नता प्रकट करेंगे। लड़ाई के आखिरी दौर में अमरीकियों ने भी अंग्रेजों का समर्थन किया था, इसीलिए अंग्रेज सरकार की निन्दा उन्हें भी पसन्द नहीं आई थी। इसके अलावा इस बीच ब्रिटिश जासूसों ने भी गुप्त रूप से वहाँ कवि के विरुद्ध माहौल बना दिया था।

अमरीका में धन संग्रह की सम्भावना न देखकर कवि जब अविलम्ब वापस लौट जाने की बात सोच रहे थे, तब मेजर पंड ने आकर बताया कि टेक्सास राज्य में कवि की पन्द्रह सभाएँ आयोजित की जा सकती हैं।

कवि इतने पर ही तैयार हो गए। उसमें मेहनत बहुत पड़ी, लेकिन पाँच महीने की भागदौड़ के बावजूद कवि की प्रत्याशा पूरी नहीं हुई। वे विश्वभारती स्थापित करने के लिए सहायता माँगने आए थे, मगर काफी लोग उसे भीख माँगने जैसा कुछ समझ रहे थे। कई बार आय से ज्यादा व्यय हो जाया करता था। अमरीका के लोगों पर अंग्रेजों के प्रचार का प्रभाव इतना ज्यादा हो सकता था, इसकी वे कल्पना नहीं कर पाए थे। उन्होंने भारत में अंग्रेज सरकार की भूमिका की आलोचना की थी, अंग्रेज उसका बदला बड़ी गोपनीयता और सूक्ष्मता से उनकी लोकप्रियता को खंडित करके ले रहे थे। एक अमरीकी पैसेवाली महिला विश्वभारती के लिए पचास हजार डॉलर देने के लिए लगभग राजी हो गई थी। उन्हें भी एक अंग्रेज अफसर ने बरगला दिया।

एक जगह कवि को सचमुच भिक्षा लेनी पड़ी। उस घटना को एक कड़वा मजाक कहा जा सकता है।

न्यूयार्क शहर के उत्तर में कैटस्थिल माउंटेंस के एक सम्पन्न घर में कवि को निमंत्रण मिला। वहाँ पर काफी सम्पन्न व्यक्ति आए थे। जैसे कि एक बड़ी पेन कम्पनी के मालिक मिस्टर वाटरमैन, साबुन कम्पनी के मालिक मिस्टर कोलगेट, कोडक फिल्म कम्पनी के मालिक मिस्टर ईस्टमैन। उस पार्टी में काफी भीड़ थी। इस बीच दो रूसी चित्रकारों ने कवि का चित्र बनाने के लिए उन्हें आग्रह करके बाहर ले जाकर खड़ा कर दिया था। तभी भीतर से धनकुबेर रॉकफेलर निकलकर बाहर आए। गाड़ी की प्रतीक्षा करते हुए उन्होंने चेहरा पोंछने के लिए जेब से रूमाल बाहर निकाला। तभी एक दस पैसे का सिक्का निकलकर टन्न की आवाज के साथ जमीन पर गिरा। रॉकफेलर जैसे पैसेवाले जेब में सिक्के नहीं रखते। पता नहीं कैसे वह सिक्का उनकी रूमाल में घुस गया था। वे इधर-उधर देखकर उस पैसे को कवि को थमाकर अपनी गाड़ी में बैठ गए।

कवि को पहले तो बात समझ में नहीं आई। वे भी रॉकफेलर को नहीं पहचानते थे। वे चकित होकर लोगों से कहने लगे, बड़ी हैरानी की बात है, एक वृद्ध व्यक्ति मुझे यह पैसा देकर चले गए। क्या मैं यायावरों जैसा लगता हूँ? धीरे-धीरे यह बात गृहस्वामी के कानों तक पहुँची। वे लज्जित होकर गोपन में लोगों से उस व्यक्ति के बारे में पूछने लगे। जब रॉकफेलर से पूछा गया तो उन्होंने कहा, हाँ, याद आ रहा है, एक बूढ़े नीग्रो को मैंने एक दाइम भीख में दिया था।

सिर्फ भारतीय श्रद्धालुओं और अनुरागियों की नजरों में ही नहीं, यूरोप के काफी विशिष्ट व्यक्ति भी कवि को बेहद सुदर्शन और आभिजात्य समझते थे।

कोई-कोई तो उनकी तुलना ईसा मसीह के साथ भी करते थे। वही कवि एक धनी अमरीकन को 'बूढ़ा नीग्रो' नजर आया।

ऐसे परिवेश में कवि के व्यक्तिगत सचिव अतिभक्त शान्त, निरीह पियर्सन के साथ भी खिन्नता की स्थिति आ गई। कवि को यथोचित सम्मान न मिलता देखकर पियर्सन कवि के प्रति कुछ ज्यादा ही श्रद्धालु हो गए, जैसे कि गोरों के प्रतिनिधि के रूप में उनके सारे दोषों के प्रक्षालन का भार उन पर आ गया हो। उन्होंने लोगों के सामने बार-बार कवि के पैरों को हाथ लगाकर प्रणाम करना शुरू कर दिया। हर वक्त गुरुदेव-गुरुदेव कहने लगे। पैरों में हाथ लगाकर प्रणाम करते देखकर यहाँ के काफी लोग चौंकते थे। गुरुदेव का अर्थ जानकर भी उनकी भौंहें सिकुड़ जाती थीं।

एक दिन खीजकर कवि उनसे बोले, "तुम हर समय मुझे गुरुदेव क्यों कहते हो? तुम पैरों में हाथ लगाकर क्यों प्रणाम करते हो? ऐसा करना छोड़ो। मुझे पता है, यह तुम मन से नहीं करते, कर भी नहीं सकते। इसीलिए यह सचमुच का असौजन्य है। तुम्हें पता ही है मैं कभी भी अवतार या गुरु नहीं होना चाहता। अपने करीबी लोगों से मैं श्रद्धा-भक्ति का दावा भी नहीं करता। मैं सिर्फ प्रेम और सहानुभूति चाहता हूँ। मैं सिर्फ एक कवि हूँ और कुछ नहीं।"

क्षुब्ध मन से कवि अमरीका से लौटते वक्त लन्दन में रुके। यहाँ भी कई दिन रहकर उन्होंने महसूस किया कि उन्होंने गलती की है। पुराने मित्रों का असंवेदनशील व्यवहार ही उन्हें ज्यादा आघात पहुँचाता है। उन्होंने तय किया कि वे फ्रांस चले जाएँगे। वहाँ वे हवाई जहाज से गए। पहली बार उन्हें हवाई यात्रा का अनुभव हुआ। फ्रांस में आन्द्रे जीद और रोमां रोलां से भेंट हुई। वहाँ खातिरदारी पाकर उनका मन कुछ शान्त हुआ।

अमरीका में पाँच महीने बेकार हो गए थे। यूरोप के विभिन्न देशों में उन्होंने ढाई महीने बिताए। स्वीडन में नोबेल पुरस्कार ग्रहण समारोह में वे भाग नहीं ले पाए थे। आठ साल बाद आनुष्ठानिक भाषण देने उन्हें वहाँ जाना पड़ा।

अन्य देशों के अनुवादक और प्रकाशक भी उन्हें आमंत्रित कर रहे थे, उनकी उपेक्षा नहीं की जा सकती थी। हुआन रैमाने हिमनेख ने स्पेन में उनके स्वागत-समारोह का आयोजन किया था। उनके द्वारा अनूदित कवि की कई किताबें अत्यन्त लोकप्रिय हुई थीं। स्वागत के समय कवि के नाटक के मंचन की भी बात थी, उसमें दो युवकों के अभिनय की प्रशंसा वे पहले से सुन चुके थे। उनके नाम थे फेदरिको गार्थिया लोरका तथा लुई बुनूएल। वे दोनों ही कवि के बड़े प्रशंसक थे।

इस बार भी जर्मनी में उनका बड़ा सम्मान हुआ।

उससे मुग्ध और अभिभूत होने के बावजूद दो बातें समझने में उनसे चूक हो गई। उन्होंने सोचा था युद्ध जर्जर जर्मनी का युवा समाज अब युद्ध नहीं चाहता, वे शान्ति का सन्देश सुनना चाहते हैं। मगर वास्तव में ऐसा नहीं था। पराजित और अपमानित जर्मन निवासी अन्दर-ही-अन्दर सुलग रहे थे। उनमें दिनोदिन लड़ाकू मनोवृत्ति पनप रही थी। नाजी सेना तैयार हो रही थी। जर्मन लेखकों और बुद्धिजीवियों में भी उनका प्रभाव घट रहा था। बर्टोल्ट ब्रेख्त, हरमन हेस, स्टिफन ज्विग, काउंट हरमन कइजरलिंग आदि उनकी प्रशंसा करने पर काफी लोग उनसे विमुख थे। जैसे राइनर मारिया रिल्के, टॉमस मान, औसवाल्ड स्पेंगलर, फ्रेंज काफ्का आदि उनसे उदासीन ही रहे। कोई-कोई पीठ पीछे निन्दा करने से भी नहीं चूकता था। आन्द्रे जीद द्वारा अनूदित 'गीतांजलि' रिल्के ने पढ़ी थी। उनसे जर्मन भाषा में इसके अनुवाद के लिए कहा गया था मगर उन्होंने इनकार कर दिया।

जर्मनी में कवि को ठीक-ठाक ही धन मिल गया था लेकिन अन्यायपूर्ण वार्साई करार के फलस्वरूप जर्मन मुद्रा की कीमत इतनी घट गई कि उनकी कौड़ी कीमत रह गई।

अब मन नहीं लग रहा था। कवि को अपने देश की याद सताने लगी थी। उन्हें बार-बार शान्तिनिकेतन की याद आ रही थी। वे राष्ट्रीयता की सीमा तोड़कर अन्तर्राष्ट्रीय होना चाहते थे लेकिन पृथ्वी पर हर जगह राष्ट्रीयतावाद की भावना प्रबल होती जा रही थी। फिर भी उनके मन में जिद पनप गई थी कि आर्थिक सहायता मिले या न मिले, वे 'विश्वभारती' में पूर्व-पश्चिम का मिलन करेंगे ही। पूर्व और पाश्चात्य के बीच ज्ञान और आदर्श के विनिमय से ही सभ्यता की वास्तविक अग्रगति हो सकती है। सिलवाँ लेवी जैसे विद्वान व्यक्ति शान्तिनिकेतन में आकर पढ़ाने के लिए राजी हुए थे यह भी तो एक बड़ी सफलता थी। कवि के आदर्श का रूपायन इसी तरह से वास्तविक होगा।

दीर्घकालीन प्रवास के दौरान भी कवि को बीच-बीच में देश की घटनाओं की जानकारी होती रहती थी। गांधीजी ने फिर असहयोग आन्दोलन शुरू किया था। छात्र स्कूल-कॉलेज छोड़ रहे थे, सरकार से हर कदम पर असहयोगिता के चलते संघर्ष हो रहा था। इसका परिणाम क्या होगा, क्या गांधीजी इस पर विचार नहीं कर रहे थे?

मार्सेई से कवि लौटती जहाज में सवार हुए। एक दिन सहयात्रियों में एक बंगाली तरुण ने आकर उन्हें प्रणाम किया। चौबीस-पचीस वर्षीय उस युवा का नाम सुभाषचन्द्र बोस था। उसके चेहरे पर प्रतिभा की दीप्ति थी। वह कैम्ब्रिज

से लौट रहा था। प्रतिभाशाली छात्र था। आई.सी.एस. परीक्षा में उत्तीर्ण होकर भी उसने पदत्याग किया था। अंग्रेज सरकार के अधीन वह नौकरी नहीं करना चाहता था। देश को पराधीनता से मुक्त कराने के लिए राजनीतिक आन्दोलन में शामिल होना ही अब उसका उद्देश्य था। कवि उससे प्रभावित हुए।

शाम के वक्त कवि जहाज के डेक पर खड़े रहते थे। मनोरम सूर्यास्त की ओर वे देखते रहते थे। एक देश में जब सूर्यास्त होता था तब किसी और देश में सुबह होती रहती थी जिस तरह जीवन के एक छोर पर वार्धक्य, दूसरे पर शैशव होता है। राष्ट्रीयता-अन्तर्राष्ट्रीयता, ख्याति-सम्मान, अर्थ यह सब भूलकर कवि को अपनी किशोरावस्था-यौवनावस्था में लौटने की इच्छा करती थी। कुछ देर के लिए वे भानु सिंह हो जाते थे। आँखों के सामने एक प्राण चंचला किशोरी का चेहरा नजर आता रहता।

वे मन-ही-मन कहने लगे—

यौवन वेदनारस में उच्छल मेरे वे दिवस
हे काल के अधीश्वर
अनमने हो क्या भूल गए, हे भोला संन्यासी
चंचल चैत्र की रात में, किंशुक मंजरी साथ में
शून्य के अकूल में बगैर देखभाल के क्या सब बह गए?
आश्विन के मेघहीन शुभ्र मेघों की नाव से स्वेच्छाचारी हवा
विस्मृति के घाट पर गई, बड़ी निर्ममता से।...

बड़ी-बड़ी लहरों के धक्के से जहाज हिल उठता था। आसमान में जैसे पुरानों के बगल में नए-नए नक्षत्र इकट्ठा हो रहे थे। आसमान भी जैसे हिल रहा था। जीवन जैसे लक्ष्यहीन पथ पर चल रहा था।

कवि ऊपर की ओर देखकर ध्रुवतारा ढूँढ़ने लगे।

समुद्र में भटके नाविकों को यही नक्षत्र तो राह दिखाता है।

कवि को याद आया, जीवन में पहली बार समुद्र के रास्ते इंग्लैंड जाते समय उन्होंने एक गीत रचा था। उस वक्त भी उनका मन एक व्यक्ति के वियोग-वेदना से भरा हुआ था। विलायत जाने के आकर्षण से कहीं ज्यादा इस विशेष व्यक्ति के लिए मन पीछे की ओर भाग रहा था।

काफी दिनों के बाद कवि वही गीत गुनगुनाने लगे—

तुम्हें ही माना है मैंने जीवन का धुव्रतारा
इस सागर में कभी नहीं अब हूँगा पथहारा

जाऊँ जिधर उधर ही चमको
व्याकुल नयन जल से निसृत हो किरणों की धारा
जागृत रहता है मुख तुम्हारा संगोपन में
तिल-भर भी अन्तर पड़ते ही हेरूँ मैं कूल किनारा
अगर कभी यह हृदय विपथ में जाना चाहे
उस चेहरे पर दृष्टिपात होते ही तब शर्मिन्दा हो जाए।

उस दिन और आज के बीच कितनी दूरी थी, इसे सिर्फ समय से नहीं मापा जा सकता। समय का व्यवधान काफी कुछ भुला देता है, उधर दो-एक बातें गाढ़ से और प्रगाढ़ हो उठती हैं। प्रथम यौवन के परिचित कितने चेहरे धूमिल पड़ चुके हैं, लेकिन नई बउठान का चेहरा चिर उज्ज्वल है।

किशोरी-रानू जैसे नई बउठान की स्मृति कुछ ज्यादा ही ताजी करती जा रही थी। हालाँकि दोनों में कितनी असमानताएँ थीं। कवि और वह मैं और यह मैं एक नहीं है। उस वक्त उनका सद्यःयौवन था, आज वे प्रौढ़त्व के अन्तिम छोर पर थे। प्रौढ़त्व उम्र की दृष्टि से था, शारीरिक रूप में नहीं था। देह अभी भी इस पृथ्वी का रूप-रस-गन्ध उपयोग करने के लिए उन्मुख थी। और उनके मन की हालत को कितने लोग समझ पाते थे? बाकी सभी दूसरे हमेशा उन्हें एक ऊँची वेदी पर प्रतिष्ठित किए देखना चाहते थे, सिर्फ यही एक किशोरी उन्हें वहाँ से खींचकर अपने खेल का साथी बनने के लिए उतरने पर मजबूर करती थी। यह खेल बड़ा मधुर था। उम्र कम करने का खेल।

कब से उससे भेंट नहीं हुई। कैसी होगी वह?

एक बार अकेली आने की अनुमति मिल जाने के बाद रानू को किसी भी छुट्टी में कोलकाता या शान्तिनिकेतन चले आने में दिक्कत नहीं होती थी। बीच-बीच में कवि की ओर से भी बुलावा आ जाता था, ऐसी दशा में रानू के पिता अब आपत्ति नहीं करते थे। आने-जाने के लिए किसी-न-किसी का संग भी मिल जाता था।

इस बार 'विसर्जन' का पूर्वाभ्यास पूरे दम से चल रहा था। मगर शान्तिनिकेतन में नहीं, जोड़ासाँको में। रानू ने इस बीच अपने को काफी तैयार कर लिया था। उसने संवाद रट लिए थे। अभिनय की तालीम कवि खुद देते थे। शिक्षक के रूप में वे बहुत कड़क थे, डाँटने में भी पीछे नहीं रहते थे। रानू की सबसे बड़ी समस्या अपने हाथों को लेकर थी। वे विचित्र रूप से जड़

होकर बगल में लटकते रहते थे। कवि उसका हाथ पकड़कर समझा देते थे, कि जयसिंह—कहाँ जयसिंह—कोई—कोई नहीं है इस दुनिया में कहते हुए अपने दाएँ हाथ को जोर से आगे झटकना होगा। बाएँ हाथ में उन्होंने एक फूलों की टोकरी पकड़ा दी।

जयसिंह और अपर्णा के एक दृश्य का पूर्वाभ्यास कितनी बार हुआ इसका हिसाब नहीं।

कवि— *सिर्फ अकेलापन*
दखिना हवा अगर
बन्द हो जाए, फूलों का सौरभ अगर
नहीं आए, दसों दिशाओं में अगर जग उठे
दस सन्देह, तब कहाँ है
सुख? कहाँ है पथ?
जानती हो किसको कहते अकेला?

रानू— *पता है। बैठी हूँ बोझिल मन से*
देना चाहती हूँ, लेनेवाला कोई नहीं।

कवि— *सृजन के पूर्व*
जिस तरह अकेले होते हैं देवता। कुछ वैसा ही।
वैसा ही। लगता है यह जीवन बहुत ज्यादा है
—जितना बड़ा है उतना ही शून्य है,
उतना ही आवश्यकहीन।

रानू— *जयसिंह, तुम तुम*
अकेले हो। देखती हूँ, जो कंगाल हैं
उनसे भी ज्यादा कंगाल हो तुम जो ले सकता है तुम्हारा सब कुछ,
जैसे तुम ढूँढ़ रहे हो उसी को...

कवि— *आओ सखी,*
हम दोनों मिलकर सदैव के लिए चले जाएँ
इस जगती के पथ से होकर/शून्य नभस्थल में
दो लघु मेघखंड की भाँति...

इस घर में हर समय लोग आते-जाते रहते थे, इसलिए पूर्वाभ्यास बगल के मकान में होता था। कवि के चचेरे भाई ब्राह्म नहीं बने थे। गगन, अवन,

समर तीनों ही अच्छे कलाकार थे। रवि चाचा के हर प्रकार के काम में उनका योगदान रहता था। नाटकों के प्रति भी वे बड़े उत्साही थे। रानू रिहर्सल के बीच-बीच में आइसक्रीम खरीदकर खाने के लिए भाग जाती थी। तीनों भाई इस बात का खूब मजाक उड़ाते थे। उनमें से कोई अचानक चिल्ला उठता, "अपर्णा कहाँ गई? अपर्णा भाग गई है। अपर्णा गायब हो गई है।"

तब उसे ढूँढ़ने के लिए कुछ लोगों को भेजना पड़ता था।

बीच-बीच में विशिष्ट व्यक्ति पूर्वाभ्यास देखने आते थे। सभी की नजरें बिजली की तरह अपरूप सुन्दरी उस किशोरी पर पड़ती थीं। जगदीशचन्द्र बोस ने उससे उसके पिता के बारे में पूछा था। एक दिन शरत्चन्द्र चट्टोपाध्याय उसे बगल में बिठाकर उससे बातों में इतने मशगूल हो गए कि रानू का पार्ट आ जाने पर उसकी बुलाहट के बावजूद वे उसे छोड़ना ही नहीं चाहते थे।

पूर्वाभ्यास खत्म हो जाने के बाद भी काफी देर तक बातचीत तथा खाना-पीना चलता। मगर कवि उस वक्त खुद वहाँ नहीं रहते थे, रानू को भी नहीं रहने देते थे। उसे साथ लेकर अपने कमरे में चले आते थे।

एक दिन इसी तरह वहाँ से लौटते समय कवि बोले, "इस बार तुममें एक परिवर्तन देख रहा हूँ रानू! तुम कुछ अनमनी-सी लगती हो।"

रानू बोली, "मैं अनमनी क्यों होने लगी? मैं तो वैसी ही हूँ।"

कवि बोले, "तुम्हें देखकर अनायास ही कहा जा सकता है, ओ तुम पंचदशी, आ पहुँची हो पूर्णिमा में।"

रानू बोली, "क्या मैं चाँद हूँ? पहले कोई मेरा चेहरा चन्द्रमा की तरह कहता तो मुझे गुस्सा आता था।"

कवि बोले, "नहीं, तुम चाँद नहीं हो। तुम तुम ही हो।"

"मृदुस्मित स्वप्न का आभास तुम्हारी विह्वल रात में। क्वचित् जागरित विहंग काकली तुम्हारे नवयौवन में क्षण-क्षण व्याकुल हो उठती है। रानू सिर्फ इतना ही नहीं। तुम कुछ और ही तरह की लग रही हो।"

रानू बोली, "भानु दादा, मैं जीवन-भर तुम्हारे लिए वही रहूँगी। जरा भी नहीं बदलूँगी।"

नाटक प्रदर्शित होने के दो दिन पहले अचानक रानू की तबीयत बिगड़ गई। पूरे दम से चल रहे पूर्वाभ्यास ने उसकी हालत पस्त कर दी थी। कवि बोले, "आज पूर्वाभ्यास न करने से भी कोई हर्ज नहीं। तुम चुपचाप लेटी आराम करो। खबरदार जरा भी उठना मत।"

उसे जोड़ासाँको के तिमंजिले के एक कमरे में आराम करने दिया गया। हिदायत दे दी गई कि न कोई उसे बुलाए, न परेशान करे।

रानू लाल पद्म रंग की साड़ी पहने थी। वह करवट लेकर लेटी हुई थी। उसके बड़े-बड़े बाल बिस्तर पर फैले हुए थे। शाम ढलने को थी। कमरे में रोशनी कम हो गई थी। एक नाइन दालान से होकर आ रही थी, खिड़की से उस कमरे में नजर पड़ते ही वह डरकर चीख उठी, अरे मैया री!

यह सुनकर एक दूसरी नौकरानी उसके पास आते ही काँपती हुई उधर इशारा करके बोली, "वह देखो, नई बहू माँ/नई बहू माँ आकर लेटी हुई हैं।"

और भी कइयों ने आकर कमरे के बाहर से झाँका। वे भी कहने लगीं, "हाँ, अचानक देखकर नई बहू माँ जैसी ही लगती हैं। डर जाने की बात ही है।"

इस शोरगुल से रानू की नींद टूट गई। उसकी समझ में कुछ नहीं आया।

रात में घर लौटते समय सीढ़ियों से ऊपर आते समय यह घटना पल्लवित होकर कवि के कानों तक पहुँची।

उन्होंने आकर देखा, रानू फिर से सो गई थी। किसी ने कमरे की बत्ती जला दी थी। निशीथ कुसुम की तरह उसका चेहरा स्वप्नविजड़ित था।

कवि उसके सिरहाने बैठ गए।

उसके बाल ठीक वैसे ही थे। वैसा ही ललाट। भौंहें और आँखें भी हूबहू वैसी थीं। नाक...मगर ओंठ के नीचे का हिस्सा कुछ अन्य प्रकार का था। रानू के चिबुक और नई बउठान के चिबुक में कोई मेल नहीं थी। हर लड़की की सोने की भंगिमा क्या एक जैसी ही होती है? निद्रा और जागरण के समय लड़कियों के चेहरे भी काफी बदल जाते हैं। सोई हुई नारी जैसे माया से गढ़ी लगती है।

कवि मन-ही-मन अपने सद्य:यौवन के दिनों की ओर लौट गए। उन दिनों जिस सितारे की रोशनी ने उन्हें उद्दीप्त कर रखा था, वह काफी पहले बुझ चुकी थी। उनके जीवन के इस संध्यालग्न में जैसे वह सितारा ही फिर से लौट आया था।

उन्होंने बुदबुदाकर कहा, "क्या मेरे भोर का तारा आया संध्यातारा के भेष में..."

रानू ने आँखें खोलकर देखा, भानु दादा उसका एक हाथ पकड़कर बैठे हुए थे। उनका चेहरा बेहद करुण था। जैसे भीतर-ही-भीतर वे बहुत तकलीफ में थे।

वह हड़बड़ाकर बैठती हुई बोली, "क्या हुआ है, भानु दादा?"

कवि बोले, "कुछ नहीं, तुम्हें देख रहा था।"

रानू ने फिर पूछा, "कुछ देर पहले खिड़की के पास कुछ औरतें न जाने क्या कह रही थीं। बात क्या है, बताइए?"

कवि बोले, "मुझसे पहले वे ही सब समझ गई थीं। मुझे भी कुछ ऐसा ही लग रहा था। तुम तो अचानक काफी बड़ी हो गई हो। तुममें और नई बउठान के चेहरे में काफी समानता नजर आती है।"

रानू ने जानना चाहा, नई बउठान कौन है?

कवि बोले, "मेरी एक अति अपनी बउठान। तुम उनके बारे में जानोगी भी कैसे? वे बहुत पहले सभी को रुलाकर चली गई हैं। वे बहुत कम उम्र में ही हमारे घर में आ गई थीं। मैं भी उस वक्त छोटा था। दोनों एक साथ ही बड़े हुए थे। इस मकान में मेरे साथ ही उनकी सबसे ज्यादा दोस्ती थी। ज्योति दादा अपने काम में बड़े व्यस्त रहते थे। हम दोनों का ज्यादा समय एक साथ बीतता। कितने ही गीत, कितनी ही कविताएँ, कितने खेल कोई हिसाब नहीं। आज अचानक लगा नई बउठान ही तुम्हारे रूप में मेरे पास लौट आई हैं।"

रानू सिर झटककर बोली, "मैं नई बउठान जैसी क्यों होने लगी। मैं रानू हूँ, ठीक अपने जैसी।"

कवि बोले, "ठीक कहती हो। तुम सिर्फ नूतन नहीं हो, तुम अभिनव हो।"

उन्होंने रानू के माथे पर हाथ रखा। उसे काफी बुखार था।

विश्वभारती की सहायता के लिए टिकट बेचकर एम्पायर थिएटर में तीन दिनों तक 'विसर्जन' का मंचन होना था। डेंगू बुखार के कारण पहले दिन रानू अभिनय नहीं कर पाई। किसी और से काम चलाया गया।

दूसरे दिन रानू ने जिद पकड़ ली कि वह आज नाटक जरूर करेगी। बुखार में ही उसने नहाया, भात भी खाया। नाटक के दो मेकअपमैन थे—नन्दलाल बोस और सुरेन कर। उन्होंने पहले कवि का मेकअप किया। जादू-बल से जैसे साठ वर्षीया कवि नवयुवक बन गए, एकदम देवदुर्लभ कान्ति। सबके सामने रानू, कवि को बाँहों में जकड़कर बोली, "मेरे भानु दादा कितने सुन्दर लग रहे हैं। ऐसा और कोई नहीं है।"

दीनू ठाकुर अट्टहास करते हुए बोले, "रानू के भानु! रवि दादा सावधान। अभिनय के वक्त कहीं यह लड़की तुम्हें भानु दादा न पुकारने लगे।"

रानू बोली, "बिलकुल नहीं, मुझसे ऐसी गलती नहीं हो सकती।"

अवन बोले, "अगर हो भी जाए, रुककर लज्जा से अपनी जीभ मत निकाल लेना। बेरोक-टोक अपना संवाद बोलती जाना।"

कमरबन्द कसते हुए कवि ने नन्दलाल से कहा, "किसी जमाने में मैं भी तस्वीर वगैरह बनाता था। रानू को मैं खुद सजाऊँगा। मेरा काम तुम लोग देखना।"

रानू को वे बगलवाले कमरे में ले गए। उसके गालों पर रंग की कूँची फेरते हुए कवि बोले, "तुम रोज मेरे बाल सँवार देती हो, आज मैं तुम्हारे बाल गूँथकर कितना सुन्दर जूड़ा बनाऊँगा, देखना।"

रानू बोली, "जूड़ा बनाने की जरूरत नहीं। बाल खुले रहने दें।"

कवि बोले, "इतने बड़े बाल खुले रहने पर तुम बैठते समय अपने बालों पर ही बैठ जाओगी। इसके बाद अचानक उठते समय धड़ाम से गिर जाओगी।"

रानू बोली, "ऐसा नहीं होगा, मैं सावधान रहूँगी। गाँव की लड़कियाँ तो अपने बाल खुले ही रखती हैं।"

कवि बोले, "जैसे तुमने न जाने कितनी गाँव की लड़कियाँ देखी हैं।"

कवि ने उसका जूड़ा बनाया फिर खोल दिया। खुले बालों में ही रानू ज्यादा सुन्दर लग रही थी।

उसके मुँह-ओंठ रँगकर, भौंहें आँककर कवि ने उससे कहा, "लो, अब साड़ी पहन लो। साड़ी में चुन्नट मत डालना।"

नाटक का प्रदर्शन बहुत प्रभावशाली था। लोगों की तालियाँ जैसे रुकने को ही नहीं आ रही थीं। विशिष्ट दर्शक सिर्फ टिकट लेकर नाटक देखने नहीं आए थे, ऐसे काफी लोग कवि को अभिनय करते हुए देखने के लिए आए थे। मगर अपर्णा के रूप में रानू के लिए भी तालियाँ कम नहीं बजीं। उसके प्रवेश करते ही जैसे मंच जगमगा उठता था। सभी दबी जुबान से पूछते, कौन है यह लड़की? ठाकुरबाड़ी की किसी की लड़की है?

नाटक के अन्त में कौतूहलियों की भीड़ ने रानू को घेर लिया। कमउम्र लड़के उससे बात करना चाहते थे।

कवि ने इसका वक्त नहीं दिया। वे झटपट रानू को लेकर थिएटर हॉल से बाहर निकल गए। एक खुले हुडवाली गाड़ी से जोड़ासाँको रवाना हो गए।

कवि बोले, "सभी तुम्हारी इतनी प्रशंसा कर रहे थे इससे मुझे बड़ा गर्व हो रहा है। आज तुम्हारा अभिनय रिहर्सल से भी ज्यादा अच्छा था।"

रानू बोली, "इतना अच्छा क्या! आपकी लिखी इतनी सुन्दर पंक्तियाँ सुनने में लोगों को अच्छी लगेंगी ही। हाँ, यह कह सकते हैं कि मैं अपने संवाद नहीं भूली।"

कवि बोले, "लेखन कितना ही अच्छा क्यों न हो, नाटक में अभिनय प्रभावी न होने पर, लोगों के मर्म को नहीं छूता।"

रानू बोली, "सभी तो आपका सिखाया हुआ है।"

कवि ने कहा, "सिखलाने से ही क्या सभी ठीक-ठाक कर लेते हैं? अपना व्यक्तित्व भी होना चाहिए। तुम्हें बुखार था, किसी को इसका पता तक नहीं चला। चेहरा तमतमाया हुआ था। भीतर-ही-भीतर कष्ट सहती रही। लेकिन हाँ, एक बार तुम अपने बालों पर बैठ गई थी।"

रानू बोली, "गिरी तो नहीं।"

इसके बाद उसने पूछा, "आप नई बउठान के बारे में कह रहे थे न, उन्होंने क्या कभी मेरी तरह आपके साथ नाटक में भी अभिनय किया था?"

कवि बोले, "हाँ, एक बार अलीक बाबू प्रहसन में मैं अलीक बाबू बना था और नई बउठान हेमांगिनी बनी थीं। और एक बार 'मानमयी' नामक गीतिनाट्य में मैं मदन बना था और उन्होंने उर्वशी का अभिनय किया था।"

रानू ने पूछा, "उर्वशी? क्या वे देखने में बहुत सुन्दर थीं?"

कवि बोले, "तुम्हारी तरह ही।"

रानू ने फिर पूछा, "क्या वे गा सकती थीं?"

कवि बोले, "तुम्हारे जैसी ही। उन्हें गानों से बहुत प्यार था, मगर उनका कंठ इतना सुरीला नहीं था।"

रानू ने कवि की आँखों में आँखें डालकर तीखे स्वर में पूछा, "अभिनय कैसा करती थीं? मैंने उनसे अच्छा नहीं किया? भानु दादा, कहिए, क्या मैंने उनसे बेहतर नहीं किया?"

कवि ठठाकर हँसने लगे।

लम्बे अमरीका सफर में कवि विश्वभारती के लिए धन भले ही न जुटा पाए हों मगर उन्हें एक बड़ा लाभ हुआ था।

अपने सेक्रेटरी पियर्सन से उन्हें पता चला था कि एक अंग्रेज युवक जो न्यूयार्क के कर्नेल विश्वविद्यालय में अध्ययन कर रहा था, उसकी भारत के किसी गाँव में जाकर गरीबों के बीच रहकर काम करने की बड़ी इच्छा थी।

कवि ने उस युवक को बुला भेजा।

उसका नाम लिओनार्ड एल्महर्स्ट था। इंग्लैंड के यार्कशायर में उसका जन्म हुआ था। उसने कैम्ब्रिज से इतिहास में पढ़ाई की थी। विश्वयुद्ध शुरू होने पर उसे भी नियमानुसार लड़ाई में जाना पड़ा था। सैनिक रूप में उसे भारत से प्रेरणा मिली थी।

शासक सम्प्रदाय का व्यक्ति होने पर भी उसे वह भारत के गाँवों की दैन्य दशा देखकर हैरानी और दुख हुआ था। कृषिप्रधान देश होने के बावजूद वैज्ञानिक ढंग से यहाँ कृषि कार्य की कोई व्यवस्था ही नहीं थी। सरकार की ओर से भी कोई प्रयास नहीं हो रहा था। जीर्ण-शीर्ण किसान न अपने स्वास्थ्य के रख-रखाव के बारे में सचेत थे, न पशुपालन की आधुनिक पद्धति से वाकिफ थे। वे सैकड़ों साल पीछे थे। अंग्रेज इस देश पर शासन करेंगे, इसका शोषण करेंगे, मगर बदले में कुछ नहीं देंगे।

उसने तभी निश्चय किया था कि अगर वे लोग युद्ध जीत लें और अगर वह जिन्दा बच जाए तो वह दोबारा भारत लौटेगा। वह अपनी जाति की ओर से भारत का कुछ कर्ज चुकाने की कोशिश करेगा, अपनी निजी कोशिशों से ही।

युद्ध में उसे जान नहीं गँवानी पड़ी। विजयी के रूप में वह अपने देश वापस लौटा। भारत के दरिद्र लोगों के लिए कुछ करने का संकल्प भी वह नहीं भूला। मगर अपने इतिहासज्ञान के चलते वह भला कितनी मदद कर पाता? कृषि और फसल उत्पादन में अमरीका विशेष उन्नतिशील था। वहाँ उच्च शिक्षा की व्यवस्था भी थी, इसीलिए उसने इतिहास की पढ़ाई छोड़कर अमरीका जाकर कृषि में दाखिला लेकर अपने को लायक बनाने की तैयारी शुरू कर दी थी।

कवि के बुलावे पर वह एक दिन होटल में उपस्थित हुआ।

एल्महर्स्ट लड़ाई में भाग लेने के लिए जब जहाज से समुद्र पार कर रहा था तब उसके पास 'गीतांजलि' के अंग्रेजी अनुवाद की एक प्रति थी। बीच-बीच में उन कविताओं को पढ़ते हुए उसे एक महान् सभ्यता का आस्वाद मिला था। उसे उसकी काफी कविताएँ याद हो गई थीं। उसी कवि के सान्निध्य में वह पहुँचा था, इतने से ही वह रोमांचित था।

मगर कवि ने उससे अध्यात्मवाद, शान्ति या विश्वमैत्री को लेकर कोई चर्चा नहीं की। उससे उन्होंने स्पष्ट रूप से कहा, "सुना है तुम भारत के गाँवों में जाकर काम करना चाहते हो। मैंने बंगाल के ग्राम्यांचल में शान्तिनिकेतन के नाम से एक विद्यालय खोला है। वहाँ लिखाई-पढ़ाई अच्छी ही होती है। लेकिन बीच-बीच में मुझे लगता है, शान्तिनिकेतन आश्रम कोई द्वीप है, आसपास के गाँवों से उसका कोई सम्पर्क नहीं है। वीरभूमि के गाँव दिन-प्रतिदिन जैसे विनाश के पथ पर अग्रसर हो रहे हैं। काफी लोग लाचारी में गाँव छोड़कर भाग रहे हैं। गाँव के मुनष्य अगर कुपोषण से ग्रस्त, बीमार होकर निराशा से ग्रस्त रहें तो फिर अपने विद्यालय में कुछ लड़कों को पढ़ाने-लिखाने से लाभ क्या? इससे देश की उन्नति होनी सम्भव नहीं। शान्तिनिकेतन के करीब सुरूल

गाँव में मैंने कुछ जमीन खरीद रखी है। मेरी हार्दिक इच्छा है कि वहाँ पर उन्नत प्रकार की कृषि, पशुपालन, हस्तशिल्प आदि का एक केन्द्र स्थापित करूँ। लेकिन मेरे पास वैसे उपयुक्त लोग नहीं हैं। इस काम में मुझे तुम्हारी मदद मिल सकती है?"

एल्महर्स्ट ने कहा, "आप मुझे मौका देना चाहते हैं, इससे मैं आपका आभारी हूँ। आपका साथ पाना ही मेरे लिए बड़े सौभाग्य की बात है। मगर मैं कृषि के बारे में पूरी तौर से जाने बिना गाँववालों की सहायता कैसे कर पाऊँगा? यहाँ उसी का अध्ययन कर रहा हूँ। चाहता हूँ पढ़ाई पूरी करके परीक्षा पास कर लूँ।"

कवि बोले, "अच्छी बात है। परीक्षा देने के बाद मुझसे सम्पर्क करना।"

इसके बाद कवि स्वदेश लौट गए थे। परीक्षा के बाद एल्महर्स्ट ने इंग्लैंड लौटकर कवि को चिट्ठी लिखी, "क्या इस वक्त मैं आ सकता हूँ?"

कवि के बदले एंड्रूज ने जवाब दिया, "नहीं, अभी मत आओ। यहाँ पर तुम्हारा काम चलाने लायक धन जुटाने की क्षमता अभी हममें नहीं है।"

एंड्रूज पर शान्तिनिकेतन को चलाने की काफी कुछ जिम्मेदारी थी। उन्होंने अपनी जिम्मेदारी पर यह फैसला किया था या कवि ने भी अपना इरादा बदल दिया था, यह पता नहीं चला।

एल्महर्स्ट इतने से ही निराश होनेवाला व्यक्ति नहीं था।

वह अमरीका जाकर सिर्फ कृषि की पढ़ाई में ही नहीं डूबा रहा, वह जीवन की वास्तविकता में डूबनेवाला व्यक्ति था। वह समाज के विभिन्न वर्गों के साथ उठता-बैठता रहा, मौज-मस्ती भी करता रहा, उसी बीच डोरोथी स्ट्रेइट नामक एक विधवा महिला के साथ परिचय, घनिष्ठता और प्रेम सम्बन्ध भी कायम हो गया।

डोरोथी में बहुत गुण था। सिर्फ दोष यही था कि वह बहुत ज्यादा धनी थी। विशाल पैतृक सम्पत्ति तो थी ही, इसके साथ दिवंगत पति का विशाल ऐश्वर्य भी जुड़ गया था। अमरीका के उच्च समाज में उसे लेकर छीना-झपटी जैसी हालत हो गई थी मगर वह एक मामूली घर के अंग्रेज युवक के प्रति आकृष्ट हो गई थी।

एल्महर्स्ट चाहने पर डोरोथी से विवाह करके विलासी जीवन बिता सकता था। मगर वह भारत के गाँवों में जाकर अन्ततः कुछ दिन श्रमदान करने के लिए विवेक के प्रति जवाबदेह था। प्रणय और वैभव के प्रति विनिमय में वह अपना संकल्प नहीं छोड़ना चाहता था। उधर डोरोथी के लिए भी उसकी

जीवनसंगिनी बनकर भारत के गाँवों के कीचड़-पानी, मच्छर-मक्खियों के बीच दिन बिताने का सवाल ही नहीं उठता था। इसे ही उभय संकट कहा जाता है।

इसी डोरोथी स्ट्रेइट नाम की धनी महिला ने ही कवि के अमरीका सफर के समय विश्वभारती के लिए पचास हजार डॉलर दान देने हेतु तत्पर होने के बावजूद दूसरों के बहकावे में आकर अपना हाथ खींच लिया था। रवीन्द्रनाथ ठाकुर के विद्यालय के सम्बन्ध में अभी भी उसका कोई आग्रह नहीं था, मगर उसका प्रेमी अगर अपना कोई शौक पूरा करना चाहता था, उसमें डोरोथी कोई कृपणता नहीं करना चाहती थी। जिसे 'गॉड फॉरसेकेन प्लेस' कहते हैं ऐसे किसी भी गाँव में जाकर एल्महर्स्ट के मन में एडवेंचर की इच्छा पनप गई थी। वह कुछ दिन जाकर अपनी यह इच्छा पूरी कर आए, इसके लिए डोरोथी उसी वक्त पचीस हजार डॉलर देने के लिए तैयार थी।

रुपए की बात जताकर एल्महर्स्ट अविलम्ब शान्तिनिकेतन जा पहुँचा।

कवि दो प्रकार के अंग्रेजों के बारे में जानते थे। एक प्रकार के अंग्रेज हथियार उठाकर दूसरे देश पर कब्जा जमाना चाहते थे, वहाँ जी भरकर शोषण और अत्याचार करते थे, जलियाँवाला बाग जैसी बर्बरता प्रदर्शित करते थे। दूसरी तरफ उन्हीं अंग्रेजों के बीच ऐसे लोग भी थे जो काव्य-साहित्य, दर्शन-विज्ञान में बेहद उन्नत, निष्ठावान मानवतावादी थे। परदु:ख कातर थे। ऐसी दूसरी श्रेणी के अंग्रेजों की प्रतिनिधि एंड्रूज, पियर्सन, एल्महर्स्ट वगैरह थे।

एंड्रूज, पियर्सन शान्त और प्रौढ़ थे। उनकी तुलना में एल्महर्स्ट उम्र में कम तो था ही, दीर्घकाय, सुदर्शन और अति उत्साही भी था। कुछ दिनों में ही उसने शान्तिनिकेतन में अपना प्रभाव जमा लिया। बांग्ला भाषा सीखकर वह बड़ी तेजी से आगे बढ़ने लगा।

कवि के भाई-बहनों में एकमात्र उनके बड़े भाई द्विजेन्द्रनाथ ने स्थायी रूप से शान्तिनिकेतन में रहना शुरू कर दिया था, बाकी लोग कभी-कभार ही आते थे। उनके पुत्र दीपेन्द्रनाथ उर्फ दीपू बाबू भी ज्यादातर वहीं रहते थे। वे देखभाल में मदद करते थे। इनसे परिचय के बाद एल्महर्स्ट इनके अभिजात मगर सहज, सरल, व्यवहार से मुग्ध हुआ। दीपू बाबू की पत्नी हेमलता को सब बड़ी माँ कहते थे। उन्होंने इस युवा उत्साही अंग्रेज छात्र को खुद बांग्ला सिखाने का बीड़ा उठा लिया।

गांधीजी के असहयोग आन्दोलन के चलते वातावरण थोड़ा अशान्त हो गया था। गांधीजी ने असहयोग का नारा दिया था। वे चाहते थे कि देश की जनता न सिर्फ अंग्रेज सरकार के साथ बल्कि किसी भी अंग्रेज के साथ कोई

सहयोग या सम्पर्क न करे। छात्र-छात्राएँ स्कूल-कॉलेज को अलविदा कहकर विलायती वस्त्रों का बहिष्कार करके चरखे पर सूत कातना शुरू करें। इस तरीके से साल-भर में ही देश में स्वराज आ जाएगा।

कवि इस नीति और पथ का समर्थन नहीं कर पाए। ज्ञानार्जन का रास्ता बन्द कर देने के वे घोर विरोधी थे। एल्महर्स्ट तो अंग्रेज थे, उनका निःस्वार्थ सहयोग स्वीकार न करने के पीछे क्या तर्क हो सकता था? इस बीच कोलकाता में कवि की गांधीजी से काफी देर तक बातें हुईं। कवि को अपने पाले में लाने में असमर्थ होने पर उन्होंने आखिरकार उनसे अनुरोध किया, "गुरुदेव, अन्ततः आप चरखा कातना शुरू कीजिए, जिससे आपकी देखा-देखी और भी लोग इसके प्रति आकृष्ट हों।" कवि ने मुस्कुराते हुए कहा, "महात्मा जी, मैं शब्द के साथ शब्द बुनते हुए गीत व नाटक लिख सकता हूँ, मगर आपकी इस रुई से सूत बुनते (कातते) वक्त रुई की चरम दुर्गति हो जाएगी।"

इस चर्चा के दौरान कवि के प्रति अवज्ञा प्रदर्शन करने के लिए कुछ लोगों ने जोड़ासाँको भवन के प्रांगण में कुछ विदेशी कपड़े जलाकर अपने उल्लास का प्रदर्शन किया था। पत्र-पत्रिकाओं में भी कवि के विरुद्ध कुत्सा का प्रचार होने लगा था। मगर कवि अपने विश्वास पर अटल थे।

उनकी अनुपस्थिति में शान्तिनिकेतन विद्याश्रम में भी कुछ छात्र और अध्यापक राजनीति में मशगूल हो गए थे। साल-भर के अन्दर स्वराज प्राप्ति की दीवानगी में वे कवि के बदले गांधीजी के मार्ग का अनुसरण करना चाहते थे। इसके पीछे एंड्रूज का हाथ था। कवि को इस बात से बड़ा आघात पहुँचा। जरूरत पड़ने पर अबाध्य छात्रों-शिक्षकों को आश्रम से निकालने का भी उन्होंने निर्णय कर लिया। उन्होंने एल्महर्स्ट से कह दिया कि वह बेरोक-टोक पूरे जोश से अपना काम करता रहे।

बांग्ला सीखने के दौरान एल्महर्स्ट के साथ दीपू बाबू की प्रायः भेंट हो जाती थी। भोजन और अड्डेबाजी के वे रसिया थे। एल्महर्स्ट को देखते ही वे उससे कुछ देर बातें जरूर करते थे। वे एक दिन बोले, "पता है साहब, एक दिन मेरा पेट काफी खराब हो गया। उस वक्त गांधीजी हमारे जोड़ासाँको के घर में आए थे। मेरी बीमारी की बात सुनकर बोले, निश्चय ही तुम्हारे मन में कोई गोपन पाप है। पाप रहने पर वह रोग बनकर फूट निकलता है। कितनी विचित्र बात है। असल में मैं उन दिनों खूब दूध पीता था। वह हजम नहीं होता था। कुछ दिन पहले मैंने सुना, गांधीजी को आँव पड़ने लगा था। मैंने उन्हें टेलीग्राम भेजा—इस बार आप अपने अन्दर के पाप की तलाश कीजिए। हा,

हा हा। वे तो बकरी का दूध पीते हैं। शायद इसकी मात्रा बढ़ा दी होगी। साहब तुम्हीं कहो, मनुष्य को भला बकरी का दूध सहता है?"

बातें करते-करते वे खुद ही ठहाके मारकर हँसने लगते थे। एल्महर्स्ट को भी इन बातों में बड़ा मजा आता था। इससे उसका बांग्ला ज्ञान भी बढ़ता रहता था।

डोरोथी के रुपयों से एक ट्रक खरीदा गया, जिससे सुरूल में माल भेजा जाता था। वहाँ पर उसके अपने तथा कर्मचारियों के लिए आवास भी बन रहा था। कवि के बेटे रथी का भी उसे साथ मिल गया था। रथी ने भी अमरीका में कृषि विज्ञान की पढ़ाई की थी। इतने दिनों तक उसका विशेष उपयोग नहीं हो पाया था। उसके अलावा सन्तोष और कालीमोहन जैसे कुछ लोग थे जिन्हें इधर के गाँवों का प्रत्यक्ष अनुभव था। सभी मिलकर भविष्य की योजना पर काम करने लगे।

एल्महर्स्ट को बीच-बीच में वहाँ एक तरुणी नजर आती जो बाकी सबसे अलग लगती।

वह जैसे पैदल नहीं चलती थी, हवा में उड़ती थी। वाकई जब वह भागती हुई चलती थी तब उसकी साड़ी का आँचल पताका की तरह फहराता था। वह जब किसी पेड़ के नीचे खड़ी होती थी तो किसी चित्र की तरह लगती थी।

वह प्राय: कवि के कमरे में नजर आती थी, कभी वह पेड़ों के नीचे लगनेवाली किसी कक्षा में नजर आती, यहाँ तक कि कभी रसोईघर में भी दिख जाती थी। मैदान के बीच से आते-जाते समय कई बार एल्महर्स्ट का उससे सामना हुआ था मगर कोई बात नहीं हुई। इस देश की लड़कियों से बिना परिचित हुए बात करनी चाहिए कि नहीं, उसे पता नहीं था। मगर एक बार एकदम सामने नजर पड़ जाने पर एल्महर्स्ट ने आदतन कहा था, हैलो! उस लड़की ने जवाब न देकर सिर्फ बड़ी-बड़ी आँखों से देखा था। एल्महर्स्ट को बाद में महसूस हुआ था कि उसे उससे कहना चाहिए था—नमस्कार!

उस लड़की का चेहरा बहुत सुन्दर तो था ही उसके देह का गठन भी बहुत आकर्षक था। बीच-बीच में वह उत्तर भारतीयों की तरह सलवार-कुर्ता पहनती थी। उसके पैर यूरोपीय रमणियों के लिए भी ईर्ष्या योग्य थे। मगर सबसे ज्यादा आकर्षक उसकी दोनों आँखें थीं, जैसे उनमें हर समय विस्मय भरा रहता था, जैसे वह सपनों के देश की रहनेवाली थी, यहाँ की नहीं।

ठाकुर परिवार के जितने लोग वहाँ रहते थे उनके बारे में एल्महर्स्ट को पता था। वहाँ के अध्यापकों से उसका परिचय हो गया था, उनकी पत्नियों को

भी उसने देखा था। कवि के एकाधिक मित्रों ने भी वहाँ अलग मकान बनवा लिया था। वे बीच-बीच में वहाँ आकर रहते थे। मगर यह लड़की उनमें से किसी परिवार की नहीं थी।

एक दिन कवि से मिलने गए एल्महर्स्ट ने दरवाजे पर खड़े होकर देखा, किसी मजाक पर वह लड़की और कवि खूब हँस रहे थे। वह लड़की कवि के कन्धे से सटी खड़ी थी।

इस वक्त भीतर जाना उचित होगा या नहीं, इस दुविधा में वह वहीं खड़ा रहा। कवि ने उसे देखा तो बुला लिया। उस लड़की की नजर पहले उधर पड़ते ही उसने उसे भीतर आने के लिए आँखों से इशारा किया था। कवि ने गरदन घुमाकर कहा, "आओ लिओनार्ड!"

दोनों में काम की बातें शुरू हुईं।

प्रशिक्षण केन्द्र की रूपरेखा बन चुकी थी। अब बाकी काम लिओनार्ड और उसके सहकर्मी ही पूरा कर लेंगे। शान्तिनिकेतन के आठ छात्रों ने वहाँ जाकर प्रशिक्षण लेने का आग्रह किया था। लेकिन एल्महर्स्ट की एक शर्त थी, छात्रों को चौबीस घंटे वहीं रहना होगा, रात में शान्तिनिकेतन लौटना सम्भव नहीं होगा। कोई नौकर भी नहीं रख पाएगा। घर की सफाई से लेकर भोजन बनाने तक का सारा काम सभी को खुद ही करना होगा। क्या कवि की इन बातों में सहमति थी?

कवि बोले, "जरूर! रात में लौटने का तो कोई सवाल ही नहीं उठता था। जो भी नियम-कानून तय हो जाएँगे, अगर उसे कोई न माने तो दंड देने में संकोच मत करना। मगर यह मुझे पता नहीं कि इनमें से कितने अपने हाथों से भोजन बना पाएँगे, शायद शुरू-शुरू में सहायता की जरूरत होगी।"

एक छात्र के बारे में एल्महर्स्ट को थोड़ा सन्देह था। उसका नाम सुवीर था। वह कवि के मझले भाई सत्येन्द्रनाथ का पोता, सुरेन ठाकुर का बेटा था। उसकी दादी ज्ञानदानन्दिनी देवी बड़ी दबंग महिला थी, इसके बारे में एल्महर्स्ट को औरों से पता चला था। यह पोता उनका बड़ा दुलारा था। क्या वह भी औरों की तरह सुरूल में रात को रह पाएगा?

यह सवाल करते ही कवि बोले, "ठाकुर परिवार के लड़के औरों से भिन्न कहाँ हैं? मेरे बेटे रथी ने भी यहाँ के अन्य छात्रों के साथ रहकर ही लिखाई-पढ़ाई की है।"

वह लड़की खिड़की के पास खड़ी थी। उसकी मुद्रा से स्पष्ट था कि एल्महर्स्ट के बात खत्म करके चले जाने के बाद भी वह यहाँ रुकनेवाली थी।

कुछ देर बाद कवि को खयाल आया।

वे बोले, "अरे, तुम दोनों का औपचारिक परिचय तो करवाया ही नहीं। इस बालिका का नाम है..."

रानू आँखें तरेरकर बोली, "बालिका?"

कवि मुस्कुराकर बोले, "वाकई, यह जाने कब बड़ी हो गई है, याद ही नहीं पड़ता। यंग लेडी कहना चाहिए। इस यंग लेडी का नाम श्रीमती रानू अधिकारी है। और यह तरुण अंग्रेज लिओनार्ड एल्महर्स्ट है। रानू एसराज बजाती है और मेरे लिखने में विघ्न पहुँचाती है। और यह साहब बंगाल के गाँव को सुजला-सुफला करने आया है।"

रानू ने कहा, "इन्हें मैंने कई बार देखा है।"

एल्महर्स्ट ने हाथ मिलाने के लिए हाथ बढ़ाकर तुरन्त अपना हाथ पीछे खींचकर हाथ जोड़ते हुए कहा, "नमस्कार!"

रानू ने भी नमस्कार करके पूछा, "आपको बांग्ला आती है?"

एल्महर्स्ट ने कहा, "थोड़ी-थोड़ी।"

रानू बोली, "मुझे भी थोड़ी-थोड़ी अंग्रेजी आती है।"

कवि ने कहा, "एक सज्जन टोकरी भर आम दे गए हैं। लिओनार्ड तुम आम खाओ।"

तभी कमरे में एंड्रूज ने प्रवेश किया।

कवि बोले, "सर चार्ल्स तो इन्हें छूकर भी नहीं देखते।"

एंड्रूज को कवि बीच-बीच में मजाक में सर चार्ल्स कहते थे। उन्हें पेट की बीमारी थी। खाने-पीने के मामले में वे बेहद सावधान रहते थे।

उन्होंने दोनों हाथ हिलाए।

एल्महर्स्ट बोले, "आम तो बेहद उपयोगी और स्वास्थ्यकर फल होता है।"

रानू ने एल्महर्स्ट को एक पका आम दिया। एल्महर्स्ट की समझ में नहीं आ रहा था कि वह क्या करे! छुरी से बिना छिलका उतारे वह खाए कैसे?

रानू एक आम उठाकर बोली, "यह देखिए। सबसे पहले दोनों हाथों से इस आम को दबाकर ढीला करना होता है। इसके बाद..."

रानू ने उस प्रक्रिया को दिखलाते हुए अपने सफेद दाँतों से आम के निचले हिस्से को थोड़ा छील दिया। इसके बाद उसे चूसती हुई एल्महर्स्ट से आँख के इशारे से बोली, इस तरह कीजिए।

एल्महर्स्ट ने कवि की ओर देखकर कहा, "सीखने की कितनी बातें हैं।"

एंड्रूज हर समय बेहद व्यस्त दिखते थे। वे बोले, "गुरुदेव, आपसे एक जरूरी बात है।"

इसके बाद उन्होंने बाकी दोनों को इस दृष्टि से देखा जैसे उनके मौजूद रहते गोपनीय बात नहीं कही जा सकती।

रानू ने उनके पीछे से ऐसी मुखमुद्रा बनाई जिसे देखकर एल्महर्स्ट ने बड़ी मुश्किल से अपनी हँसी रोकी।

रानू ही पहले वहाँ से निकली।

एंड्रूज से बातें करते-करते कवि ने खिड़की से बाहर देखा, आम्रकुंज से होकर एल्महर्स्ट और रानू साथ-साथ बातें करते हुए जा रहे थे।

रानू को इन दिनों एक बात से बड़ी असुविधा हुआ करती थी।

सभी उसे देखते ही कहते, तुम कितनी सुन्दर हो, बड़ी सुन्दर हो! हमउम्र से लेकर बूढ़े तक यही कहते।

रानू की समझ में अपनी सुन्दरता की बात नहीं आती थी। उसकी नानी और भी सुन्दर थी। सभी तो अपनी तरह सुन्दर थे।

फिर सुन्दर होने से भी क्या? क्या इसे हर वक्त जताते रहने की जरूरत है? कोई-कोई पेड़, कितने ही फूल, तितलियाँ सभी तो सुन्दर हैं। फागुन की हवा सुन्दर होती है, नदी में बरसता पानी कितना सुन्दर लगता है। धरती पर फैली चाँदनी सुन्दर होती है। इस धरती पर न जाने कितना कुछ सुन्दर है, तो क्या लोग हर समय इन्हें देखकर सुन्दर-सुन्दर कहकर उछलते रहते हैं?

काशी की सड़क पर इन दिनों बीच-बीच में कोई लड़का उसके हाथ में एक चिट्ठी थमाकर भाग जाता था। उस चिट्ठी की पहली पंक्ति में जो बांग्ला या हिन्दी में होती थी कहीं लिखा रहता था—तुम कितनी सुन्दर हो! बाकी चिट्ठी रानू नहीं पढ़ती थी। फाड़कर फेंक देती थी।

शान्तिनिकेतन में भी काफी वयस्क व्यक्तियों की आवाज रानू को देखते ही बदल जाती थी। उसे देखकर वे जैसे गद्‌गद हो जाते थे। रानू को अच्छा नहीं लगता था।

उस दिन तपन दादा शाम को एक छातिम वृक्ष के नीचे खड़े थे। रानू को देखकर उन्होंने इशारे से उसे बुलाया। पहले वे कुछ नहीं बोले, रानू की ओर देखते रहे। छातिम का पेड़ फूलों से भरा हुआ था। उन फूलों की कुछ मसाले जैसी गन्ध होती है। उस गन्ध से नशा जैसा महसूस होता है।

रानू की अस्थिरता देखकर उन्होंने थोड़ी देर बाद पूछा, "कहाँ जा रही हो, रानू?"

यह बात कई तरह से कही जा सकती है। अलग-अलग तरह से कहे जाने से अर्थ बदल जाते हैं। पहले से जवाब जानने पर भी पता नहीं क्यों लोग इस तरह का सवाल करते हैं!

नजदीक ही कवि का नया कच्चा बना घर था। खिड़की में बत्ती जल रही थी। रानू ने अँगुली से उस तरफ इशारा किया।

तपन दादा बोले, "तुम कितनी सुन्दर हो गई हो। तुम्हें देखकर कालिदास की 'संचारिणी पल्लविनी लतेब' की बात याद आती है।"

रानू बोली, "यह सब मत कहिए तपन दादा।"

तपन दादा बोले, "क्यों क्यों क्यों? महान कवि के काव्य में जैसा लिखा हुआ है, अगर वह आँखों के सामने नजर आए तब विस्मय से चौंकना ही पड़ता है।"

"कालिदास ने क्या मुझे देखकर लिखा था?"

"कवियों की दूर दृष्टि होती है। उन्होंने कभी कल्पना में जिस रूप को देखा था वह तुममें जीवन्त हुआ है।"

"मैं अब जाऊँ?"

"कुछ देर और रुको न! रोज ही तुमसे एक बात कहने की सोचता हूँ।"

"कहिए न!"

"क्या उसे झट से कहा जाता है? यह तो काम की बात नहीं, मन की बात है। तुम इतनी सुन्दर हो रानू, तुम्हें देखते-देखते ही..."

"तो फिर अब मैं रुक नहीं पाऊँगी।"

यह कहकर रानू सीधे वहाँ से भागी।

उसे कहने का मन हुआ कि सुन्दर हुई हूँ तो अच्छा किया है, इससे आपको क्या?

एकमात्र उसके भानु दादा ही नहीं कहते थे तुम कितनी सुन्दर हो, तुम कितनी सुन्दर हो। भानु दादा तो उसके दोस्त थे। अपने दोस्त से कभी उसकी बड़ी घनिष्ठता हो जाती थी, कभी कुट्टी हो जाती थी। कभी अभिमानवश वह उनसे बोलती नहीं थी, फिर घंटे-भर में ही उनके गले में बाँहें डालकर बातें करने लगती थी। कभी हँसती थी, कभी रोती थी। रानू तो काशी जाते हुए हमेशा रोती थी, उस वक्त भानु दादा की आँखें भी छलछलाई होती थीं।

भानु दादा के कमरे में ज्यादा लोगों की भीड़ देखकर रानू को गुस्सा आता था। वह तो हर समय यहाँ नहीं रहती थी, छुट्टी होने पर आया करती थी। उन कुछ दिनों में वह भानु दादा का हर वक्त साथ चाहती थी।

हालाँकि वह जानती थी कि ऐसा सम्भव नहीं। लोग तो आएँगे ही। भानु दादा का इतना बड़ा व्यक्तित्व था, वे कितने प्रकार के कामों से जुड़े थे। इतना सारा काम करना उन्हें अच्छा भी लगता था, मगर उसी दौरान उससे मुक्त होने के लिए उनमें छटपटाहट भी बढ़ जाती थी। उन्हें घूमना अच्छा लगता था। पूरी दुनिया में घूमते रहते थे। कहीं से भी निमंत्रण मिलते ही वहाँ जाने के लिए तैयार हो जाते थे। मगर अपने कमरे का एकान्त कोना ही उन्हें सबसे ज्यादा प्रिय था।

लोगों के सामने भानु दादा कभी-कभी मजाक में कहते थे, "यह रानू जब तब आकर मेरे काम में विघ्न पैदा कर देती है, मेरा लिखना बन्द कर देती है।"

लेकिन अगर रानू एक वक्त भी उनसे मिलने न आए तो वे बेचैन होकर वनमाली को भेजकर उसे बुला भेजते थे। डाँटने के लहजे में पूछते थे, "इतनी देर कहाँ थी?"

इस बार फिर वे शीघ्र किसी दूर विदेश सफर पर निकलनेवाले थे।

कवि कुछ लिखने में मग्न होकर मेज पर झुके हुए थे। रानू आकर दरवाजे पर खड़ी होकर बोली, "भानु सिंह, तुम शायद अकेले हो। इसी से देखती हूँ कंगालों से भी तुम ज्यादा कंगाल हो। जो ले सकता है तुम्हारा सब कुछ, जैसे तुम ढूँढ़ रहे हो उसी को..."

कवि ने पीछे मुड़कर देखा। लिखने से मन हटाकर बोले, "आओ सखी, हमेशा के लिए चले जाएँ हम दोनों मिलकर इस दुनिया के पथ से होकर... इसके बाद क्या है भूल गया।"

रानू हँसते-हँसते दोहरी होकर बोली, "तुम्हें अपना भी लिखा याद नहीं रहता?"

कवि बोले, "किसी के लिए इतना याद रखना सम्भव है? न जाने कितनी मात्रा में पन्ने रँग डाले हैं। अपने ही नाटक का पार्ट भूल जाता हूँ। कितने गीतों की पंक्तियाँ मुझे याद नहीं आतीं।"

वे कुछ रुककर बोले, "रानू, तुमने जैसे ही नाटक का संवाद कहा, यह सुनते ही मुझे लगा, एक और नया नाटक मुझे लिखना होगा, जिसमें तुम अभिनय करोगी। बीच में 'मुक्तधारा' का मंचन हो गया, उसमें तो तुम उपलब्ध नहीं थी। वैसे उस नाटक में ठीक तुम्हारे लायक कोई भी भूमिका नहीं थी।

हाँ, 'फूलवाली' जरूर बन सकती थी, छोटी-सी भूमिका थी। नए नाटक की तुम्हीं प्रधान होगी। एक चरित्र भी ध्यान में आ गया है।"

रानू करीब आकर बोली, "कैसा चरित्र, जरा कहो न!"

कवि बोले, "दिमाग में कुछ और स्पष्ट हो जाए। पहले ही बता देने पर काफी हद तक आवेग खत्म हो जाता है।"

रानू ने कहा, "भानु दादा, तुम लिख रहे थे, लिखो। मैं क्या तुम्हारे पास चुपचाप बैठ सकती हूँ?"

कवि बोले, "तुम सिर्फ बैठी नहीं रहोगी, तुम मेरे साथ बातें करोगी। तुम्हारी बातें न सुनने पर मेरी कल्पना जागृत नहीं होती।"

रानू बोली, "अब तो मैं पहले जैसी छोटी नहीं रही। अब बीच-बीच में..."

कवि आतंकित होकर बोले, "खबरदार, खबरदार, तुम ज्यादा बड़ी मत हो जाना।"

रानू बोली, "सुनो भी, अब बीच-बीच में लगता है, जब-तब आकर मैं तुम्हारे लिखने में बाधा पहुँचाती हूँ, न जाने कितने लोग तुम्हारे लिखने का इन्तजार करते रहते हैं।"

कवि बोले, "मैं बहुत व्यस्त, कामकाजी आदमी हूँ। दूसरी तरफ मैं नि:संग, परम आलसी हूँ। मुझे इन दोनों रूपों में ही तुम्हें देखना होगा। रानू, जहाँ पर मैं सभी जनों का हूँ, वहाँ पर मैं सार्वजनिक काम करने के क्षेत्र में हूँ; वहाँ पर अगर तुम मुझे न पहचान सको, तो फिर मेरे करीब आकर भी वास्तव में मेरे करीब आना नहीं कहा जा सकता। दूसरी तरफ मैं एक बच्चे जैसा भी हूँ...तुम मेरी देखभाल करोगी, खिलाओगी, पिलाओगी, सजाओगी, वैसी भी मेरी उम्र है। इसीलिए शाम को मूढ़े पर बैठकर तुम जब मुझसे तरह-तरह की बातें करती हो, मुझे बहुत अच्छा लगता है—सांध्य आकाश का तारा ईश्वर की बहुत बड़ी सृष्टि है, लेकिन शाम को तुम्हारे मुँह से निकली बातें उससे कम बड़ी नहीं लगतीं—उस तारे की रोशनी जिस प्रकार करोड़ों योजन दूर से आती है, वैसे ही तुम्हारी हँसी, बातें सुनते हुए लगता है जैसे कितने जन्म-जन्मान्तर से उसकी धारा सुधा स्रोत की तरह बहकर मेरे हृदय में आकर जम रही है।"

रानू मोहाविष्ट होकर बोली, "भानु दादा, मैं यह सब ठीक से समझ नहीं पा रही हूँ।"

कवि बोले, "तुम्हें यह सब समझने की जरूरत नहीं। तुम तो तुम्हीं हो, ओ हे, वह तुम्हारा ऋण...।"

इसके बाद वे अचानक हँसकर बोले, "सुबह से तुम्हारे आँचल का आभास भी देखने को नहीं मिला। तभी तो मेरे बालों में कंघी का स्पर्श नहीं हुआ, क्या तुम इसे नहीं देख रही?"

रानू घबराकर बोली, "ओ माँ, सचमुच! अभी सँवार देती हूँ।" उसने दराज से कंघी निकालकर कवि की गोद में बैठकर उनके गले में अपनी बाँह डाल दी।

कवि बोले, "यह जगह बहुत ज्यादा शून्य थी, अब पूर्ण हुई। अब तुम अपनी बात कहो। सुबह कहाँ गई थी?"

"एल्महर्स्ट साहब के साथ सुरूल का काम-धाम देखने चली गई थी।"

"एल्महर्स्ट से क्या तुम्हारी खूब दोस्ती हो गई है?"

"हाँ, मैं उनसे अंग्रेजी सीख रही हूँ।"

"सिर्फ अंग्रेजी सीख रही हो? वह आदमी अच्छा नहीं लगता?"

"वह भी लगता है। वह बड़े मजाकिया हैं। सुरूल में जो 'इंस्टीट्यूट फॉर रूलर रिकंस्ट्रक्शन' बना है, उसका नाम अंग्रेजी में क्यों है? शान्तिनिकेतन की तरह कोई सुन्दर नाम क्यों नहीं रखा?"

"रखूँगा। सोच रहा हूँ। अभी उसी नाम से काम चले। तुम अपनी बात कहो।"

"हाँ, वहाँ एल्महर्स्ट साहब तो उसके विकास के लिए असुर की तरह खट रहे हैं। इसी बीच लड़कों के साथ फुटबाल भी खेलते हैं, क्रिकेट खेलते हैं, गाना गाते हैं। यह साहब तुम्हारे एंड्रूज साहब की तरह हमेशा मुँह नहीं बनाए रहते।"

"एंड्रूज को उम्र कम करने का मंत्र नहीं आता। एल्महर्स्ट की सबसे बड़ी सुविधा है कि उसे उम्र कम करने की कोशिश भी नहीं करनी पड़ती। वह तुम्हारे भानु दादा से भी तरुण है।"

"ओ हो, मेरे भानु दादा से भला किसी की तुलना हो सकती है। फिर, सुनो न सुरूल में कितनी सब मजे की घटनाएँ हुईं।"

"हाँ सुनाओ, तुम्हारे मुँह से ही वहाँ की रिपोर्ट सुनूँ।"

"तुम्हारी मझली भाभी के साथ एल्महर्स्ट की बहस हो गई। हाँ, उनका नाम याद नहीं आ रहा है।"

"ज्ञानदानन्दिनी देवी।"

"एल्महर्स्ट से तो उस नाम का उच्चारण ही करते नहीं बनता। कहता है, गैन्दानान्दिनी।"

“मगर मैंने तो एल्महर्स्ट को बहस करने से मना किया था। मेरी मझली बउठान की बात पर दुनिया के किसी और की बात नहीं चलती। उनसे बहस किस बात पर हुई?”

“उनका पोता सुवीर वहाँ हस्तकला सीख रहा है। एल्महर्स्ट ने नियम बनाया है कि वहाँ न कोई मेहतर रखा जाएगा, न नौकर। सभी लड़कों को खुद बाथरूम की सफाई करनी होगी। कमरे में झाड़ू लगाना होगा। अपने हाथ से सब काम सीखना होगा। रात में वहीं पर सभी के साथ सोना पड़ेगा।”

“यह तो पता है।”

“सुवीर ने शायद मजाक में अपनी दादी से कहा था कि एक दिन उसके हलुवे में मक्खी पड़ गई थी और वह दिन-भर धूप में सिर पर पटरे ढोता रहा था। यह सुनकर दादी को बड़ा गुस्सा आया।

वे सुरूल पहुँचकर खुद अपनी आँखों से देखकर एल्महर्स्ट से बोलीं, “मेरा पोता क्या यहाँ कुली और मेहतर का काम करेगा? तुम लोग समझते क्या हो? यह सुनकर एल्महर्स्ट ने जवाब दिया, सुवीर स्वावलम्बी होना सीख रहा है। यह उसके भविष्य में बहुत काम आएगा। सुवीर की दादी यह मानने को तैयार नहीं हुईं।”

कवि गम्भीर हो गए।

उन्हें पता था कि उनकी मझली भाभी को शान्तिनिकेतन का कुछ भी पसन्द नहीं था। उनकी राय में यह सब बेकार का काम था। मगर सुवीर को तो जबर्दस्ती भर्ती नहीं किया गया। सुरेन हर समय अपने रवि काका के हर काम में साथ देता है। उसी ने अपने बेटे को यहाँ भेजा था।

रानू बोली, “ज्ञानदानन्दिनी देवी जबर्दस्ती शाम को सुवीर को अपने साथ ले आईं। वह सुरूल में काम करने पर भी रात में शान्तिनिकेतन लौटकर सोएगा। उसकी देखा-देखी और भी दो-तीन लड़के शान्तिनिकेतन में अपने माता-पिता के पास चले आते हैं।”

कवि ने दूसरी तरफ मुँह फेरकर कहा, “जो छात्र, भले ही ठाकुर परिवार के हों या किसी और के, अनुशासन भंग करेंगे, उन्हें विदा कर दिया जाएगा।”

इसके बाद एक गहरी साँस लेकर बोले, “अब ये बातें छोड़ो। एल्महर्स्ट से तुम्हारी क्या बातें हुईं?”

रानू बोली, “मैं साहब से अंग्रेजी दुरुस्त कर ले रही हूँ। वे भी मुझसे थोड़ी-बहुत बांग्ला सीख रहे हैं। वे तुम्हारा गाना भी सीखना चाहते हैं। मुझसे बोले, सिखाओ। मैं भला गाना गा सकती हूँ? इसीलिए उन्हें एसराज बजाकर सुनाई। तुम्हारा ही गाना। वह गीत—उनके साथ मिलाओ, चराते जो तुम्हारी धेनु...”

कवि ने पूछा, "वहाँ बैठकर सुनाया?"

रानू बोली, "पैदल चलते हुए हम लोग खोवाई नदी के किनारे चले गए थे। वहाँ काफी एकान्त है।"

कवि बोले, "वाह! तो फिर एल्महर्स्ट से तुम्हारी खूब पटरी बैठ गई है कहो।"

रानू मजे से सिर हिलाकर बोली, "हाँ, ऐसा ही है। तुम अब अगर इसके बाद एंड्रूज साहब के साथ घंटों गम्भीर चर्चा करते रहोगे, मेरी ओर नहीं ध्यान दोगे तो फिर मैं एल्महर्स्ट के पास चली जाऊँगी।"

कवि छद्म आतंकित होकर बोले, "यह तो मेरे लिए बड़ी आफत की बात हो गई। एंड्रूज को संयत करना ही होगा। एल्महर्स्ट के साथ प्रतियोगिता हो तो भला मैं टिक पाऊँगा? अच्छा रानू, तुम मेरे साथ शिलांग पहाड़ चलोगी?"

रानू ने कहा, "शिलांग पहाड़? वह तो बहुत सुन्दर जगह है। पिताजी क्या मुझे जाने देंगे?"

कवि बोले, "मैं तुम्हारे पिताजी को पत्र लिखूँगा। वे लोग भी साथ चल सकते हैं। यहाँ से बड़ा दल जाएगा। कोई दिक्कत नहीं होगी।"

रानू जोर देकर बोली, "जाऊँगी, मैं जरूर जाऊँगी। मुझे साथ ले चलना ही होगा।"

"ये जो लम्बे-लम्बे पेड़ यहाँ बहुतायत में नजर आते हैं, मुझे पता है ये पाल्मीरा पाम हैं, बांग्ला में इन्हें क्या कहते हैं? ताल गाछ? ताल गाछ! ठीक है। और इन छोटे-छोटे बेंत के स्टूलों को? मूढ़ा? और इन फसल रखनेवाले स्टोरेज टावरों को? धान के गोले?"

एल्महर्स्ट गाँव-गाँव घूमकर सब कुछ जानना और समझना चाहता था। उसके साथ कभी सन्तोष मजुमदार या कालीमोहन घोष रहते थे। वह एक दिन अताबुद्दी नाम के एक खाते-पीते किसान के घर के आँगन में मूढ़े पर बैठा था। अताबुद्दी एक बढ़ता हुआ किसान था, उसके धान के तीन गोले थे। उसकी बीवी थोड़ी दूर बैठकर बाँस छीलकर एक टोकरा बना रही थी। वह बड़ी सफाई से बाँस छील रही थी। एक तरफ एक फूल के छप्पर के कमरे में ढेंकी से धान कूटा जा रहा था। एल्महर्स्ट बड़े गौर से उस प्रक्रिया को देख रहा था।

अताबुद्दी के खेत में बरसात के समय पहली फसल अच्छी होती थी। मगर दूसरी बार पानी की कमी और कीड़ों से परेशानी पैदा हो जाती थी।

उसका हल भी पुराने जमाने का था। साहब को देखकर वह चकित या अभिभूत नहीं हुआ क्योंकि वह तथा उधर के गाँव के अन्य लोग इसके पहले पियर्सन साहब को देख चुके थे। बेहद धैर्यवान, स्थिर, विनयी पियर्सन के प्रति सभी में श्रद्धा का भाव था।

गाँवों में रहनेवालों के बीच तरह-तरह के जातिभेद और वर्गभेद को एल्महर्स्ट समझता था। गाँवों में रहनेवाले ब्राह्मण जो कभी दूसरों की नजरों में अपने को काफी उच्च श्रेणी का प्राणी समझते थे, अब उनकी हालत काफी खराब थी। भुवनडाँगा में पहले सौ परिवार चट्टोपाध्याय, मुखोपाध्याय थे। अब सिमटकर तीस परिवार ही रह गए थे। अधिकतर महिलाएँ विधवा थीं। मुसलमान अपनी आजादी बनाए हुए थे, उनकी औरतें पर्दानशीन थीं। इसके अलावा सन्थाल जनजाति, डोम, मोची वगैरह थे। दरिद्रता और छुआछूत। सभी वर्गों के अलग-अलग दायरे थे मगर एक-दूसरे पर निर्भरशील भी थे।

उसने एक दिन मोचियों के गाँव में देखा, कुछ लोग भागे जा रहे थे। कारण क्या था? काबुलीवाले आ रहे थे। गरीब गाँववासी उनके कर्जदार थे। कर्जा चुकाने की उनकी क्षमता नहीं थी। काबुलीवाले उन्हें पकड़कर मारेंगे। उनके घरों में घुसकर जो भी बर्तन-भाँड़े मिलेंगे छीन लेंगे। काबुलीवाले भी दूर से आते हुए दिखे। तीन लम्बे-चौड़े व्यक्ति, ढीला-ढाला पतलून लम्बा कुर्ता, सिर पर बड़ी-सी पगड़ी, हाथों में काफी बड़ी लाठियाँ। उन्हें देखकर दुबले-पतले बंगालियों के डरने की बात ही थी।

काबुलीवाले एक गोरे साहब को देखकर ठिठक गए। कालीमोहन उन्हें बुला लाए। मोचियों के एक घर के दालान में मूढ़े पर बैठकर उनसे पूछताछ की जाने लगी। काबुलीवाले सलाम करके जमीन पर उकड़ूँ बैठ गए। भगोड़े गाँववाले भी लौट आए। औरतों के चेहरे पर हँसी थी। उन्हें लग रहा था कि साहब उन्हें विपत्ति से बचा लेंगे।

मोचियों ने बड़े भोलेपन से अपनी गलती मान ली। उन्होंने अपने घरों से लाकर कुछ सस्ती किस्म के मगर चमकदार, रंगीन कपड़े दिखलाए। पिछले साल काबुलीवालों ने आकर कहा था कि इन्हें कोई भी खरीद सकता है, अभी पैसे देने की जरूरत नहीं है, अगले साल देने से काम चलेगा। मोचियों में किसी के पास पैसा नहीं था। मगर पैसे न देने के बावजूद अगर ऐसी लुभावनी चीजें मिल जाएँ तब तो लोभ सँभालना मुश्किल होता है। अगले साल की बात अगले साल देखी जाएगी। मगर इस बीच वे कुछ इन्तजाम नहीं कर पाए। अब जब काबुलीवाले आए तो उन्होंने जिस चीज का दाम चार रुपए बताया

था, सूद समेत अब उसका वे बारह रुपए माँग रहे थे। अब उन्हें रुपए न देने पर मार तो खाना ही पड़ता।

काबुलीवालों के भी अपने तर्क थे। दूर उत्तर-पश्चिम सीमान्त प्रदेश से वे व्यापार करने आते थे। वे अपना पैसा लगाते थे, मेहनत करते थे। उसके बदले क्या वे मुनाफा नहीं चाहेंगे? वे चीजों के दाम काफी ज्यादा बढ़ा देते थे। क्योंकि इन सब गाँवों के कुछ लोग ऐसे धड़ीबाज थे जो काबुलीवालों को दूर से आता हुआ देखकर वन-जंगल में जाकर छिप जाते थे। उनके घर के सामानों की कीमत कानी कौड़ी भी नहीं थी। लिहाजा गाँव में जो भी पकड़ में आ जाता था उन्हीं से अपनी लगाई रकम और सूद वसूल लेना उनकी लाचारी थी।

एल्महर्स्ट समझ गया यहाँ मध्यस्थता करने से भी समस्या का पूरी तरह से समाधान उसके वश में नहीं। काबुलीवाले आज लौट जाने पर भी फिर आएँगे। उसने कालीमोहन से कहा, "दरअसल इन गाँवों में स्कूल खोलने की जरूरत है। ये मोची चमड़े का काम जानते हैं। इन्हें आधुनिक उन्नत तरीके से टैनिंग का काम सिखाने पर ये लोग अपना सामान ज्यादा मुनाफे पर बेच सकेंगे। तभी इनकी हालत सुधरेगी।"

इसी तरह किसी अन्य गाँव में किसानों की दी गई लाई और खीरा खाते-खाते एल्महर्स्ट आलू की खेती में कीड़े लगने और उससे बचाव के उपायों पर चर्चा करता। इन सभी चीजों के लिए शिक्षा जरूरी थी। परम्परागत तरीके से हटकर आज के समय के अनुरूप बनना पड़ेगा। हर जगह किसानों को यही समझाने की जरूरत थी।

एल्महर्स्ट गाँव के लोगों, यहाँ तक कि अनेक शिक्षित भद्र श्रेणी के व्यक्तियों में यों भी स्वास्थ्य सम्बन्धी जानकारियों का अभाव देखकर ज्यादा चकित हुआ। लगभग सभी लोग सारे साल किसी-न-किसी रोग से आक्रान्त रहते थे। पैखाना नाम की तो कोई चीज ही नहीं थी। गाँव के लोग, छात्र, अध्यापक भी प्रतिदिन सुबह एक लोटा पानी लेकर खेतों में चले जाते थे। बाकी लोग खुले में ही बैठ जाते थे। उनके मलों पर जो मक्खियाँ बैठती थीं वे ही उड़कर उनकी रसोई में भी पहुँचती थीं। पेट की तकलीफ नहीं होगी?

इसीलिए सुरूल के प्रशिक्षण केन्द्र में एल्महर्स्ट ने सबसे पहले मल परिष्करण प्रकल्प पर बल दिया। खाई खोदकर वहाँ पर मल दबा देना होगा। यह काम छात्रों को खुद ही करना पड़ेगा। इस बात पर उसे तीव्र प्रतिरोध का सामना करना पड़ा। भला उच्च वर्ग के छात्र और ब्राह्मण मल छुएँगे? एल्महर्स्ट

ने अकेले ही यह काम शुरू किया। एक खाँटी अंग्रेज भला ब्राह्मण से कम होता है? कुछ दिनों के बाद एक ब्राह्मण छात्र द्वारा सहयोग करने पर औरों ने भी इसे मान लिया।

गाँव के लोगों से विचारों का आदान-प्रदान तब भी सहना था मगर पढ़े-लिखे भद्र वर्ग के बीच अविश्वास की एक दूरी रह ही जाती थी। एक अंग्रेज होने के बावजूद वह गाँवों में रहकर इस तरह खट क्यों रहा था, यह काफी लोगों के लिए हैरानी की बात थी। एंड्रूज और पियर्सन के बारे में किसी को कोई सन्देह नहीं था, वे दोनों ही ब्रिटिश सरकार के विरोधी थे, वे लोग पुलिस से सताए भी गए थे, वे अंग्रेज होते हुए भी भारत की आजादी चाहनेवालों के समर्थक थे।

एल्महर्स्ट राजनीतिक विषय में अपनी राय देना नहीं चाहता था। वह कहता, मैं किसान हूँ, इसी काम में व्यस्त रहना चाहता हूँ। हालाँकि उसे सब जानकारियाँ रहती थीं, उनकी दृढ़ धारणा थी कि जल्दी ही ब्रिटिश सरकार भारत में चरणबद्ध रूप से स्वायत्त शासन और पूर्ण स्वाधीनता देने के लिए विवश होगी। ब्रिटिश पार्लियामेंट में उस तरह की बहस चल रही थी। ज्यादा-से-ज्यादा पाँच-दस साल लगेंगे। यही इतिहास का चक्र था। इस बीच भारतीय जनता अगर आन्दोलन के माध्यम से उस स्वाधीनता को त्वरान्वित करना चाहे तो यह भी स्वाभाविक था।

मगर गांधीजी ने एक साल के अन्दर स्वराज लाने का जो आश्वासन दिया था, उसे कवि की तरह एल्महर्स्ट भी काल्पनिक समझता था। गांधीजी ने कहा था कि यह असहयोग आन्दोलन अहिंसक होगा। लेकिन साल खत्म होने को आ रहा था, इस बीच विभिन्न जगहों से हिंसा की खबरें आने लगी थीं।

स्वाधीनता पाने से पहले भारतीयों को शिक्षा और तकनीकी विषयों में अग्रसर होना पड़ेगा। कवि की इस सोच से एल्महर्स्ट सहमत थे। कवि को करीब से जितना देख रहा था उतनी ही उसकी श्रद्धा बढ़ रही थी। कवि सिर्फ भावलोक में नहीं रहते थे, वे देश की जनता के सुख-दुख के साझेदार भी बनना चाहते थे। दूसरों की देखादेखी अब वह भी कवि के पैर छूकर प्रणाम करने लगा था और उन्हें गुरुदेव कहने लगा था।

डोरोथी को वह नियमित चिट्ठी लिखता था, यहाँ की सारी जानकारी देता था। प्रणाम और गुरुदेव सम्बोधन पर डोरोथी को बेहद एतराज था। भारतीयों के इस चरणस्पर्श वाले प्रणाम करने के तौर-तरीके के मर्म को समझना पाश्चात्य

लोगों के लिए सचमुच कठिन है। ईसाई लोग ईसा मसीह की मूर्ति के पैर छूते हैं, वे किसी जीवित व्यक्ति के चरणस्पर्श की बात सोच ही नहीं सकते। बंगाल का यह कवि क्या खुद को अवतार समझता है? गुरुदेव शब्द का अर्थ समझने पर भी भ्रम की स्थिति बनी रहती थी। किस चीज के गुरुदेव? ये कवि हैं या धर्म प्रचारक?

हालाँकि कुछ दिन बाद डोरोथी के पत्रों की मानसिकता बदल गई। एल्महर्स्ट तो निर्बोध संस्कारी व्यक्ति नहीं था, वह जान-बूझकर जो कुछ कर रहा था, जरूर उसके पीछे कोई तर्क रहा होगा।

सुरूल के छात्रों को लेकर अचानक एक गोलमाल शुरू हुआ।

शान्तिनिकेतन से जो कुछ छात्र सुरूल में प्रशिक्षण के लिए आए थे, उनमें से एक का नाम सत्येन बोस था। वह ठीक शान्तिनिकेतन का छात्र नहीं था। उसका एंड्रूज ने दाखिला करवाया था। वह दरअसल एक राजनीतिक कार्यकर्ता था। वह यूँ तो काफी गुणी था, मगर उसे लगता था कि गांधीजी के आदर्शानुसार फिलहाल यह सब शिक्षा वगैरह बन्द करके असहयोग आन्दोलन को जोरदार करना ही प्रधान उद्देश्य होना चाहिए। गांधीजी सरकार से किसी भी तरह की सहयोगिता तथा आदान-प्रदान के विरोधी थे। लेकिन एल्महर्स्ट सरकार के कृषि विभाग से सहायता लेने के विरुद्ध नहीं था। सुरूल की खस्ताहाल सड़कों की मरम्मत के लिए जिला बोर्ड से अनुरोध करने में हर्ज ही क्या था? आम जनता जो कर और लगान देती थी, उन्हीं के जरिए तो यह सब काम सम्पन्न होता था।

प्रशिक्षण केन्द्र का काम सुचारु रूप से चल रहा था, उधर सत्येन चोरी-छिपे राजनीतिक प्रचार चलाए जा रहा था। वह छात्रों में असन्तोष भड़काना चाहता था। अब हर प्रकार की शिक्षा व्यवस्था को ध्वस्त कर पाने पर ही राजनीतिक आन्दोलन में अपेक्षाकृत तेजी आएगी।

दादी के आदेश पर सुवीर ने जब शाम होने के बाद सुरूल से शान्तिनिकेतन जाना शुरू किया तब सत्येन और भी कई छात्रों को भड़काने लगा कि तुम लोग भी अपने को मच्छरों से कटवाने के लिए यहाँ क्यों पड़े रहोगे। शान्तिनिकेतन जाकर आराम से सोओ।

छात्रों को कई बार चेतावनी देने के बाद एल्महर्स्ट समझ गया कि ज्ञानदानन्दिनी चाहती है कि उनके पोते को यहाँ से निष्कासित कर दिया जाए। इससे वे सुवीर को लेकर कोलकाता जा सकेंगी। तब उन्हें यह कोई कह भी नहीं सकेगा कि वे उसे जबर्दस्ती यहाँ से ले गई हैं। ठीक है, ऐसा ही हो।

अभी से कठोर दंड का उदाहरण स्थापित न करने पर आगे चलकर अनुशासन बनाए रखना कठिन हो जाएगा।

एक दिन सुबह एल्महर्स्ट ने सुवीर और एक अन्य छात्र से कहा, "तुम लोग अपना सामान बाँध लो। कल सुबह ट्रेन में तुम्हें चढ़ा दिया जाएगा। अब यहाँ तुम लोगों की जरूरत नहीं रही।"

शाम को सभी छात्रों एवं शिक्षक-कर्मचारियों को बुलाकर एल्महर्स्ट ने सारा मामला समझाकर कहा, "यहाँ पर अनुशासनहीनता बर्दाश्त नहीं की जाएगी। इसीलिए ये छात्र बहिष्कृत किए जा रहे हैं।"

यह सुनते ही सत्येन भी उछलकर बोला, "तब तो मैं भी यहाँ रहना नहीं चाहता। मैं भी चला जाऊँगा।"

और भी दो छात्रों ने हाथ उठाकर कहा, "हम भी जाना चाहते हैं।"

भावहीन चेहरे से उनकी ओर देखते हुए एल्महर्स्ट ने पूछा, "और कोई? हाथ उठाओ।"

और किसी को हाथ न उठाते देखकर एल्महर्स्ट ने कहा, "सुबह सात बजे गाड़ी तैयार रहेगी। तुम्हें स्टेशन पहुँचा देगी।"

सत्येन ने उठकर चीखते हुए कहा, "आपने सोचा क्या है। आप जो कहेंगे वही होगा? हम लोग अंग्रेजों का हुक्म बर्दाश्त करेंगे? कल यहाँ हड़ताल होगी। हड़ताल, हड़ताल! मैं सभी को सूचना दे रहा हूँ।"

एल्महर्स्ट ने कोई टिप्पणी नहीं की।

लेकिन अगले दिन सुबह हड़ताल में किसी ने भाग नहीं लिया।

आलू नाम का ड्राइवर ठीक सात बजे ट्रक लेकर हाजिर हो गया। एल्महर्स्ट और कालीमोहन भी कपड़े पहनकर तैयार खड़े थे।

सुरूल के प्रतिष्ठान का इस बीच नामकरण हो गया था—श्रीनिकेतन। वहाँ के दस छात्रों में से चार को ट्रक में चढ़ा दिया गया। सत्येन को भी।

सत्येन ने तय किया था कि गाड़ी जब शान्तिनिकेतन से होकर गुजरेगी तब वह उसमें से कूदकर उतर जाएगा और चिल्लाकर लोगों की भीड़ जुटा लेगा। वहाँ भी छात्रों-अध्यापकों में से काफी लोग असहयोग आन्दोलन के समर्थक थे। सभी मिलकर रास्ता जाम कर देंगे।

लेकिन गाड़ी शान्तिनिकेतन की ओर से न जाकर एक दूसरे गड्ढोंवाले रास्ते से बोलपुर स्टेशन पहुँच गई। सत्येन की मनोकामना पूरी नहीं हुई। मगर स्टेशन पर उतरकर वे लोग शोर मचाने लगे। वे सभी ट्रेन में सवार होने के लिए तैयार नहीं थे।

उनके शोरगुल की परवाह न करके एल्महर्स्ट ने सुवीर से कहा, "तुम्हारे पिताजी को तार भेज दिया गया है। वे हावड़ा स्टेशन पर इन्तजार करेंगे। तुम गाड़ी में बैठ जाओ।"

सुबह के वक्त स्टेशन पर काफी लोग इकट्ठे थे। वे लोग भीड़ करके मजा देखने लगे।

सत्येन किसी स्थानीय वक्ता की तरह उनके सामने भाषण देने लगा।

"सभी भाइयो, आप लोग आगे बढ़िए। गांधीजी के महान आदर्श से प्रेरित होकर हम सभी मिलकर स्वराज हासिल करने जा रहे हैं। हम लोग साहबों का कोई भी हुक्म नहीं मानेंगे। यह साहब जबर्दस्ती हम लोगों को..."

जनता खामोश थी। गांधीजी का आवाहन अभी तक उनमें से काफी लोगों के मर्म तक नहीं पहुँच पाया था। इस साहब को वे लोग अक्सर देखते रहते थे। उसने किसी पर कभी अत्याचार किया हो ऐसा सुनने में नहीं आया। रवि ठाकुर के आश्रम में बीच-बीच में अन्य साहब भी आते हैं। वे सब पुलिस साहबों जैसे नहीं होते।

सत्येन किसी भी तरीके से सुवीर को वहाँ रखना चाहता था।

एल्महर्स्ट ने सख्ती से सुवीर का हाथ पकड़ रखा था। सत्येन के उकसावे पर भी कोई उसे छुड़ाने के लिए आगे नहीं बढ़ा। सुवीर सिर झुकाए खड़ा हुआ था।

एल्महर्स्ट ने ट्रेन के डिब्बे में सुवीर को चढ़ा दिया। ट्रेन न चलने तक वह कालीमोहन के साथ दरवाजे के पास खड़ा रहा। सत्येन की हुल्लड़बाजी और शिकायतों का कोई जवाब नहीं दिया गया।

एल्महर्स्ट इत्मीनान से सिगरेट पीता रहा जैसे उसके कानों में सत्येन की कोई बात ही न जा रही हो।

इसके बाद उसने गाड़ी से शान्तिनिकेतन आकर कवि को सब कुछ बयान कर दिया। श्रीनिकेतन के कर्ता-धर्ता के रूप में यह उसका अपना फैसला था। कवि ने उसे यह अधिकार दिया था।

कवि उस वक्त सिर्फ कवि नहीं रहे। वे शान्तिनिकेतन विद्यालय और विश्वभारती के संस्थापक हो गए। अपना खून पानी करनेवाले परिश्रम तथा अपने उपार्जन से तथा संगृहीत धन खत्म करके तिल-तिलकर इस संस्थान को उन्होंने गढ़ा था। वे किसी तरह से भी इसे क्षति नहीं पहुँचा सकते थे।

उत्तेजित होकर उन्होंने तभी एंड्रूज को बुला भेजा।

उन्हें कठोरता से कहा, "यह सब तुम्हारी अविवेचना का कुफल है। तुम्हीं ने सत्येन को प्रश्रय दिया है। वे लोग बोलपुर से चलकर इधर ही आ

रहे हैं। मैं अब बिलकुल नहीं चाहता कि वे शान्तिनिकेतन में आएँ। यहाँ आते ही हंगामा शुरू होगा। उनको बीच रास्ते में ही रोको। जैसे भी हो उन्हें अगली ट्रेन से कोलकाता रवाना कर दो। उनके अभिभावकों को सूचना दे दो कि क्यों हमें ऐसा निर्णय लेना पड़ा।"

एल्महर्स्ट से एंड्रूज का दृष्टि विनिमय हुआ। एल्महर्स्ट के ओंठों पर मन्द मुस्कान थी।

इस घटना के बाद श्रीनिकेतन में शिक्षार्थियों की संख्या बढ़ने लगी। काम भी व्यवस्थित रूप से चलने लगा।

एल्महर्स्ट से ठीक से पटरी न बैठने पर भी पियर्सन से एल्महर्स्ट का सौहार्द सम्बन्ध था। पियर्सन ने एक गाय पाली थी। एल्महर्स्ट के आने पर वे उसे ताजा शुद्ध दूध पिलाते थे। सिलवाँ लेवी नामक एक फ्रांसीसी विद्वान सपत्नीक वहाँ रहते थे। उनके कुटीर में धावा बोलने पर मादाम लेवी द्वारा बनाया सुबह का नाश्ता उपलब्ध हो जाता था। उनके संग्रह में तरह-तरह के सॉसेज और चीज थे। एल्महर्स्ट को हर प्रकार का देसी खाना चखने के बाद बीच-बीच में यूरोपीय भोजन का स्वाद लेने की इच्छा करती थी। शान्तिनिकेतन के हर घर का द्वार उसके लिए खुला था।

एल्महर्स्ट को धूम्रपान का नशा था। मगर यहाँ वह सिगरेट या सिगार नहीं पीता था। उसने हुक्का पीना सीख लिया था। इसकी दीक्षा उन्हें दीपू बाबू ने दी थी। हुक्का पीना सीखना पड़ता है। अभ्यास न रहने पर पहले-पहले मुँह में पानी चला आता है। इसके लिए विशेष दम लगता है।

एल्महर्स्ट को एक मामले में आश्चर्य होता था। ठाकुर परिवार के प्रायः सभी को तरह-तरह के नशे की आदत थी। एकमात्र कवि ही न सुरापान करते थे, न धूम्रपान। यहाँ तक कि पान भी नहीं खाते थे।

हुक्का-फर्शी के प्रयोग को कलात्मक रूप जोड़ासाँको के अन्य तीन ठाकुरों ने दिया था।

एल्महर्स्ट को काम के सिलसिले में बीच-बीच में कोलकाता जाना पड़ता था। कवि का निर्देश था कि वे रहें या न रहें, एल्महर्स्ट उनके जोड़ासाँको के घर में रहेगा। चितपुर से गली से होकर सामने के प्रांगण में पैर रखते ही एकदम बगल के बरांडे की ओर दृष्टि चली जाती थी। उसे देखते ही कोई न कोई उस बरांडे से उसे इशारे में बुला लेता था।

दक्षिण दिशा का यह चौड़ा बरांडा बहुत खूबसूरत था। वह जैसे सुरुचिपूर्ण ढंग से सज्जित था वैसा ही इसका आनन्दमय परिवेश था। गगनेन्द्र, अवनीन्द्र

और समरेन्द्र ये तीनों भाई वहाँ बैठकर चित्र बनाते थे। दूसरों से बातें और हँसी-मजाक करते थे। ऐसे एक जैसे प्रसन्नमना और परिहासप्रिय तीन भाइयों को एल्महर्स्ट ने अन्य कहीं नहीं देखा था।

वे लोग शान्तिनिकेतन ज्यादा नहीं जाते थे। उनका ऐसा आलसी स्वभाव था, लगता था कि वे घर से कभी बाहर नहीं निकलते थे। लेकिन एल्महर्स्ट को देखते ही वे उसकी खोज-खबर लेते। प्रबल प्रतापान्विता ज्ञानदानन्दिनी के साथ एल्महर्स्ट के संघर्ष की खबर भी उन तक पहुँची थी। वे उसका विस्तृत विवरण सुनना चाहते थे। सत्येन ठाकुर के पोते को शान्तिनिकेतन से भगाकर छोड़ा, इस साहब का जिद भी कम नहीं है।

उस बरांडे के एक ओर विभिन्न आकार तथा प्रकार के हुक्के और फर्शी सजे रहते थे। एल्महर्स्ट के हाथ में भी एक नैचा थमा दिया गया। उस घर में तम्बाकू भी विशेष प्रकार से तैयार किया जाता था। ऐसी सुगन्धित तम्बाकू अन्यत्र नहीं मिलती थी।

बातों के दौरान अचानक सिर झुकाकर कोई गोपनीय बात कहने की भंगिमा में फुसफुसाकर गगनेन्द्र ठाकुर ने पूछा, "हाँ जी साहब, रवि काका को क्या हुआ जरा कहो तो?"

एल्महर्स्ट की समझ में बात नहीं आई।

अवनीन्द्र मुस्कुराकर बोले, "अचानक जैसे रवि काका का नवयौवन आ गया है। काफी दिनों से कविताएँ ही नहीं लिख रहे थे। अब इन दिनों प्रेम कविताओं की बाढ़ आ गई है। इसके पीछे प्रेरणा देनेवाली कौन है?"

समरेन्द्र बोले, "प्रेरणा के बिना क्या प्रेम कविताएँ सम्भव हैं?"

इस बार एल्महर्स्ट ने समझकर भी न समझने की मुद्रा बनाई।

गगनेन्द्र बोले, "जरा बताओ न, तुम जरूर जानते हो। उसके नाम का पहला अक्षर क्या है?"

एल्महर्स्ट के चेहरे पर मुस्कान छा गई, मगर उसने कुछ नहीं कहा।

गगनेन्द्र बोले, "अवन, उस दिन तुम किसी कविता की पंक्तियाँ सुना रहे थे।"

अवनीन्द्र कहने लगे—

याद है सखि बार-बार तुमने भुलवा दिए मेरे सारे काम
कंगन झंकार से खुल गया मेरा बन्द द्वार
संकेत तुम्हारे तैर, हवा में मेरी खिड़की पर मँडराते

कभी आम के नए बौर के वेश में
कभी नव मेघ भार में
चकित चंचल चितवन ने मुझे लुब्ध किया बार-बार।

गगनेन्द्र और समरेन्द्र दोनों ने एक साथ कहा, "अपूर्व, अपूर्व!"

अवनीन्द्र बोले, "ऐसा शब्द झंकार, दो-एक बार पढ़ते ही याद हो जाता है। रवि काका ने काफी दिनों से इतनी बढ़िया कविता नहीं लिखी थी। एल्महर्स्ट, तुम्हारे साथ उस लड़की की खूब अन्तरंगता है, यह भी हमें पता है।"

गगनेन्द्र बोले, "देखो साहब, तुम उस ब्राह्मण कन्या को अपहरण करके मत ले जाना। तब फिर बांग्ला साहित्य का बड़ा नुकसान होगा। हम लोग चाहते हैं, रवि काका और भी अच्छी कविताएँ लिखें।"

इस बार एल्महर्स्ट जोर से हँस पड़ा।

रानू के साथ कवि का नाम जुड़कर थोड़ी कानाफूसी शान्तिनिकेतन में भी एल्महर्स्ट के कानों में आई थी। लेकिन उसे ठीक स्कैंडल मंगारिंग नहीं कहा जा सकता। जैसे सकौतुक प्रश्रय का भाव उसमें शामिल था। सबसे ज्यादा प्रश्रय कवि के पुत्र और पुत्रवधू की ओर से था। रानू जब कवि के कमरे में जाकर काफी देर तक बातें करती थी, तब रथी और प्रतिमा यथासम्भव किसी और को वहाँ जाने नहीं देते थे। बंगालियों की ऐसी साहित्य प्रीति थी कि कवि नए उत्साह से फिर से कविता लिख रहे थे, यही बड़ी बात थी, इसमें नैतिकता का कोई सवाल ही नहीं उठता था। इंग्लैंड होता तो इतने दिनों में अखबारों में रसीली कहानियाँ छप गई होतीं।

पूर्व और पश्चिम के लोगों की सोच में कहाँ फर्क होता है, इसे एल्महर्स्ट अब बखूबी महसूस कर रहा था।

कवि उसे कभी-कभी अपने व्यक्तिगत जीवन की बातें भी बताते।

कैशोर्य-यौवन में अपनी एक भाभी से कवि का विशेष अनुराग था। ज्योति दादा की पत्नी कादम्बरी देवी कवि की प्रायः हमउम्र थीं। ज्योति दादा विभिन्न कामों में बड़े व्यस्त रहते थे। घर से अक्सर बाहर रहा करते थे। तब कवि का अपनी उस भाभी के साथ ज्यादा समय बीतता। उससे वे बातें करते, गाना गाते। वह रमणी कवि की अनेक रचनाओं की प्रेरणादायी थी। फिर कभी-कभी शाम के समय किसी बागानबाड़ी में भाई-भाभी के साथ तरुण कवि साहित्य चर्चा और गीत-संगीत में डूब जाते। उन्नीसवीं सदी के बड़े-बड़े परम्परागत संयुक्त परिवार में ऐसा सम्पर्क अस्वाभाविक नहीं था। यूरोप में भी ऐसा होता था।

कवि की शादी के कुछ ही दिन बाद उस तरुणी भाभी ने आत्महत्या कर ली। उनकी आत्महत्या का कारण क्या था, हालाँकि इसे कवि ने कभी खुलकर एल्महर्स्ट को नहीं बताया। कवि की पत्नी भी ज्यादा दिनों तक जीवित नहीं रही। इसके बाद लम्बे समय से कवि अपने लेखन और काम में डूबे हुए थे। नारी संग वंचित जीवन क्या किसी कवि, कलाकार, किसी भी रचनाकार के लिए स्वाभाविक होता है? काफी लोगों का कहना था कि बीच में कवि के काव्यरस की धारा लगभग सूख चली थी, इतने दिनों बाद रानू नामक इस लड़की के सम्पर्क में आकर उनके सृजन में नया ज्वार आया था। इस लड़की का रूप और सरलता अतुलनीय थी। पढ़ती-लिखती भी थी, साहित्यिक रुचि भी थी, इसके साथ बातें करने में भी आनन्द आता था।

रानू एल्महर्स्ट को बहुत पसन्द करती थी। उसके एल्महर्स्ट से ज्यादा देर तक बातें करने पर अथवा कहीं घूमने की इच्छा प्रकट करने पर कवि रानू को तुरन्त अपने पास बुला लेते थे। क्या कवि को ईर्ष्या होती थी? यह बात सोचते ही एल्महर्स्ट को कौतुक महसूस होता था। वैसे भी ईर्ष्या नामक वस्तु प्रेम के आसपास ही मँडराती रहती है।

कवि साठ पार कर चुके थे लेकिन अभी भी वे तन्दुरुस्त थे। सिर पर घने बाल, चाल में युवकोचित चुस्ती। गले में ओज भी था। कवि ने खुद ही एक दिन कहा था, इस देश में काफी लोगों का विचार है कि औरतें माँ बनते ही प्रौढ़ा हो जाती हैं और पुरुष चालीस पार करते ही बूढ़े। कम उम्र में ही लोग पिता-ताऊ को बूढ़ों में शुमार कर लेते हैं। लेकिन खुद साठ का हो जाने पर भी देख रहा हूँ, मुझ पर बुढ़ापे का असर तो अभी भी नहीं हुआ है। न मन में, न शरीर में।

देह में यौवन का बने रहना कल्पनाशक्ति के लिए जरूरी है। साठ के बाद भी वर्षों तक व्यक्ति की यौन क्षमता बनी रह सकती है। इस देश में हालाँकि यौन शब्द अनुच्चार्य है। यूरोप में प्रेम होने पर दैहिक सम्बन्ध तो हो ही जाता है, भले ही उम्र में कितना भी फर्क हो। इस देश में बचपन से संयम की शिक्षा दी जाती है। संयम से अनेक लोग गौरव महसूस करते हैं। यूरोप में सिर्फ संन्यासियों के अलावा गृहस्थ लोग संयम में विश्वास नहीं करते। इस देश में शारीरिक सम्पर्क के अलावा भी गहरा प्रेम सम्बन्ध हो सकता है। हालाँकि यूरोप में भी कभी ऐसा था। क्रवादूरों के गीतों में क्या इसका परिचय नहीं मिलता? त्रिस्तान के साथ इसल्ड का क्या कभी शारीरिक मिलन हुआ था? प्राच्य में जैसे वही धारा अभी तक बह रही है। एल्महर्स्ट से कइयों ने

कहा था, गुरुदेव की कविता में, गीतों में देह की चर्चा नहीं है, भाव का मिलन ही प्रधान है।

यही सब सोचते-सोचते बगल के मकान में जाकर सीढ़ियों से दोमंजिले पर चढ़ते वक्त एल्महर्स्ट ने देखा, ऊपर से एक रंगीन आँधी का झोंका बिखेरते हुए रानू तेजी से नीचे उतर रही थी।

रानू इस वक्त यहाँ? इसीलिए उधर के बरांडे में इतना कौतूहल था। रानू एल्महर्स्ट से बोलीं, "तुम ऊपर जाओ, मैं थोड़ी देर में आ रही हूँ।"

एल्महर्स्ट ने पूछा, "तुम पूजा की छुट्टी में आई नहीं। गर्मियों की छुट्टी में शान्तिनिकेतन आ रही हो न?"

रानू बोली, "नहीं, हम लोग तो कल ही शिलांग पहाड़ जा रहे हैं। तुमसे अब काफी दिनों तक भेंट नहीं होगी।"

एल्महर्स्ट ने कहा, "तुम मिलना नहीं चाहती?"

रानू बोली, "वाह रे, क्या मैं एक साथ दोनों जगह रह सकती हूँ?"

एल्महर्स्ट ने शरारत से कहा, "समझ गया, मेरे साथ जिससे तुम्हारी भेंट न हो, इसीलिए कवि तुम्हें यहाँ से दूर लिये जा रहे हैं।"

रानू बोली, "वाह, कितने समझदार हो! तुमने खाक समझा है।"

इस बार भी कवि ने आदमी भेजकर रानू को काशी से बुलाया था। उसके साथ उसके घर का कोई और नहीं था।

रथी और प्रतिमा तो जाते ही, बेटी मीरा को भी कवि ने साथ ले लिया। उनका दामाद मीरा से दुर्व्यवहार कर रहा था। अपने किसी भी दामाद से कवि को जीवन में शान्ति नहीं मिली।

रथी और प्रतिमा इतने दिनों तक निःसन्तान रहने के कारण उन्होंने एक गुजराती बच्ची को गोद ले लिया था। उसका नाम रखा था, पुपे। मीरा की बेटी बूड़ी भी साथ थी तथा एक मैनेजर भी था। इसीलिए गौहाटी में दो गाड़ियाँ किराए पर ली गईं।

कवि की गाड़ी में रानू की जगह हरदम कवि के बगल में होती थी।

समतल छोड़कर पर्वतीय मार्ग के दोनों ओर की शोभा बहुत मनोरम थी। भल्लूक वर्णी मेघ छोटे-छोटे पर्वत शिखरों पर क्रीड़ा कर रहे थे। कभी धूप, कभी छाँह में स्थित पेड़ों की हरियाली विभिन्न प्रकार की थी। पहाड़ों में रहनेवाले लोगों की वेशभूषा विभिन्न रंगों की होती है, बंगालियों की तरह

रंगविहीन नहीं होती। गोरे सुन्दर चेहरेवाले किशोर-किशोरियाँ मधु-भरी कलसी लेकर ब्रिक्री की आशा में सड़क के किनारे खड़े थे।

रानू अचानक बोली—

वह देखो गिरि शिखर पर
घिर आए हैं मेघ सत्वर
और करो मत देर...

कवि बोले, "तुम्हें ये पंक्तियाँ याद आ गईं? मुझे जो याद आ रही हैं उनके साथ यहाँ की प्रकृति से कोई तालमेल नहीं है। काम से छुट्टी मिली है, लोगों की भीड़भाड़ से निकलना हो पाया है इसीलिए अचानक एक पुरानी कविता याद आ गई है। तुमने इसे पढ़ा है?

कर्म जब देवता बनकर जाता है बैठे पूजा वेदी पर
मन्दिर में रहता चतुर्दिक घेरे
अभ्रभेदी पाषाण प्राचीर
जीवन जब सूख जाता है उसी में धीरे-धीरे
मिलता नहीं प्रकाश, मिलता नहीं वातास,
मिलता नहीं खुलापन, मिलता नहीं कोई रस,
केवल धन, केवल मिलता है उसे यश...

इसके बाद मुझे याद नहीं पड़ रहा है। आगे की पंक्तियाँ हैं,

संगोपन में वहन करता है कर्म रथ पर
समारोह में जा रहा था निष्फलता के मरुपथ पर
मुझ पर लदा था तीन-चार सभाओं का उन्माद
दैनिकों-साप्ताहिकों में करना पड़ता था नकल सिंहनाद..."

रानू खिलखिलाकर हँसते हुए बोली, "तुम खुद पर भी खूब व्यंग्य करते हो भानु दादा! नकल सिंहनाद। इसके बाद क्या?"

कवि बोले—

मीटिंग में होता था मैं वक्ता
रिपोर्ट लिखना पड़ता था तख्ता तख्ता...

रानू हँसी से दोहरी होकर कवि के कन्धे पर लुढ़क गई।

कवि बोले, "इस वक्त दिमाग में एक नई रचना बाहर आने के लिए आतुर है। यहाँ न कोई मीटिंग है, न कोई काम। लोगों की भीड़ भी नहीं। यहाँ सिर्फ लिखूँगा और गाना गाऊँगा।"

रानू बोली, "और?"

कवि बोले, "और हाँ, श्रीमती रानू देवी से बातें करूँगा। खूब बातें।"

मगर ऐसा हो नहीं पाया। ख्यातिलब्ध व्यक्तियों के लिए एकान्त बहुत दुर्लभ होता है। कवि शिलांग आए थे, यह खबर प्रचारित होने पर क्या लोगों की भीड़ उन्हें देखने नहीं आएगी? सभा समिति नहीं होगी?

रथी ने बड़ी सख्ती से नियम बना दिया था—सुबह, दोपहर और शाम के बाद कवि से किसी भी दर्शनार्थी को मिलने नहीं दिया जाएगा। शाम के सिर्फ दो घंटे ही उनके लिए निर्धारित थे।

रात्रिभोज का निमंत्रण स्वीकार नहीं किया जाएगा, बस चाय-पान के लिए कहीं-कहीं जाया जा सकता था।

उस आवास में कमरे काफी बड़े-बड़े थे लेकिन उनकी संख्या ज्यादा नहीं थी। कई चौड़े बरामदे थे। दोमंजिले का सबसे बड़ा कमरा कवि के लिए सजाया गया था, बगल में बैठकखाना था। रानू तथा अपनी बेटी के साथ मीरा किनारेवाले कमरे में थीं। दूसरे किनारेवाले कमरे में रथी और प्रतिमा। दोनों बच्चे बरामदे में भागदौड़ न करें इसलिए उन्हें हरदम आया सँभालती थी। पहली मंजिल पर सरकार बाबू और रसोइया-नौकर वगैरह रहते थे।

कवि के कमरे के एक तरफ चौड़ा पलंग था, दूसरी तरफ खिड़की के पास लिखने की मेज। बाहर एक बरांडा था, जहाँ खड़े होने पर बगीचा नजर आता था। उस मकान के चारों तरफ बगीचा था जो चीड़ के पेड़ों से घिरा था। उन पेड़ों के ऊपर से थोड़ा-बहुत पहाड़ का दृश्य नजर आता था। बगीचा फूलों से भरा हुआ था।

रानू बगीचे में घूमती-फिरती थी। वह बाकी समय कवि के कमरे में बिताती थी। कवि जब अपने लिखने में व्यस्त होते थे, बात नहीं करते थे, तब रानू पलंग पर लेटी रहती थी। कवि के कहीं बाहर जाने पर भी उसे उसी कमरे में रहना अच्छा लगता था।

रथी और प्रतिमा इस स्थिति के अभ्यस्त हो चुके थे। मगर मीरा की नजरों में यह खटकता था।

एक दिन दोपहर को कवि बगल के मकान में गए थे। वहाँ पर मयूरभंज की महारानी सुचारु देवी रहती थीं। केशव सेन की इस कन्या से कवि पूर्व परिचित थे। रानू नहीं गई थी। वह कवि के पलंग पर लेटी हुई थी।

मीरा दरवाजे पर खड़ी होकर बोली, "अरे रानू, यह क्या कर रही है?"

मीरा के कंठ में भर्त्सना थी, लेकिन रानू की समझ में नहीं आया उसने क्या दोष किया था।

मीरा बोली, "अब तू बड़ी हो रही है, इसका तुझे खयाल नहीं रहता?"

बड़ी होना क्या दोष है या यह बात हरदम उसे ध्यान में रखनी चाहिए?

वह उठकर बैठ गई। उसने सरलता से पूछा, "क्या हुआ है मीरा बुआ?"

मीरा इस बार बुरी तरह खीजकर बोली, "पुरुषों के बिस्तर पर इस तरह से लेटा जाता है?"

पुरुष? कवि पुरुष हैं? इस दुनिया के सारे लोग एक तरफ और कवि दूसरी तरफ। वे तो भानु दादा हैं। कभी-कभी भानु दादा के इस पलंग पर लेटे रहने पर रानू भी उनकी बगल में लेटकर उनसे न जाने कितनी बातें करती रहती है।

मीरा बोली, "बाबा मोशाय (पिताजी) लिखते समय किसी की उपस्थिति पसन्द नहीं करते। वहाँ से झटपट उठकर चली आ।"

बड़ों की बातों की अवहेलना रानू ने नहीं सीखी थी। वह उठकर दूसरे कमरे में चली गई। वहाँ उदास होकर बैठ गई। उसे रोना आ रहा था। मीरा बुआ यह देखकर और नाराज न हो जाएँ इसलिए उसने एक किताब उठाकर अपना चेहरा छिपा लिया।

कुछ देर बाद सीढ़ियों पर पैरों की आहट से पता चला कवि आ रहे हैं। और भी कुछ देर बाद कवि के उदात्त गले की आवाज सुनाई पड़ी, "रानू! रानू कहाँ गई?"

वह आवाज सुनकर रानू ने मीरा की ओर देखा।

मीरा ने अपलक कुछ क्षणों तक उसे देखने के बाद कहा, "जा..."

रानू को देखकर कवि ने पूछा, "कहाँ थी?"

किसी की शिकायत नहीं करनी चाहिए, इसलिए रानू बोली, "यहीं, यहीं पर।"

कवि बोले, "इस रचना में मेरा मन ऐसा रम गया है कि लौटते ही लिखने बैठ गया। अचानक मुझे खयाल आया, यह कमरा बड़ा सूना लग रहा है, यहाँ कुछ अनुपस्थित है, गन्ध भी अन्य प्रकार की है..."

कवि की कुर्सी के पीछे आकर उनका गला जकड़कर रानू ने पूछा, "तुम अब क्या लिख रहे हो भानु दादा?"

कवि कलम रखकर रानू की ओर मुँह करके बोले, "काफी, काफी दिन पहले, जब तुम्हारा यह भानु दादा भानु सिंह था, तब कुछ लिखते वक्त कभी-कभी नई बउठान मेरे पीछे खड़ी होकर ठीक इसी तरह पूछा करती थी। क्या लिख रहे हो तुम? वे दिन क्या लौट आए? रानू, इस रचना के लिए तुम्हारा मेरे पास रहना बहुत जरूरी है। बीच-बीच में तुम्हें देखता हूँ और न जाने क्या-क्या याद पड़ जाता है। यह एक नाटक है।"

रानू बोली, "नाटक? वही जिसे लिखने के लिए कहा था? क्या नाम रखा है?"

कवि बोले, "यक्षपुरी, बाद में शायद नाम बदला भी जा सकता है।"

रानू ने कहा, "मुझे जो पार्ट दोगे उसे जरा बड़ा करके लिखना।"

कवि भरपूर मुस्कुराते हुए बोले, "तुम्हीं तो इस नाटक की जान हो। तुम हीरोइन हो। तुम्हें लेकर ही लिख रहा हूँ।"

रानू भौंहें सिकोड़कर बोली, "मुझे लेकर? क्या जीवित लोगों को लेकर लिखा जाता है?"

कवि बोले, "रचना के पात्र भी जैसे जीवित हो जाते हैं, वैसे ही जीवित लोग भी रचना में सर्वकालीन हो जाते हैं।"

रानू बोली, "मुझे जरा पढ़कर सुनाओगे?"

कवि ने कहा, "सुनाऊँगा। कुछ और पन्ने लिख लूँ। मैंने उसमें तुम्हारा नाम रखा है नन्दिनी। क्यों, पसन्द है?"

रानू गर्दन टेढ़ी करके बोली, "हाँ, यह नाम सुन्दर है। वह क्या किसी राजा की नन्दिनी है?"

कवि बोले, "नहीं, वह आसमान की है। वह प्रकाश की है। वह मुक्त वायु की है। इस पृथ्वी पर जो कुछ सुन्दर है, वह सब कुछ की नन्दिनी है।"

रानू ने कहा, "एक दिन तुम्हारी यह रचना सारी दुनिया के लोग पढ़ेंगे। मगर सबके पहले मैंने इसे आपको लिखते हुए देखा है। मुझे कितना अच्छा लग रहा है कह नहीं सकती।"

कवि बोले, "अपने इस अच्छे लगने से मेरा स्पर्श कराओ।"

शाम होने पर दिनेश सेन के घर के बच्चे आकर रानू को बैडमिंटन खेलने के लिए ले जाते थे।

बगीचे से तरह-तरह के फूल तोड़कर रानू उन्हें लाकर कवि को दिखाती थी। रानू काफी फूलों का नाम नहीं जानती थी। कवि सभी फूलों को पहचानते थे। जीवन में कितने ही फूलों पर उन्होंने गीत और कविताएँ लिखी थीं।

उस दिन शाम को रानू के हाथों में पीले रंग के एक प्रकार के फूल देखकर वे बोले, "बताओ, इसका क्या नाम है! डैफोडिल। इस फूल को लेकर एक विख्यात अंग्रेजी कविता लिखी गई है, पता है?"

रानू सिर्फ बांग्ला ही नहीं, अंग्रेजी कविता भी पढ़ती थी। वह बोली, "यही डैफोडिल है? मुझे पता है, वड्र्सवर्थ ने लिखी है—

I wondered lonely as cloud
That floats on high over valleys and hills
When all at once I saw a crowd
A host of golden daffodils..."

सुनते-सुनते कवि के अन्दर का अध्यापक जाग उठा। वे शान्तिनिकेतन के छात्रों को अंग्रेजी कविता पढ़ाते थे।

वे बोले, "कविता की विशेषता क्या है बताओ तो? वड्र्सवर्थ जिन्हें प्रकृति का कवि कहा जाता है, वे प्रकृति वर्णन में नवीनता लाए, प्रकृति में उन्होंने खुद को प्रतिष्ठित किया—I wondered lonely as a cloud... अर्थात् निर्वैयक्तिक रूप से अवलोकन नहीं, कवि प्रकृति के मध्य खड़े हैं। अन्तिम पंक्तियाँ और भी चकित करनेवाली हैं। ये पहले कवि हैं जिन्होंने स्पष्ट भाषा में कहा, प्रकृति के बीच रहने से ही प्रकृति को पूरी तरह से हृदयंगम नहीं किया जा सकता। उसे कल्पना की आँख से देखना पड़ता है। अन्त की पंक्तियाँ ठीक से याद नहीं पड़ रही हैं, वही कवि जब एक कुर्सी पर बैठे थे, कुछ दिन बाद की बात है..."

रानू ने कहा, "मुझे याद है—

For oft, when on my couch I lie
In vacant or in pensive mood,
They flash upon that inward eye
Which is the bliss of solitude
And then my heart with pleasure fills
And dances with the daffodils..."

कवि बोले, "वाह, खूब कंठस्थ किया है। यह जो कवि ने कहा है—Inward eye भीतर की आँख, इसी आँख से ही वास्तविक रूप नजर आता है।"

रानू ने कहा, "भानु दादा, तुम जब शान्तिनिकेतन में पढ़ाते हो, उस वक्त मैं ज्यादा देर तक तुम्हारी कक्षा में बैठी नहीं रह पाती। दूसरों के साथ बैठना मुझे अच्छा नहीं लगता। लेकिन अब समझ रही हूँ मैंने कितनी गलती की है। तुम कितना आसान करके समझा देते हो, मैं अब तक कितना कुछ सीख लेती।"

कवि बोले, "तुम्हें अकेले पढ़ाना भी मुझे अच्छा लगेगा। धैर्य धरो, जरा इस नाटक को खत्म कर लूँ।"

अगले दिन रानू एक और प्रकार का फूल ले आई।

कवि एकदम चौंककर बोले, "यह क्या, यह तो रक्तकरवी है।"

रानू ने कहा, "हाँ, किसी ने बताया। काफी खिले हैं। इस फूल पर कोई कविता नहीं है?"

कवि बोले, "अंग्रेजी में है कि नहीं, पता नहीं। बांग्ला की रचनाओं में ढूँढ़ने पर शायद मिल भी जाए।"

रानू बोली, "सोच रही हूँ, इन फूलों से एक माला बनाऊँ।"

कवि बोले, "हाँ, माला गूँथकर रख दो। जिस-तिस को मत देना, रंजन को देना होगा।"

रानू ने समझ न पाकर पूछा, "रंजन? रंजन कौन है?"

कवि बोले, "वह आएगा, उसकी प्रतीक्षा करनी पड़ती है।"

कुछ दिनों के बाद आधी रात को भी रानू को नींद नहीं आई।

किसी-किसी रात को ऐसा होता था, नींद जैसे कहीं भाग जाती थी।

बगल के पलंग पर मीरा काफी देर पहले अपनी बेटी को लेकर सो गई थी। रानू की दोनों आँखें खुली हुई थीं।

उस कमरे में एक काफी बड़ी दीवार घड़ी थी। उसके पेंडुलम की टिक-टिक जैसे बहुत आवाज कर रही थी।

घड़ी की आवाज बड़ी विचित्र थी। दिन के अधिकांश समय यहाँ तक कि रात को भी उसकी आवाज जैसे सुनाई ही नहीं पड़ती थी। फिर नींद न आने पर लगता कि सब कुछ पर उसी की आवाज हावी हो गई है।

काफी देर तक बिस्तर पर करवटें बदलने के बाद रानू खड़ी हो गई। वह सामने के बारजे पर जाकर खड़ी हो गई। उसके बदन पर ढीली-ढाली रात्रिकालीन पोशाक थी।

शाम के बाद मूसलाधार बारिश हुई थी। अब आसमान में बादल नहीं थे। पूरा बगीचा चाँदनी से धुला हुआ लग रहा था। कहीं कोई शब्द नहीं था। यह जैसे आदिम पृथ्वी का रूप था। चीड़ के वृक्ष इतिहास के प्रहरी की भाँति

खड़े थे। बगीचे के फूल अब अलग से पहचान में नहीं आ रहे थे। बस, एक मिली-जुली सुगन्ध आ रही थी।

रानू ने देखा, कवि के कमरे की बत्ती अभी भी जल रही थी।

रात काफी हो चुकी थी। दो-तीन तो बजे ही होंगे। कवि क्या अभी तक लिखे जा रहे थे? ऐसा करने पर भला शरीर पर असर नहीं होगा?

रानू दबे पैरों से कवि के कमरे के दरवाजे पर चली आई। दरवाजा भिड़ा हुआ था। थोड़ा ठेलते ही खुल गया।

कमरे के दो तरफ दो बत्तियाँ जल रही थीं। लिखने की मेज पर सिर टिकाए कवि सो गए थे। फाउंटेनपेन हाथ से छूटकर नीचे गिर पड़ा था।

रानू निःशब्द आकर कलम को उठाकर बहुत धीरे से बोली, "भानु दादा?"

तीन बार पुकारने के बाद कवि चौंककर गरदन उठाकर बोले, "कौन? ओह रानू, आओ।"

रानू बोली, "रात काफी हो गई है। तुम सो गए थे। इस तरह सोने से तो गरदन में दर्द हो जाएगा। तुम बिस्तर पर जाकर लेट जाओ। उठो।"

कवि बोले, "ठीक उस तरह से नहीं सोया था। आधा सोते आधा जागते में था। यह हालत भी बड़े मजे की होती है। काफी कुछ देखने और सुनने को मिलता है। मुझे अपने नाटक के अनेक अलिखित संवाद पात्रों के मुँह से सुनने को मिल रहे थे।"

रानू बोली, "जो भी हो, अब तुम सो जाओ।"

कवि बोले, "होगा, होगा। सोना तो कहीं भाग नहीं रहा है। तुम थोड़ा खामोश बैठो। एक गाना सुनोगी?" कवि के चेहरे पर जरा भी थकान नहीं थी।

रानू के सहमत होते ही वे गाने लगे—

तुम्हें गीत सुनाऊँगा, तभी तो रखती हो जगाए
ओ हे नींद भगानेवाली।
दिल धड़काते हुए तभी तो पुकारती हो
ओ हे दुख जगानेवाली।
आया अँधेरा फिर
लौटे नीड़ों में पक्षी
तट पर नावें आईं
सिर्फ मेरे जी को शान्ति नहीं मिलती
ओ हे दुख जगानेवाली।

कवि के थोड़ा रुकते ही रानू बोली, "दुख जगानेवाली? सुनने में कैसा लग रहा है। दुख को भला कोई जगाता है?"

कवि बोले, "वैसा दुख तो मिला नहीं। विश्वविधाता तुम्हें वैसा दुख न दे तो अच्छा...मगर ऐसे भी दुख हैं जिनसे मनुष्य पवित्र होता है। नन्दिनी ने भी विशू पागल से पूछा था, तुम मुझे दुख जगानेवाली कह रहे हो?"

रानू ने पूछा, "विशू पागल कौन है?"

कवि बोले, "बाद में बताऊँगा। आगे का सुनो। तुम जब बगीचे में खेल रही थी, मैं बारजे पर खड़ा देख रहा था, तभी इस गीत का खयाल आया—

मेरे काम के
बीच-बीच में
रुदन-हँसी का डोला तुमने रुकने नहीं दिया है।
मुझे छूकर
प्राण सुधा से भरकर
तुम परे हट जाती हो
खड़ी रहती हो
तुम मेरी व्यथा की आड़ में
ओ हे दुख जगानेवाली।

गीत खत्म हो जाने के बाद दोनों ही स्तब्ध थे। पल-प्रतिपल बीतने लगे।

इसके बाद रानू बोली, "भानु दादा। फिर भी मैं दुख जगानेवाली बात का मर्म समझ नहीं पा रही हूँ। मैं तुम्हारी तुलना में कितनी सामान्य हूँ।"

कवि बोले, "नहीं रानू, तुम सामान्य नहीं हो। शायद तुम जानती नहीं, तुम कितना माधुर्य मुझे देती हो।"

रानू बोली, "भला मैं कितना देती हूँ। मैं तो पाती हूँ। सात राजाओं के ऐश्वर्य से भी ज्यादा। क्या मैं समझती नहीं, तुम कितने बड़े हो, कितने व्यस्त हो, कितने काम के व्यक्ति हो। फिर भी तुम मेरा कितना बचपना सहते रहते हो।"

कवि ने रानू का हाथ पकड़कर कहा, "तुम तो तुम्हीं हो ओ जी, वह तुम्हारा ऋण। और कोई नहीं समझेगा। तुम्हारा प्रेम मेरे लिए विश्व के सर्वश्रेष्ठ पुरस्कार से भी ज्यादा है।"

रानू के अन्दर जो मोहाविष्टता का भाव आया था, उसे मिटाकर वह फिर से उत्साहित होकर बोली, "अहा हा, इसके बाद चीन, जापान या कामस्टका से निमंत्रण मिलते ही तुम फिर से गायब हो जाओगे। न जाने कितने दिनों के लिए।"

कवि बोले, "यह बात ठीक है। फिर भी तुम रहोगी। तुम रहोगी नीरव में, मेरे हृदय में। रानू तुमने मेरी नई बउठान की स्मृति फिर से ताजी कर दी है। मैं एक बार फिर उस उम्र के उत्साह में रँग गया हूँ।"

रानू बोली, "भानु दादा, तुम मेरी तुलना किसी और से मत किया करो। मैं रानू हूँ। तुम्हारी नई बउठान को मैं नहीं जानती।"

कवि बोले, "बात उचित है। तुलना करना ठीक नहीं। तब ये बातें रहने दो। आओ, तुम्हें एक नाटक के कुछ अंश पढ़कर सुनाऊँ। यहाँ से नन्दिनी कह रही है, विशू पागल, तुम मुझे दुख जगानेवाली कह रहे हो?

विशू पागल : तुम मेरे समुद्र के अगम पार की शायद दूती हो..."

रानू को अब उसके पित्रालय के दायरे में रख पाना सम्भव नहीं रह गया था। हालाँकि उसकी बड़ी बहनों की अभी शादी नहीं हुई थी, लेकिन रानू की शादी की अनिवार्यता महसूस होने लगी थी। वह प्राय: अरक्षणीया हो उठी थी।

'विसर्जन' नाटक में अभिनय के बाद से ही इस पर काफी लड़कों के माता-पिता की दृष्टि पड़ रही थी। लड़के खुद भी उसके प्रति आकर्षण जाहिर करते थे।

अब रानू का अकेले आना-जाना निरापद तो रह ही नहीं गया था, किसी के साथ निकलने पर भी मधुलोभी चींटों की तरह अति उत्साहित युवक उसे घेर लेते थे।

कवि को भी अब यह उपद्रव सहना पड़ता था।

वे प्राय: रानू को साथ लेकर कोई नाटक देखने या सभा समिति में जाते थे तब वहाँ कोई-कोई उनसे बात करने के लिए आकर फिर हटता ही नहीं था। उनकी आधी नजर कवि पर रहती थी और डेढ़ नजर रानू पर।

किसी सभास्थल या रंगालय में रानू को देखते ही लोग दबी जुबान से पूछने लगते, कौन है यह लड़की? कौन है यह विद्युत्वर्णी? कौन है यह सुकेशिनी? मृदुभाषिणी?

रानू के माता-पिता ने कवि को चिट्ठी में लिखा था कि वे रानू के लिए लड़का ढूँढ़ रहे हैं। मगर कवि अगर खुद कोई उपयुक्त पात्र का चुनाव करें तो उनके लिए इससे अच्छी बात और क्या होगी।

रानू की कॉलेज की पढ़ाई अभी खत्म नहीं हुई थी, इसी बीच वह दूसरे के घर चली जाएगी? वैसे भी कवि के आपत्ति करने का कोई सवाल नहीं

पैदा होता था क्योंकि उन्होंने अपनी तीनों लड़कियों की शादी रानू से भी काफी कम उम्र में कर दी थी।

रानू को वे किस तर्क से अपनी संगिनी बनाकर रखेंगे?

एक बार उन्होंने एक चिट्ठी में रानू से अपने भीतर के हाहाकार की बात खुलकर कह दी थी। उन्होंने लिखा था—

> ...तुम्हारे जीवन में, रानू, अगर मेरे अन्तर के सदर दरवाजे को ढूँढ़ पाती, तो फिर खुले आसमान का स्वाद पाकर शायद तुम्हें खुशी होती। तुम्हारे अन्दर के दरवाजे के अधिकार का दावा मैं तो कर नहीं सकता, यहाँ तक कि वहाँ की सचमुच की चाबी तुम्हारे हाथ में भी नहीं है, जिसके हाथ में है वह खुद आकर प्रवेश करेगा, उसे कोई बाधा नहीं दे सकता। मैं जो दे सकता हूँ उसे अगर तुम माँग सकती, तब बड़ा दरवाजा खुला था। किसी भी लड़की ने आज तक उस तरह सचमुच नहीं चाहा—अगर चाहती तो मैं खुद धन्य महसूस करता। क्योंकि लड़कियों का चाहना पुरुषों के लिए एक बड़ी शक्ति होती है। उस चाहने के वेग से ही पुरुष अपनी गूढ़ सम्पदा का आविष्कार करता है। शंकर जब तपस्या मग्न रहते हैं, तब उनकी पूर्णता आवृत्त रहती है। उमा की प्रार्थना तपस्या के रूप में उन्हें आघात करके जब जगा देती है, तभी वे सुन्दर होकर, पूर्ण होकर, चिर नवीन होकर निकल आते हैं। उमा की ऐसी तपस्या के बिना वे खुद इस रूप को प्रदर्शित नहीं कर सकते। न जाने कब से उत्सुक होकर मेरी यह इच्छा रही है, कोई लड़की मुझे, सम्पूर्ण रूप से मेरे मैं की प्रार्थना करे, मेरे खंडित मैं की नहीं। आज भी वैसा नहीं हुआ—इसीलिए मेरा सम्पूर्ण उद्बोधन नहीं हुआ। पता नहीं मेरी उमा किस देश में कहाँ पर है। शायद अगले जन्म में उस तपस्विनी से मेरी भेंट हो।

रानू ने इस पत्र को बार-बार पढ़ा था। वह व्याकुलता से रोई थी लेकिन कोई जवाब नहीं दे पाई थी। वह प्यार करना जानती थी, कवि से उसने प्यार किया था, लेकिन प्यार के बदले क्या चाहा जाता है, इसे नहीं जानती थी। कवि तो इस जगह सिर्फ कवि नहीं थे। खुद को पुरुष कह रहे थे, एक नारी से आवेदन कर रहे थे, रानू ने कभी इस तरह नहीं सोचा था। उतना बड़ा एक

व्यक्ति, उसे समग्र रूप से चाहने का साहस उसमें कैसे होता? खंडित व्यक्ति ही भानु दादा थे, उस अंश को ही उसने अपना बनाकर चाहा था।

शिलांग पहाड़ में जाने के कुछ दिन पहले कवि एक बार और काशी गए थे। उसी बार उन्होंने रानू के यहाँ पहली बार रात्रिवास किया था। तभी से शादी की बातचीत शुरू हुई थी।

कवि ने बड़े कष्ट से स्वीकार कर लिया था कि रानू को किसी अन्य पुरुष के हाथों में सौंपना ही पड़ेगा। तो क्या उनका रानू से चिर विच्छेद हो जाएगा? उनकी आशंका थी कि रानू के पिता शायद जल्दबाजी में ऐसे किसी लड़के से उसका रिश्ता कर देंगे जो रानू को दूर प्रवास में ले जाएगा। शादी हो पर रानू नजदीक ही रहे। एक ऐसा अच्छे खानदान का पढ़ा-लिखा, सुरुचि सम्पन्न लड़का ढूँढ़ना होगा, जो रानू से प्यार करे, उसे मर्यादा दे, साथ ही कवि के प्रति भी श्रद्धा रखे, जो उनके साथ रानू का सम्पर्क बनाए रखने में बाधक न हो।

यह भार उन्हें ही लेना पड़ेगा। यह काम उनके लिए काफी जिम्मेदारी भरा था। लेकिन इस पर पूरा ध्यान केन्द्रित करने का उन्हें वक्त ही नहीं मिलता था। कर्तव्य का बोझ उनके कन्धों पर हमेशा लदा रहता था। इस बीच मझले भैया सत्येन्द्रनाथ दिवंगत हो गए। देश के राजनीतिक हालात उथल-पुथल भरे थे। नजरूल इस्लाम नाम के एक कम उम्र लड़के ने मात्र कुछ सालों में ही बांग्ला कविता में आँधी ला दी थी। इस तेज-तर्रार तरुण को कवि बहुत पसन्द करते थे। पत्रिका में छपी उसकी एक उत्तेजक रचना को राजद्रोह की संज्ञा देकर पुलिस ने उसे जेल में बन्द कर दिया था। नजरूल ने विरोध में भूख हड़ताल कर दिया था। किसी की बात ही नहीं सुन रहा था। इस तरह उसकी मृत्यु होने पर बांग्ला साहित्य का निःसन्देह बहुत नुकसान होगा। उसे अपना अनशन भंग करने के लिए टेलीग्राम भेजना पड़ा। कवि के सद्यःप्रकाशित 'वसन्त' नामक गीतिनाट्य को नजरूल के नाम से उत्सर्ग करके उसकी एक प्रति उन्होंने जेल में भिजवा दी। 'वसन्त' नाटक को मंचित करने की व्यवस्था की जा रही थी। लेकिन कवि के मन में हर समय एक ही चिन्ता लगी रहती थी कि रानू के पिता कहीं किसी लड़केवाले से उसकी शादी की हामी न भर दें।

वाराणसी के किसी भी निमंत्रण को वे अस्वीकार नहीं करते थे। सभा समिति तो रहती ही थी, ऐसे मौके पर उन्होंने फणिभूषण और सरयू को बार-बार समझाया कि भले ही कुछ देर हो जाए, उनसे बिना कहे उनकी सहमति न लेकर रानू का विवाह तय करना बिलकुल उचित नहीं होगा।

खासकर उन्होंने सरयू को एक दिन अलग से बुलाकर कहा, "सुनो, जो रानू के योग्य होगा, वह ऐसा हो जो रानू को गलत न समझे। उसमें जो दुर्दमता है, उसे लेकर असहिष्णु न हो। मुश्किल यही है, यह तो पता ही है, रानू के जीवन में जाने कैसे मैं एक जगह दखल करके बैठा हूँ, लिहाजा उसकी जहाँ भी गति हो, मुझे पूर्णतः अलग करके नहीं चलेगा। उससे पूरा मामला ही जटिल हो जाएगा। अगर साथ छुड़ाना सम्भव होता तो सब कुछ आसान हो जाता। मगर वह वेदना पाने में जैसी असाधारण पटु है, इस बात से उसे रुलाने का मेरा मन नहीं करता। उसे सम्पूर्ण सान्त्वना देने का पथ मेरे हाथ में नहीं है—मगर मेरे अन्तर का स्नेह पाने के पक्ष में उसके भविष्य में कोई व्याघात न हो, इस सम्भावना की ही मैं कामना कर सकता हूँ।"

सरयू कवि के चरणों के पास बैठ गईं। कवि के प्रति उनमें ऐसी श्रद्धा थी कि कवि की सम्मति के बिना रानू के विवाह की बात वे सोच ही नहीं सकती थीं।

वाराणसी से कवि के लखनऊ जाने की बात थी। नजदीक रहकर भी वे रानू से दूर रहें यह उन्हें असह्य था। रानू भी उन्हें छोड़ना नहीं चाहती थी।

फणिभूषण थोड़ी दुविधा में थे। शादी की बात चल रही है, ऐसे समय रानू को बाहर भेजना क्या ठीक होगा? इस बार भी सरयू के प्रबल समर्थन से रानू को आखिरकार अनुमति मिल गई।

कहावत है रूप में लक्ष्मी, गुण में सरस्वती। रानू जैसे एक ही शरीर में वही थी।

लोगों के बीच रानू को कोई संकोच नहीं होता था। चंचलता का दमन करके चुपचाप बैठना भी जानती थी। लखनऊ के गवर्नर ने डिनर पार्टी दी थी। वहाँ उसने झटपट विलायती अदब कायदा भी सीख लिया।

कवि अतुलप्रसाद सेन के घर की संध्या गोष्ठी की भी वह मध्य मणि थी। अतुल प्रसाद दिन के वक्त हैट-कोट धारी बैरिस्टर होते थे, मगर शाम को धोती-कुर्तेवाले खाँटी बंगाली। ढोल-मृदंग बजाकर गाना गाते। रानू ने भी अपने साड़ी का आँचल गले में ऐसे लपेट लिया, जैसे वह बंगाल के गाँव की कोई शान्त लड़की हो।

कई लोगों के आग्रह पर उसने एसराज बजाकर सुनाया। उस वक्त जैसे वह साक्षात् वीणावादिनी सरस्वती थी।

उसे एक ऊँची वेदी पर बिठाया गया था। उसने एक लाल बॉर्डरवाली सफेद सिल्क की साड़ी पहन रखी थी। माथे पर बिन्दी थी। पीठ पर खुले बाल लहरा रहे थे जैसे कोई दिव्य आभा उसके सर्वांग से प्रस्फुटित हो रही थी।

उसकी तरफ देखते-देखते कवि के सीने में हूक उठने लगी।

यहाँ भी रानू के चाहनेवालों की कमी नहीं थी। उसे जरा देर के लिए भी आँखों की ओट करने का उपाय नहीं था।

लखनऊ से कवि को कराची जाना पड़ा। उन्होंने रानू को झटपट वाराणसी भेज दिया।

शिलांग से लौटने के थोड़े ही दिनों बाद कवि को अहमदाबाद की ओर जाना पड़ा। इस बार एल्महर्स्ट उनका साथी हुआ।

नए नाटक का अन्तिम हिस्सा अभी भी बाकी था। उसका बार-बार परिमार्जन भी कर रहे थे। सफर, वक्तृता, भोजसभा इन सबके साथ ही बीच-बीच में लेखन भी चलता रहता।

लिम्बिदी नामक एक छोटे से देसी राज्य में रहते समय एक रात को उन्होंने एल्महर्स्ट को बुलाकर कहा, "लिओनार्ड, आज मेरा मन बहुत खराब हो गया है। पता है क्यों? कारण सुनकर तुम चौंकोगे। जो नाटक मैं इतने दिनों से लिख रहा था, वह अब समाप्ति की ओर आ रहा है। वह कल ही पूरा हो जाएगा। यह आज भी खत्म हो सकता था लेकिन इतने दिनों तक जिन चरित्रों के साथ था, उन्हें छोड़ने की इच्छा नहीं कर रही है। मगर उन्हें विदा तो करना ही पड़ेगा। सिर्फ एक और दिन की देर की जा सकती है।"

एल्महर्स्ट ने कहा, "यह नाटक पढ़ने की बड़ी इच्छा हो रही है। जल्दी ही इसका अनुवाद भी होगा?"

कवि बोले, "हाँ होगा, सुरेन ने पहले ही कह रखा है। इस नाटक को तो तुम्हें पढ़ना ही पड़ेगा क्योंकि मैंने इसे तुम्हें ही भेंट किया है।"

एल्महर्स्ट बेहद चकित होकर बोला, "मुझको? मैं अपने को बेहद धन्य और सम्मानित महसूस कर रहा हूँ। लेकिन जानने के लिए कौतूहल हो रहा है कि मुझे क्यों भेंट किया?"

कवि ने कहा, "क्योंकि तुम्हीं तो इस नाटक के नायक हो।"

और भी ज्यादा चकित होकर एल्महर्स्ट ने कहा, "माई गुडनेस! नायक? मैं? आपके नाटक का? आप मुझसे मजाक कर रहे हैं।"

कवि बोले, "तुम रंजन हो। नाटक के केन्द्र में है हम लोगों की रानू। उसका नाम नन्दिनी है। वह तुम्हारा इन्तजार करती रहती है। और जाल की आड़ में है अदृश्य राजा, रंजन के साथ ही उसकी मुख्य प्रतियोगिता है। मैं इस नाटक को पूरी तरह से रूपक नहीं कहना चाहता।"

एल्महर्स्ट ने कहा, "लेकिन हूबहू वास्तविक चरित्र लेकर क्या शिल्प होता है? शिल्प में निश्चित रूप से अनेक रूपान्तर घटता है।"

कवि बोले, "अवश्य। मगर हम तीनों को लेकर ही सबसे पहले इस नाटक की रूपरेखा ध्यान में आई थी। रानू को पता नहीं, उसी ने मुझसे यह नाटक लिखवाया है। शायद तुम्हारी बात ध्यान में थी इसलिए मैंने रंजन के मुँह से कोई संवाद नहीं कहलवाया है।"

"आपका कहना है, रंजन ही इस नाटक का नायक है। मगर उसका कोई संवाद नहीं है? ऐसा नाटक दुनिया में पहले भी लिखा गया है?"

"विश्वसाहित्य की सारी खबरें तो मुझे पता नहीं। इसे लिखते समय सहज तौर पर यह बात आ गई। बाकी सभी रंजन की चर्चा करते रहते हैं, वह आएगा, आएगा, आता होगा, लेकिन अन्तिम दृश्य के पहले वह नजर नहीं आएगा। तब भी उसमें बात करने की क्षमता नहीं है।"

"आश्चर्य, बहुत आश्चर्य! आप चाहते हैं कि मैं नाटक के उस पात्र का अभिनय करूँ। मेरा बांग्ला उच्चारण ठीक नहीं है इसीलिए क्या आपने रंजन को कोई संवाद बोलने का मौका नहीं दिया?"

कवि हँसते हुए बोले, "यह भी एक कारण हो सकता है। अवश्य ही। मगर कारण जो भी हो, यह पाठकों के जानने की बात नहीं है। बांग्ला नाटकों के नायक बहुत ज्यादा बात करते हैं, लम्बे-लम्बे संवाद बोलते हैं, मेरा रंजन गूँगा नहीं है, मगर वह संलापहीन नायक है।"

और भी कुछ देर तक नाटक के बारे में चर्चा चलती रही।

इसके बाद एक समय एल्महर्स्ट बोला, "गुरुदेव, मेरा एक निवेदन है! इस बार शायद शान्तिनिकेतन-श्रीनिकेतन से मुझे अपना हाथ खींचना होगा। आप डोरोथी के बारे में जानते हैं। वह अब इन्तजार करने के लिए तैयार नहीं है। मैं भी अब उससे शादी करके गृहस्थ बनना चाहता हूँ।"

कवि बोले, "यह तो बड़ी अच्छी खबर है। तुम्हें मैंने ज्यादा दिनों तक पकड़े रहने की बात सोची भी नहीं। मेरे छात्र-कर्मचारी तुम पर हमेशा के लिए निर्भर बने रहें, ऐसा कभी सम्भव नहीं। तुम उन्हें रास्ता दिखा दोगे, इसके बाद वे लोग अपने पैरों पर खड़े होंगे, यही उचित है। मुझे लगता है उनकी तैयारी भी इसी तरह हुई है।"

एल्महर्स्ट ने कहा, "मैंने यथासम्भव किया है। कृषि, पशुपालन और स्वास्थ्य व्यवस्था के बारे में एक चेतना जागृत हुई है। अब आगे काम चलता रहेगा।"

कवि बोले, "मैं इसी में खुश हूँ।"

इसके बाद नि:शब्द मुस्कुराते हुए आँखें नचाकर बोले, "मैं तुम्हारे विवाह सम्भावना की बात सुनकर और ज्यादा खुश हूँ। मेरे मन से जैसे एक बोझ उतर गया। बाप रे, इधर मैं गौर कर रहा था कि तुम काशी की कन्या के प्रति इतना ज्यादा ध्यान दे रहे थे, उससे उस कन्या के मन की गति जैसे पहले का मार्ग छोड़कर तुम्हारी ओर हो गई थी। मेरे लिए डरने की बात ही थी, ठीक है न?"

एल्महर्स्ट ने हँसते हुए कहा, "आपकी इस आशंका का कोई कारण ही नहीं था। आप जिस प्रकार एक त्रिभुज प्रेम की धारणा दे रहे हैं, वह अलीक है। उस लड़की से मेरा सम्बन्ध थोड़ा अच्छे लगने का, और काफी कुछ कौतुक का था। मगर कुछ दिनों से मुझे एक बात लग रही थी, उसे कहूँ? शायद इस तरह की बात करने का अधिकार मेरा नहीं है।"

कवि बोले, "कहो, दिल खोलकर कहो।"

एल्महर्स्ट ने कहा, "आप काफी विषयों की मुझसे खुलकर चर्चा करते हैं, इसीलिए कह रहा हूँ। रानू के साथ आपके सम्बन्ध को मैं समझता हूँ। बहुत मधुर, निर्दोष सम्बन्ध। लेकिन अब रानू की शादी की बातचीत चल रही है, अब लगता है आप दोनों के बीच धीरे-धीरे एक दूरी बनाना उचित ही होगा। इतना ज्यादा पत्र लिखना, उससे बार-बार मिलना, आप बाहर जाने पर उसे भी साथ ले जाना चाहते हैं, इन सबसे गलतफहमी भी खड़ी हो सकती है।"

कवि बोले, "शायद तुम ठीक ही कह रहे हो। लेकिन वह नादान है। रोती है। बार-बार मेरे पास आना चाहती है। फिर भी, अपने को उससे दूर रखना ही होगा। लिओनार्ड, तुम यूरोप चले जाने पर भी यहाँ और एक बार आना! मेरी बड़ी इच्छा है कि इस नए नाटक का मंचन करने पर तुम, रानू और मैं इसमें अभिनय करें। गूढ़ बात को और कोई समझ नहीं पाएगा। तुम्हें लोग एकदम अन्तिम दृश्य में देखेंगे। रंजन लेटा हुआ है, नन्दिनी झुककर उसके बालों में एक पंख खोंस देगी।"

पूर्वी बंगाल के एक जमींदार-पुत्र ने कवि का जीना हराम कर दिया था। वह हर रोज जोड़ासाँको में आता था, शान्तिनिकेतन भी पहुँच जाता था। इन सब छोटे-मोटे जमींदारों को भी काफी लोग राजा कहते थे। वह युवक देखने में राजपुत्र जैसा लगता भी था। थोड़ा पढ़ा-लिखा भी था। गाना जानता था, कवि

के पास बैठकर उन्हीं के गाने सुनाता था। उद्देश्य बस एक था। यह बात काफी लोगों को पता चल चुकी थी कि काशी की रूपवती-गुणवती कन्या को वधू रूप में पाने के लिए सबसे पहले कवि की ही सहमति जरूरी थी।

सामान्यतः पसन्द आने पर भी कवि उसे पूरी तौर पर स्वीकार नहीं कर पा रहे थे।

उस लड़के का व्यक्तित्व कोई खास नहीं था। आज्ञाकारी जैसा था। कवि के निर्देशानुसार चलने के कारण ही ऐसा लग रहा था। सबसे बड़ी बात यह कि उसका परिवार पुरातनपन्थी था। अगर वह रानू को सुदूर मैमन सिंह ले जाकर अपने परिवार में ही सीमाबद्ध कर दे? इस सम्भावना से इनकार नहीं किया जा सकता।

रानू से उस लड़के का परिचय करवा दिया गया था। कवि ने एक दिन रानू से पूछा, "वह तुम्हें कैसा लगता है?"

रानू ओंठ बिचकाकर बोली, "लाल मूली।"

बृहत् ठाकुर परिवार में भी युवकों की कमी नहीं थी। उनमें से कुछ तो अब नए उत्साह से कवि की रचनाएँ याद करने लगे थे, कवि के सामने अपनी योग्यता की परीक्षा देने के लिए उत्सुक थे।

इसके अलावा भी विलायत पलट बैरिस्टर और उच्च कर्मचारी युवक भी कवि के पास आते-जाते रहते थे, उनके अभिभावक भी चिट्ठी लिखते थे। मगर कवि किसी तरह से भी तय नहीं कर पा रहे थे। किसी से भी वे पूरी तौर से सन्तुष्ट नहीं हो पा रहे थे।

रानू के माता-पिता के अधीर होने के बाद भी अभी तक कुछ भी तय नहीं हो पाया था। वे कवि के निर्देशों की प्रतीक्षा कर रहे थे। शायद नाटक के अन्तिम पृष्ठ के लिखने की भाँति कवि रानू का विवाह पर्व भी जब तक सम्भव था टालना चाहते थे। चेतन में या अवचेतन में।

वे पत्र लिखना भी कम नहीं कर पाए। रानू के लिखने पर जवाब न देना क्या उनके लिए सम्भव था? रानू अगर उनके पास आना चाहे तो क्या वे मना कर सकते थे? बल्कि महीने-दो महीने का व्यवधान होते ही उनके अन्दर एक छटपटाहट शुरू हो जाती थी। लिखते-लिखते कलम रुक जाती।

इस तरह की आशंका भी उनके मन में कहीं छिपी हुई थी कि कहीं रानू ही अचानक किसी को पसन्द न कर ले? अति उत्साही युवक अगर वाराणसी ही पहुँच जाए? वहाँ क्या घटित हो रहा था, कवि को इस बारे में तो सब कुछ पता नहीं चल पा रहा था।

वैसे रानू की माँ ने उनसे वादा किया था कि कवि की सहमति के बिना किसी से रिश्ता पक्का नहीं किया जाएगा।

सैकड़ों कामों के बीच भी कवि के कानों में जैसे हरदम एक 'जाती हूँ, जाती हूँ' की आवाज गूँजा करती थी। रानू चली ही जाएगी।

खेल के साथी विदा का द्वार खोलो—
अब विदा दो
खेलने की गई बेला
पथिक को पुकारा दिगदिगन्त ने,
टूट गया रे सुखमेला।...

चीन से उन्हें आमंत्रण आया था। अब काफी दिनों तक भेंट नहीं हो पाएगी, रानू इसीलिए शान्तिनिकेतन आई थी। मगर उसके साथ एकान्त में बैठकर विश्रामालाप करने का क्या वक्त था, जैसे लोगों के अनवरत प्रवाह से वे घिर गए थे। शान्तिनिकेतन में अचानक इतने लोग क्यों आ रहे थे? उनमें से कुछ खास लोग भी थे, कवि को उन्हें समय देना ही पड़ता।

रानू बीच-बीच में आकर झाँक जाती थी। ढेर सारे लोगों को कमरे में बैठे देखकर चौंककर चली जाती थी। उसके भीतर का ढेर सारा अभिमान कवि उसके चेहरे पर साफ महसूस करते।

रानू को कुछ समय तक और रोकने के लिए कवि ने एक उपाय निकाल लिया।

चेकोस्लोवाकिया से एक विशिष्ट कलाकार आए थे। पोर्ट्रेट बनाने में उन्हें महारत हासिल थी। उन्होंने एक दिन टगरफूलों से रानू को माला गूँथते देखकर उसका एक चित्र बनाने की इच्छा कवि से प्रकट की थी। कवि को भी खयाल आया कि शादी के पहले रानू की एक तस्वीर बनवा लेना अच्छा रहेगा।

तैलरंग चित्र के लिए कुछ दिनों की सिटिंग जरूरी थी। उन्होंने रानू को राजी कराया। कह दिया, ज्यादा हिलाना-डुलाना नहीं। कलाकार जिस तरफ कहे उसी ओर चुपचाप देखते रहना होगा।

कलाकार का नाम नोव्कव्स्की था। दीर्घकाय व्यक्ति थे। कामचलाऊ अंग्रेजी बोलते थे। बड़ी बुलन्द आवाज थी। 'शान्तिनिकेतन' भवन के दोमंजिले पर उनका कमरा था। वहाँ पर उत्तर दिशा से प्रकाश आता था।

उनके चित्र बनाने का तरीका विचित्र था। इजेल पर कैनवस लगा रहने के बावजूद पहले कई दिनों तक वे ब्रुश के बदले रंगीन पेंसिल से विभिन्न

भंगिमाओं में रानू का स्केच कागज पर बनाते रहे। सिर्फ विभिन्न भंगिमाओं में ही नहीं, विभिन्न पोशाकों में भी।

पहले दिन ही वे रानू से बोले, "अपनी ढेर सारी पोशाकें ले आओ? वे अलग-अलग रंगों की हों।"

एक पोशाक में एक स्केच बनाने के बाद वे बोले, "अब पीले रंग के कपड़े पहन लो।"

रानू को अपने कपड़े बाहर ले जाते देखकर वे बोले, "कहाँ जा रही हो, यहीं बदल लो।"

रानू ने चकित होकर देखा। यह कह क्या रहे हैं? भला पुरुषों के सामने लड़कियाँ कपड़े बदल सकती हैं?

वह बगलवाले कमरे में चली गई।

उसके लौटने में देर होने से कलाकार बेचैन होने लगे।

रानू के आते ही वे बोले, "मैं समय नष्ट नहीं कर सकता। इसके अगली बार मैं मुँह फेरकर बैठ जाऊँगा, तुम कपड़े यहीं बदल लेना।"

रानू बोली, "नहीं, मैं ऐसा नहीं कर सकती।"

इस बार कलाकार के चौंकने की बारी थी। अगर वे उसकी ओर न देखें तो उसमें शर्म की क्या बात थी? पूर्वी देशों का बहुत कुछ रहस्यमय होता है।

चार दिनों के बाद रेखांकन खत्म हुआ। इस बार कलाकार ने रानू को एक कुर्सी पर बिठाकर तूलिका पकड़ी। कैनवस पर चित्रांकन के पहले वे रानू के पास आकर उसका एक गाल पकड़कर बोले, "थोड़ी दाईं ओर देखो।" कन्धे पर हाथ रखकर कहा, "रिलैक्स, रिलैक्स!"

रानू काँप गई। अनजाने पुरुष का स्पर्श। इस देश के लोग स्त्रियों के शरीर का स्पर्श नहीं करते। कुछ-कुछ गुरुजन वर्ग के प्रौढ़ों की बात अलग है, जो लोग स्नेह जताने के बहाने लड़कियों को अपने सीने से लगा लेते हैं। रानू ऐसे गुरुजनों के पास फिर नहीं जाती थी।

कभी-कभी उसे लगता इस तरह चित्र बनवाना उसके लिए दंड जैसा है। भला इस तरह घंटों एक जगह बैठा रहा जा सकता है? यहाँ तक कि जरा भी हिल-डुल नहीं सकती। थोड़ा इधर-उधर होते ही कलाकार आकर उसका गाल छू देंगे, कन्धे पर हाथ रखेंगे, सीने का आँचल ठीक कर देंगे। उससे उसे और भी असहजता महसूस होती थी।

चित्र बनवाने के लिए उसे दोपहर को आकर बैठना पड़ता था। शाम ढलने के बाद ही रानू को छुट्टी मिलती थी। उस वक्त भी कवि के कमरे

में लोगों की भीड़ देखकर वह कहती, "मैं एल्महर्स्ट के पास सुरूल जा रही हूँ।"

सुरूल जाने में कोई दिक्कत नहीं थी। रानू साइकिल चलाना सीख गई थी।

एल्महर्स्ट बहुत अच्छी चाय बनाता था। युद्ध की कहानी सुनाता था। अंग्रेजी गाना भी बखूबी गाता था लेकिन बांग्ला गाना बिलकुल अच्छा नहीं गा पाता था।

रानू को पता था कि एल्महर्स्ट यहाँ से चला जाएगा। कवि के साथ चीन भ्रमण के लालच में कुछ और समय के लिए यहाँ रुक गया था। भारत और चीन में कितना साम्य या वैषम्य है इसे वह देखना चाहता था। मगर एल्महर्स्ट की बातों से एक बात साफ थी कि भले ही वह कितने देश घूम ले, बंगाल को वह कभी नहीं भुला पाएगा, विशेषकर शान्तिनिकेतन को। इसके बाद रानू की ओर देखकर बोला, "और तुम्हें भी।"

एक दूसरी साइकिल से एल्महर्स्ट ने रानू को शाम ढलने के बाद आश्रम में पहुँचा दिया।

रात में भोजन के बाद कवि फिर किसी से नहीं मिलते थे। तभी रानू को वक्त मिलता था। तब बरामदे में बैठकर वे दोनों बातें करते।

बातों से ज्यादा गाना ही होता। कवि ने इधर काफी गीत रचे थे। वे रानू को नए-पुराने अनेक गीत सुनाते। इन गीतों से ही वे बातें करते।

सोचा था आओगी लौटकर, विदा किया इसलिए फागुन अन्त में।
तुम्हारे जाने पर नीर बहाता हूँ, अब सावन में मरूँ द्विधा से।
अब बादल साँझ के अन्धकार में खुद ही को रुलाता हूँ खुद ही मैं।
एकाकी इस झर-झर वारिधार में कैसे आवाज दूँ लौटने को तुम्हें।
जब रहती हो मेरे सामने, तब भीतर-बाहर समा पाता हूँ भरपूर।
उस भरे पूरे दिन के भरोसे में चाहता हूँ।
विरह का डर हो जाए दूर।
फिर भी तुम्हारे बिना निर्जन रात में।
सिर्फ खोने का सुर बजता हृदय में।

गीत सुनते-सुनते रानू की आँखें भर आईं। कवि के हाथ-पर-हाथ रखकर उसने कहा, "भानु दादा, मैं कहीं नहीं जाऊँगी।"

फिर भी एक समय जाना ही पड़ेगा इसे कवि भी जानते थे, रानू भी जानती थी।

यह ठीक उसी प्रकार का है जैसे कोई ट्रेन के डिब्बे के दरवाजे पर खड़ा रहता है, दूसरा व्यक्ति बाहर प्लेटफार्म पर। दोनों एक-दूसरे का हाथ पकड़े खड़े रहते हैं। ट्रेन के हिल उठते ही उन दोनों को झटका लगता है। अब कौन किसे खींचे? दोनों ही जैसे कह रहे हों, आ जाओ, आ जाओ। फिर भी दोनों की मुट्ठी खुल जाती है।

चित्र का काम तेजी से आगे बढ़ रहा था। कैनवस पर रानू की मुद्राएँ स्पष्ट हो रही थीं। चित्र बनाते समय कलाकार को बातें करने की आदत थी। वे आकर कहते थे, "तुम्हारी तरह ऐसी मौन व्यंजित आँखें मैंने पहले कभी किसी स्त्री की नहीं देखी। तुम्हारी कमर की बनावट इतनी आकर्षक कैसे हुई? तुम क्या वाराणसी की गंगा में तैरती हो? तुम्हारी अँगुलियाँ बिलकुल चम्पा-फूल जैसी हैं।"

यह सब सुनते हुए रानू शर्म से लाल हो जाती थी। चेहरा नीचे करते ही कलाकार झट से करीब आकर ठुड्डी ऊपर उठा देते थे, काफी देर तक उसे देखते रहते।

एक दिन शाम ढलने को थी, अब चित्र बनाना भी खत्म होनेवाला था। अपना ब्रुश रखकर हाथ से रंग पोंछने के बाद कलाकार ने रानू के पास आकर उसकी ठुड्डी पकड़ ली। इसके बाद बोले, "मैंने काफी तस्वीरें बनाई हैं लेकिन तुमने मुझे हरा दिया। तुम्हारे वास्तविक रूप का मैं जरा भी चित्रांकन नहीं कर पा रहा हूँ। मेरी सृष्टि से भी जीवन्त तुम बहुत ज्यादा सुन्दर हो। शायद अगर मैं तुम्हें एक बार अन्तरंगता से अपने करीब पा सकूँ, एक बार बाँहों में भरकर तुम्हारा चुम्बन ले सकूँ...।"

रानू कलाकार को धक्का देकर भागती हुई बाहर निकल गई। भागती हुई मैदान को पार करके कवि के आवास में चली गई। सीढ़ियों से चढ़ते समय देखा, कवि अकेले नीचे उतर रहे थे।

रानू कवि के सीने से लिपटकर सिसकती हुई बोली, "भानु दादा, अब मैं तस्वीर नहीं बनवाऊँगी। तुम अब मुझसे वहाँ जाने के लिए मत कहना।"

कवि अचकचाकर बोले, "क्या हो गया?"

रानू बोली, "वह आदमी मुझे...वह आदमी..."

वह कुछ और नहीं कह पाई, सिर्फ रोने लगी।

कवि कुछ देर चुप रहे। उनकी देह जलने लगी। साँसें जोर-जोर से चलने लगीं। वे कठोरता से बोले, "रहने दो, तुम्हें अब जाने की जरूरत नहीं। मैं नव्कोव्स्की को मना कर दूँगा। चित्र बनाने की जरूरत नहीं।"

वे रानू के पीठ पर हाथ फेरने लगे। इसके बाद उसे अपने सामने करके उसका आँसुओं से भरा चेहरा देखने लगे।

यह चेहरा क्या रंग, कूची से कैनवस पर आँकना सम्भव था? या फिर शब्दों की लड़ी में बाँधना?

उस रात को कवि ने रानू को एक और गीत सुनाया—

मेरे मन को देखती है मन-ही-मन, हे रे माधुरी
मेरी आँखें भी भिखारी हैं जरा भी नहीं पलटतीं
निहारता हुआ सीने में गुंजरित वह एकतारा—
मनोरथ के पथ पर बजती है बाँसुरी
रूप की गोद में झूलती है वह अरूप माधुरी
तटहारे किस रस सरोवर में डार से बिछुड़ा फूल बहता जल पर
उसे हाथ से कोई न पकड़े, इसीलिए तरंगों से उसे देता हूँ ठेल—
अपने मन में थिर हो रहता हूँ, करता नहीं चोरी
पकड़ने लायक वस्तु नहीं वह, अरूप माधुरी।

अगले दिन सुबह रानू बगीचे में फूल चुनने गई थी। शरद ऋतु आ गई थी। असंख्य हरसिंगार खिले हुए थे। पेड़ से ज्यादा वे जमीन पर बिखरे पड़े थे। उसका मन हरसिंगार की माला गूँथकर कवि को पहनाने का हुआ। अचानक सामने एक लम्बी छाया पड़ी।

चौंककर पीछे मुड़कर रानू ने देखा, कलाकार नव्कोव्स्की एकटक उसे ही देख रहे थे। रानू काँप गई। अरे बाप रे! कलाकार क्या बदला लेने यहाँ आए हैं? वहाँ आसपास और कोई नहीं था।

कलाकार ने खेद-भरे स्वर में कहा, "रानू, तुमने कवि से क्यों कह दिया?"

रानू सिर झुकाए अपने अँगूठे के नाखून से मिट्टी खुरचने लगी।

वे बोले, "मैंने जो चाहा था, तुम्हारे राजी न होने पर क्या मैं जबर्दस्ती करता? क्या मैं बर्बर हूँ?"

रानू समझ गई उन्हें बड़ी चोट लगी है। मगर वह क्या करती, कल वह बहुत डर गई थी।

कलाकार बोले, "मैं आज ही शान्तिनिकेतन छोड़कर जा रहा हूँ। अब तुमसे कभी भेंट नहीं होगी।"

रानू बड़े अफसोस से बोली, "यह क्या, आप आज ही चले जा रहे हैं? आपका काम पूरा हो गया है?"

कलाकार एक पेड़ के तने पर घूँसा मारकर बोले, "काम जाए भाड़ में।"

"आप मेरे व्यवहार के लिए ही चले जाएँगे? मैं ठीक समझ नहीं पाई थी।" कलाकार रानू को अपलक देखते रहे।

अस्फुट स्वर में बोले, "हुआ नहीं, कुछ भी खिला नहीं पाया।"

फिर वे पलटकर तेजी से चले गए।

रानू खामोश खड़ी रही। उसे लगा जैसे वह भी एक पेड़ बन जाए। तभी दूर से किसी ने उसे पुकारा।

रानू को अब काशी लौट जाना पड़ेगा। शान्तिनिकेतन की छुट्टियाँ शुरू हो रही थीं। कवि अपने दल के साथ चीन रवाना हुए।

वहाँ से जापान होकर वे करीब पाँच महीने बाद स्वदेश लौटनेवाले थे।

उसके दो महीने बाद वे फिर सुदूर यात्रा पर निकल गए थे। पेरू की आजादी के शतवार्षिकी उत्सव में भाग लेने के लिए उन्हें बुलाया गया था।

दक्षिण अमरीका पहले कभी जाना नहीं हुआ था। उनकी बहुत दिनों की इच्छा पूरी हुई। निमंत्रण भी बहुत सम्मानजनक था।

रानू के लिए अभी भी कोई लड़का तय नहीं हो पाया था। कवि मन-ही-मन जानते थे वे जब तक लौट नहीं आएँगे तब तक रानू के पराए घर में जाने की कोई भी सम्भावना नहीं थी। तब तक रानू के एकमात्र मन के मीत भानु दादा ही बने रहेंगे।

हालाँकि कवि की अनुपस्थिति में ही रानू के लिए लड़के का चुनाव और रिश्ता भी तय हो गया।

रिश्ता तय कराने में लेखिका अनुरूपा देवी की भूमिका रही। यह सम्बन्ध एकदम आशातीत था।

वर्तमान में बंगालियों में सबसे धनी व्यवसायी राजेन्द्रनाथ मुखोपाध्याय हैं। द्वारकानाथ ठाकुर के बाद व्यवसाय के क्षेत्र में उनके जैसा सफल और कोई नहीं हुआ। अंग्रेज व्यवसायियों के साथ भी प्रतियोगिता करके वे अतुल ऐश्वर्य के अधिकारी हुए हैं। ब्रिटिश सम्राट ने उन्हें नाइटहुड प्रदान किया था।

सर राजेन के योग्य पुत्र वीरेन विलायत से पढ़ाई पूरी करके व्यवसाय में अपने पिता का हाथ बँटाने लगे थे। उनके लिए लड़की ढूँढ़ी जा रही थी।

अनुरूपा देवी के माध्यम से काशी के अधिकारी परिवार से सम्पर्क होते ही फिर ज्यादा बातचीत की जरूरत नहीं हुई। एक पक्ष रूप-प्रदर्शन से मुग्ध हुआ, दूसरा पक्ष धन देखकर आकृष्ट हुआ।

मुखोपाध्याय परिवार जिस तरह सनातन हिन्दू रीति-नीति को मानता था, उसी तरह अंग्रेजी चाल-चलन का भी अभ्यस्त था। खाँटी ब्राह्मण घर की सुलक्षणा, सुदर्शना कन्या की जन्म पत्रिका जिस तरह मिलाई गई उसी तरह शादी के पहले कुछ दिनों तक कोर्टशिप भी चला। रानू को अलीपुर में प्रशान्तचन्द्र महलानवीस के यहाँ लाकर रखा गया। वीरेन कभी-कभी घोड़े पर चढ़कर वहाँ आता था, विभिन्न विषयों पर उनकी बातें होतीं, कभी-कभी वह भावी पत्नी को लेकर मैदान में हवाखोरी करने जाता।

कवि को इन सबके बारे में कुछ भी पता नहीं चला।

हारानामारू जहाज पर सवार होकर समुद्र यात्रा करते हुए वे बीमार पड़ गए थे। पेरू पहुँचने के पहले ही चिकित्सकों के निर्देश पर उन्हें ब्यूनस आयर्स में उतार लिया गया। वहाँ के कस्बे सैन इसीद्रो के एक बागानघर में वे विक्टोरिया ओकाम्पो नामक एक धनी महिला की सेवा और सान्निध्य ऊष्मा से स्वास्थ्य लाभ करने लगे।

कवि को बिना बताए ही सब तय हो गया। इसके लिए रानू की माँ को अपराधबोध होने लगा। कवि का पता-ठिकाना उन्हें मालूम नहीं था। जबकि ऐसे लड़के को छोड़ा भी नहीं जा सकता था। सारी बातें एक चिट्ठी में लिखकर बम्बई भेज दी गई। लिफाफे पर लिखा था—'टुवेट एराइवल।' तय हुआ कि कवि के लौट आने पर आशीर्वाद की रस्म होगी। तब तक कोर्टशिप चलती रहे।

आखिरकार कवि पेरू जा ही नहीं पाए।

लौटते समय यूरोप होकर बम्बई पहुँचते ही उन्हें वह चिट्ठी मिली। पढ़ते ही समझ गए यह रिश्ता एकदम पक्का था। लड़के के बारे में भी आपत्ति करने का कोई कारण नहीं था। एक राजपुत्र एक अध्यापक की कन्या के गले में वरमाला डालने जा रहा था। इस जमाने के धनी व्यवसायियों ने ही तो राजाओं की जगह ले ली है।

कोलकाता आने के पहले ही उन्होंने चिट्ठी से अपनी सहमति, शुभेच्छा और आशीर्वाद जता दिया।

स्वदेश लौटने का मतलब विभिन्न समस्याओं में फँस जाना था। राजनीतिक उथल-पुथल और पुलिस की धर-पकड़ चल रही थी। कवि

अब राजनीति से जुड़े रहना नहीं चाहते थे। इस बात के लिए कुछ पत्र-पत्रिकाओं में उनकी आलोचना और निन्दा होने लगी थी। उन्होंने गांधीजी की चरखा नीति का समर्थन नहीं किया था। शान्तिनिकेतन लौटकर उन्होंने देखा कि वहाँ के लगभग हर घर में चरखा-तकली से सूत काता जाने लगा था। विधुशेखर शास्त्री और नन्दलाल बोस जैसें व्यक्ति भी इस कार्य में उत्साह से जुटे हुए थे।

असन्तुष्ट होने पर भी कवि ने इसे जाहिर नहीं किया। उन्हें मना भी नहीं किया।

अचानक उनकी रचना का स्रोत सूख गया। वे अपने पुराने नाटकों की मँजाई-घिसाई करने लगे, मगर नया कुछ दिमाग में नहीं आ रहा था। बीच-बीच में वे अनमने भी हो जाते थे।

उनके एक विशेष मित्र कैजरलिंग ने जर्मन से उन्हें एक लेख भेजने का अनुरोध किया था। वे पृथ्वी के विभिन्न देशों की विवाह प्रथाओं पर एक संकलन सम्पादित कर रहे थे। भारतीय विवाह के आदर्श विषय पर कवि से एक लेख लिखवाने की उनकी बड़ी इच्छा थी।

भारतीय विवाह का आदर्श जैसा क्या वाकई कुछ है? यहाँ शादी तो लड़के-लड़की खुद तय नहीं करते। उनके माता-पिता इसे तय करते हैं। इसमें प्रेम की कहाँ जगह है? प्रेम सिर्फ कविता में है। समाज जीवन में तो सिर्फ प्रथा और लोकाचार रहता है।

एक आसन्न विवाह की बात कवि के दिमाग में हमेशा घूमती रहती थी, इसीलिए वे इस विषय पर लिखने के लिए राजी हो गए।

अचानक एक चिट्ठी पाकर कवि के सीने में जैसे अचानक वज्रपात हुआ। वे काँपने लगे।

वह चिट्ठी रानू की माँ की थी। उनके पास कई बेनामी चिट्ठियाँ आई थीं। उन चिट्ठियों को भी उन्होंने इस चिट्ठी के साथ भेज दिया था। उन्होंने यह भी लिखा था, ऐसी चिट्ठी रानू की भावी सास को भी मिली है।

बिना नामवाली वे चिट्ठियाँ कदर्य इंगित से भरी थीं। कवि के साथ रानू के सम्पर्क का कई तरह से खुलासा करते हुए उनमें लिखा था कि यह विवाह सुखकर नहीं होगा। दो-एक चिट्ठियों में दूसरी बातें भी लिखी थीं। कवि खुद तो रानू से शादी नहीं करेंगे। वे तो गुरुदेव बने हुए हैं, इसलिए वे चाहते हैं, अपने किसी आज्ञाकारी युवक से रानू की शादी करके उसे वे अपने साथ रखे रहें। इसी उद्देश्य से उन्होंने एक युवक के साथ रानू का परिचय करवाकर

आपस में बेरोक-टोक मुलाकात करने को बढ़ावा दिया है। जिसे अवैध प्रेम कहा जा सकता है। ऐसी पतित लड़की, राजेन मुखर्जी जैसे उच्च वंश के योग्य नहीं हो सकती।

ऐसी चिट्ठी पढ़ते समय कवि को देखकर कोई पहचान नहीं पाता। ऐसा फीका, विह्वल चेहरा किसी ने कभी देखा न होगा।

विभिन्न रचनाओं और सामाजिक भूमिका के लिए उन्हें जीवन भर कटूक्ति और निन्दा झेलनी पड़ी थी। लेकिन उनके व्यक्तिगत चरित्र और नैतिकता पर किसी ने कभी आरोप नहीं लगाया था। चौंसठ साल की उम्र में उनके नाम पर ऐसी कालिख पोतने की कोशिश हो रही थी।

ये सब बातें आँधी की तरह फैलती थीं। लड़केवालों की ओर से इनमें से कुछ भी विश्वासयोग्य समझने पर यह रिश्ता टूट सकता था। इतना आगे बढ़ने के बाद शादी टूट जाने पर रानू का सारा जीवन ही नष्ट हो सकता था।

अब जैसे भी हो इस रिश्ते को बचाना जरूरी था।

कवि का दिल रह-रहकर कचोट उठता था। उसी मन:स्थिति में वे लड़के की माँ को चिट्ठी लिखने बैठ गए—

> 'किसी गुप्तनामा निन्दक ने रानू के चरित्र पर कलंक आरोपित करते हुए आपको जो पत्र लिखा है, रानू की माँ ने आज उसे मेरे पास भेजा है।
>
> विदेश से बम्बई लौटते ही मुझे खबर मिली कि आपके यहाँ रानू का रिश्ता तय हो गया है। यह पता चलते ही मैंने बहुत खुश होकर रानू को आशीर्वाद देते हुए पत्र लिखा था। श्रीमान वीरेन को भी लिखने की सोच रहा था कि तभी रानू की माँ का पत्र पाकर मैं स्तम्भित रह गया।
>
> रानू को मैं उसके बचपन से जानता हूँ एवं दिल से उससे स्नेह करता हूँ। यह जानता हूँ कि उसका चरित्र कलुषित होना सम्पूर्ण असम्भव है। उसकी उम्र की बंगाली घरों की लड़कियाँ जो सामान्य अनुभव सहज ही प्राप्त कर लेती हैं। वह उससे अनभिज्ञ थी। वह शिशु की तरह इतनी भोली थी कि उसकी बातें और आचरण कई बार हास्यकर लगती थीं। ऐसे अनभिज्ञतावश लोक व्यवहार के सम्बन्ध में उसकी कतई कोई धारणा नहीं थी। इसी कारण रानू के विवाह सम्बन्ध में मेरे मन में विशेष आशंका

थी। मैंने उसके लिए ऐसे सुपात्र की कामना की थी, जो उसकी अत्यन्त सरलता को वाकई महसूस करे और लौकिकता की भूलों को नजरअन्दाज करे।

एक बार मेरे एक मित्र का बेटा हमारे जोड़ासाँको के घर में संयोग से रानू को देखकर उससे विवाह के लिए उत्सुक हो गया था। सगोत्र में विवाह के लिए उसके पिता के असहमत होने की आशंका से मैंने पहले उसे बाधा दिया था। उस वक्त उसके पिता कोलकाता में नहीं थे। उस लड़के और उसके एक स्थानीय गुरुजन ने मुझे बार-बार आश्वस्त किया कि कोई बड़ी आपत्ति नहीं पैदा होगी और यह विवाह जरूर सम्पन्न होगा।

लड़का अच्छा था, उसके हाथों रानू को तकलीफ नहीं मिलेगी यह सोचकर मैंने उनके परिचय में बाधा नहीं दी थी। लेकिन परिचय के तौर पर उनकी सिर्फ एक बार शान्तिनिकेतन में भेंट हुई थी। उस वक्त रानू, मेरी बेटी मीरा और मेरी पुत्रवधू के साथ थी। उस लड़के से और ज्यादा घनिष्ठ होकर मिलना उसके लिए एकदम असम्भव था।

आप मेरी बेटी बेला को जानती थीं। उसका छोटा भाई शमी अब इस दुनिया में नहीं है। मैंने अनेक बार सोचा है कि वह अगर जीवित होता तो उसकी शादी अवश्य रानू से कर देता।

इसके साथ ही उन्होंने सरयू को भी एक चिट्ठी लिखी—

तुम्हारी चिट्ठी पाकर बज्रपात हुआ। लेकिन तुम घबराओ मत। मैं यथासाध्य कुछ-न-कुछ करूँगा। लेडी मुखर्जी को मैंने आज ही चिट्ठी लिख दी है। सर मुखर्जी को मैंने घर पर बुलाया है। बहुत सम्भव है दोनों ही यहाँ आएँगे। रानू से कहना, वह ज्यादा परेशान न हो। सब कुछ ठीक हो जाएगा।

चिट्ठी लिख जरूर रहे थे पर उनका हाथ काँप रहा था।

पता नहीं निन्दक लोग इस बीच और कितना विष फैला रहे होंगे। ये सब छिपे निन्दक कौन हैं इसे जानने का तरीका नहीं था। ये काफी करीबी लोग भी हो सकते थे।

कवि ने स्नान नहीं किया। खाने का भी मन नहीं हुआ।

कवि की तबीयत खराब होने की सोचकर प्रतिमा चिन्तित होकर बार-बार उनका हाल पूछने आती रही। कवि उससे भी कुछ कह नहीं पा रहे थे।

कमरे में अँधेरा करके लेटे रहने पर भी उन्हें नींद नहीं आई। उनकी आँखों के सामने रानू का चेहरा नाचता रहा। उसने भी क्या यह सब सुना है? उसकी क्या प्रतिक्रिया हुई होगी? वह क्या खूब रो-धो रही होगी?

प्रशान्त से उन्हें पता चला था कि भावी पति से रानू की खूब जमने लगी थी। इस शादी के लिए वह मन-ही-मन एकदम तैयार थी। अब अगर यह शादी न हो पाए?

उसे जो आघात मिलेगा, इसके बाद क्या वह फिर से भानु दादा से प्यार कर पाएगी?

वे भी रानू को किस भाषा में सान्त्वना देंगे?

राजेन मुखर्जी जब सपत्नीक कवि से मिलने आए, तब भी उनके साथ और भी कई घिनौनी चिट्ठियाँ थीं।

दोनों पक्ष में कई दिनों तक विचार-विनिमय होता रहा।

कवि बार-बार उन्हें व्याकुलता से समझाने लगे, रानू के परिवार के सभी के साथ उनका बहुत पुराना घनिष्ठ सम्पर्क है। वे रानू से विशेष स्नेह करते हैं। लेकिन गलत लोग उसकी गन्दी व्याख्या करना चाहते हैं।

अन्त में तय हुआ कि वीरेन की राय ली जाएगी। वह राजी हो तो फिर कोई बाधा नहीं रहेगी।

वीरेन विलायती कायदे का आदी था। वह रानू से एकाधिक बार मिला था, उससे बातें हुई थीं, वह उसे पसन्द थी। ऐसी बेनामी चिट्ठियों की वह परवाह नहीं करता था। उसकी आपत्ति का तो कोई सवाल ही नहीं पैदा होता था।

उनके विवाह की तिथि भी तय हो गई। मेघ मुक्त होकर कवि ने इत्मीनान की साँस ली।

रानू को यह सब कुछ पता नहीं था। वह शादी से पहले के कई दिन भानु दादा के साथ बिताने के लिए व्याकुल थी। वह उन्हें लगातार चिट्ठियाँ लिखे जा रही थी।

कवि अब सतर्क हो गए थे। रानू की चिट्ठियों का जवाब तटस्थता से दे रहे थे। अन्तिम चिट्ठी में उन्होंने लिखा—

विवाह के अधिक दिन पहले तुम्हारा कोलकाता जाना ठीक नहीं होगा।

विशेषकर मेरे यहाँ रहने पर हमेशा हर तरफ से उत्पात की आशंका रहेगी। मेरी बड़ी इच्छा थी कि विवाह के पहले कुछ समय तुम सभी मेरे ही यहाँ रहो—लेकिन ऐसा सम्भव होने नहीं दिया गया।

शान्तिनिकेतन में फालतू चिट्ठियाँ भेजने के अलावा वे कुछ और नहीं कर सकते। लिहाजा यहाँ पर तुम लोग जितने दिन चाहो शान्ति से रह सकते हो।

रानू लगभग जबर्दस्ती अपने माता-पिता को राजी करके, सबके साथ शान्तिनिकेतन चली आई। इस बार जैसे वह बात नहीं थी। बात-बात में रोक-टोक थी। सभी उपदेश देते रहते थे, दौड़ना मत, पानी में भीगना मत, दोपहर को धूप में निकलना मत नहीं तो रंग काला पड़ जाएगा। ठीक समय खाना खा लेना, ठीक समय सो जाना।

यहाँ तक कि रानू को भानु दादा भी सबके सामने उसे हमेशा उपदेश देते रहते थे, ससुराल में जाकर सभी के साथ किस तरह का व्यवहार करना पड़ेगा। बड़े-बूढ़ों की सेवा और छोटों के प्रति स्नेहपूर्ण व्यवहार करते हुए आदर्श स्त्री बनना पड़ेगा।

रानू बाकी सब विधिनिषेध मानती थी, बस रात में एक बार भानु दादा के पास गए बिना रह नहीं पाती थी। उस समय भानु दादा उसके एकान्त अपने होते थे। भानु दादा भी उसकी प्रतीक्षा करते रहते थे। चाँदनी में ऊपर के बरामदे में बैठकर दोनों कितनी ही बातें करते थे। गाना गाते थे।

अब उसके माता-पिता भी उसे मना नहीं करते थे। अब तो कुछ ही दिनों की बात थी, फिर बेटी को पराए घर में चली जाना था। हर माता-पिता का मन इस समय नरम रहता है। खूब धनी घर की औरतें अपने मायके से सम्पर्क नहीं रख पातीं। शादी के बाद रानू से अब कब भेंट होगी, ठीक नहीं। इसीलिए इस वक्त ज्यादा कड़ाई करके बेटी को दुखी करने को मन नहीं चाहता था।

हर बंगाली लड़की को एक उम्र के बाद शादी के लिए तैयार रहना पड़ता है। रानू की इससे ज्यादा अच्छी शादी की बात सोची भी नहीं जा सकती थी। ठीक है उसके मन में खुशी का आवेश छाया था, मगर जब-तब उसे रोना भी

आ जाता। मुक्त विहंग को अगर पिंजड़े में बन्द कर दिया जाए, भले ही वह सोने का क्यों न हो।

एक दिन भानु दादा के साथ हँसते-गाते अचानक वह फूट-फूटकर रोने लगी। कवि ने बाधा नहीं दिया, उसे अपलक देखते रहे।

थोड़ी देर बाद रुलाई बन्द कर उसने पूछा, "भानु दादा, अब मैं शान्तिनिकेतन नहीं आऊँगी?"

कवि बोले, "बिना आए रह पाओगी? अपने पति को समझाना।"

रानू बोली, "पता नहीं, डर लगता है। सुनती हूँ, उन्हें बस काम का नशा है।"

कवि ने कहा, "कल अचानक रात को नींद टूट गई। खयाल आया, सुबह उठकर तुम्हें अब देख नहीं पाऊँगा। तुम्हारे पिता कोलकाता जाने के लिए बेचैन हैं, शायद तुम सभी को लेकर चले गए हैं।"

रानू बोली, "ऐसा भला सम्भव है? तुमसे बिना कहे जा सकती हूँ?"

कवि बोले, "असम्भव बातें भी कभी-कभी मन में आती हैं। फिर नींद नहीं आई। एक गीत लिख डाला। अभी तक दीनू को सिखाया नहीं।"

रानू बोली, "तब तो मैं सबसे पहले सुनूँगी।"

कवि ने गीत सुनाया—

बिना कहे वह फेर न ले आँख अपनी
मुझे नींद नहीं आती
पास रहता हूँ उसके
फिर भी व्यथा बनी रहती दिल में
आया जो पथिक पथ भूलकर मेरे प्राणों के कूल में
भूल भंग होकर

स्रोत के विपरीत दिशा में
जाए न चला
उसके आते ही साँकल मेरी टूटी
खुले द्वार से ही फिर वह भागेगा
अपनी ही धुन में जो पागल
उठता है जाग
क्या उस अकेले में वह
मिन्नत की बाधा मानेगा?

यह गीत सुनकर भी भला रोने की क्या बात थी? फिर भी रानू के आँसुओं का बाँध टूट गया।

उसे पता था कवि अन्दर-ही-अन्दर कितने दुखी थे। वह खुद भी सोच नहीं पा रही थी कि इसके बाद भानु दादा के साथ उसकी भेंट हो भी पाएगी या नहीं। तब उसकी जिन्दगी कैसे बीतेगी?

कवि उसके कन्धे पर हाथ रखकर बोले, "अब जाओ।"

आषाढ़ का महीना। बरसात शुरू हो गई थी। रोज ही मूसलाधार पानी बरसता था। इसी बीच रानू की शादी की तैयारी भी चल रही थी।

कवि के फिर यूरोप जाने की बात थी। सोचा था, रानू की शादी के दिन वे रह ही नहीं पाएँगे, लेकिन तारीख टल गई।

उन्होंने सोचा था, जोड़ासाँको के घर से रानू की शादी होगी, इसलिए उस मकान में भी उन्होंने पुताई करवा डाली। लेकिन लड़केवाले तैयार नहीं हुए। इस शादी में वे ठाकुरबाड़ी की कोई भूमिका नहीं चाहते थे।

राजेन्द्रनाथ ने मध्य कोलकाता में कन्या पक्ष के लिए काफी बड़ा घर भाड़े पर ले लिया। उस घर में बगीचा था, तालाब भी था। अधिकारी महाशय के विवाह सम्बन्धियों के लिए उस घर में काफी जगह थी।

शादी के दिन सुबह से ही पानी बरसने लगा। दोपहर को ही कवि ने पुत्रवधू प्रतिमा को भेज दिया। उसकी तरह इतना सुन्दर और कोई नहीं सजा सकता था।

लड़कियों का झुंड रानू को घेरे बैठा था। उन्हीं के बीच उसे सजाया जा रहा था। जैसे धीरे-धीरे देवी प्रतिमा गढ़ी जा रही थी। डाक के साज की तरह सोने-चाँदी के गहनों से उसका बदन भर दिया गया। बड़े कायदे से बँधे जूड़े में जूही-फूल की माला भी शोभित हो रही थी।

सज्जा जब लगभग पूरी हो चुकी थी तब वीरेन की एक बहन प्रेमलता आकर बोली, "यह सज्जा नहीं चलेगी। सब खोल देना होगा। वह खुद सजाएगी।"

सभी विस्मित थे। इतनी सुन्दर सजावट! क्यों खोल देना होगा।

वीरेन की माँ ने कहला भेजा था, प्रतिमा एक बार विधवा हो गई थी। रथी के साथ उसकी दूसरी बार शादी हुई थी। शुभ काम में ऐसी किसी स्त्री का स्पर्श अमंगलकारी था।

प्रतिमा की आँखों में आँसू आ गए। वह वहाँ से उठकर भाग गई। रानू उसे पकड़ने के लिए उठी मगर सभी ने उसे जबर्दस्ती कुर्सी पर बिठा दिया। वह खामोश रोने लगी।

वहाँ मौजूद सभी से कह दिया गया कि यह बात किसी तरह से भी कवि के कानों तक न पहुँचे। लड़केवालों का जबर्दस्त दबदबा था, उनके किसी भी निर्देश की उपेक्षा करने का कोई उपाय नहीं था। वे अगर हठ ठान लें, मुहूर्त के समय अगर लड़का ही न आए तब तो सर्वनाश हो जाएगा। जीवन-भर रानू की शादी ही न हो पाएगी। हाँ, शास्त्र में लड़के की दूसरी शादी के निषेध की बात कहीं लिखी नहीं थी।

बिजली की रोशनी में रात को दिन में बदल दिया गया था। चारों तरफ फूलों का समारोह था। रोशन चौकी पर विख्यात वादकों का दल शहनाई बजा रहा था। द्वार पर खड़े कई बालक और बालिकाएँ आमंत्रितों के बदन पर गुलाबजल और इत्र की पिचकारी मार रहे थे। अनुरूपा देवी का लिखा कागज पर छपा विवाह का सेहरा लोगों में वितरित किया जा रहा था।

यथासमय एक के बाद एक कई रोल्स रॉयस गाड़ियों में सवार होकर वर और वर यात्रियों का दल वहाँ पहुँचा। उलूध्वनि से पूरा अंचल मुखरित हो गया। रानू की माँ गंगाजल से वीरेन के पैर धुलाकर उन्हें वरण करके गाड़ी से उतार रही थीं।

हर प्रकार के शास्त्रीय आचार से विवाह सम्पन्न हुआ।

कवि ने शान्तिनिकेतन से गायक-गायिकाओं का दल मँगवाया था। शुभ-दृष्टि से पहले खड़े वर के चारों तरफ पीढ़े पर बिठाई कन्या को सात बार घुमाया गया तब उन्होंने गाना शुरू किया। कुछ दूर बैठकर कवि यह सब देख रहे थे। फिर यज्ञ शुरू होते ही वे उठकर चले गए।

फिर 'वासर घर' (वर-वधू को विवाह के बाद लाकर बिठाया जानेवाला कमरा) में काफी रात तक गाना-बजाना और हँसी-मजाक चलता रहा। वहाँ पर ठाकुरबाड़ी का कोई मौजूद नहीं था।

अगले दिन भोर में रानू के जेठ गाड़ी लेकर उपस्थित हुए। पिताजी के घर से सम्पूर्ण विच्छेद की घड़ी आ गई। इस समय जोर से रोना नहीं चाहिए, मुँह को आँचल से दबा लिया जाता है। धुँधली आँखों से रानू कुछ भी देख नहीं पा रही थी। बेचारी समझ ही नहीं पाई कि कब वह ससुराल पहुँच गई।

हैरिंगटन स्ट्रीट में मुखर्जी लोगों का प्रासाद कोलकाता के कुछ दर्शनीय स्थलों में से एक था।

सुबह वहाँ पर हिन्दू मतानुसार कुशंडिका हुई। शाम को अंग्रेजी रिवाज के अनुसार रिसेप्शन। बंगाल के गवर्नर, काफी अंग्रेज राजपुरुषों, अनेक राजा-महाराजाओं तथा विख्यात व्यक्तियों के आगमन से विशाल हॉल भर गया। विलायती संगीत बजने लगा। अतिथियों को पहले चाय परोसी गई, फिर शैम्पेन।

विवाह के बाद की रात को कालरात्रि कहते हैं। इस रात को वर-वधू को एक साथ नहीं रहना चाहिए। रानू को उसकी बड़ी ननद के कमरे में ले जाया गया।

तीसरी रात, फूलशैया की रात को ही वास्तविक रूप में वर और वधू का प्रथम मिलन होता है। उसके जीवन की यही दीर्घतम रात होती है। इस रात को नींद खिड़की के बाहर प्रतीक्षा करके बार-बार लौट जाती है। अन्तिम प्रहर में उसे घुसने का मौका मिलता है इसीलिए अगले दिन धूप निकलने के बाद भी उन्हें कोई नहीं जगाता।

लेकिन अगले दिन सुबह होते-न-होते ही इस नव दम्पति के दरवाजे पर दस्तक देकर उन्हें जगाना पड़ा। नववधू से मिलने कोई आया था।

इस दिन इतनी सुबह भला कोई आता है? ऐसी विचित्र बात किसी ने देखी नहीं थी। घर के सभी लोगों की भौंहें सिकुड़ गईं।

और कोई होता तो लौटा दिया गया होता। लेकिन आगन्तुक और कोई नहीं, देवेन्द्रनाथ ठाकुर का बेटा, ख्यातिलब्ध व्यक्ति थे। इसीलिए उन्हें बैठकखाने में बिठा दिया गया।

कवि वहाँ अकेले बैठे रहे। अगली ट्रेन से वे शान्तिनिकेतन जा रहे थे, इसलिए रानू से वे एक बार मिलने आए थे। इस तरह, ऐसे समय, पहले से बिना कुछ बताए आना ठीक नहीं होता, यह बात उनके ध्यान में ही नहीं थी।

अनात्मीय गैर मर्दों के सामने इस घर के बहुओं के आने की प्रथा नहीं थी। फिर भी जब घर के बड़ों ने अनिच्छा के बावजूद अनुमति दी थी तब नई बहू को पूरी तरह सजाकर भेजना होगा। इसमें काफी समय लग गया।

बैगनी रंग की ढाकाई साड़ी और अनेक प्रकार के अलंकारों से सज्जित होकर ननद और अन्य लड़कियों के साथ रानू नीचे उतरी। वह बैठकखाने के दरवाजे के पास खड़ी हो गई। उसके चेहरे पर घूँघट पड़ा था।

उसे देखते ही कवि समझ गए कि उन्होंने कितनी भूल की थी।

यह दूसरी रानू थी। दूसरे की रानू। यहाँ उसके साथ बात करते वक्त भी अन्य लोग मौजूद रहेंगे।

रानू ने आगे बढ़कर उनके पैरों के पास बैठकर उन्हें प्रणाम किया। यह उसका पहला प्रणाम था। कवि उसके सिर पर हाथ रखकर उसे अस्फुट स्वर में आशीर्वाद देकर तेजी से बाहर निकल गए।

रानू को अब पत्र लिखना या उससे सम्पर्क रखना उचित नहीं, कवि इसे जानते थे। फिर भी कभी-कभी मन नहीं मानता था। एक-एक समय इस वियोग की शून्यता असहनीय हो जाती थी। कभी-कभी कोई तर्क काम नहीं करता था। तब वे रानू को बुला भेजते थे।

रानू को बाहर जाने के लिए काफी पाबन्दियों का सामना करना पड़ता था। इसे वह कवि को कैसे समझाती! उसे अकेली छोड़ा नहीं जाता था। खासकर उसका ठाकुरबाड़ी आना-जाना उसके ससुरालियों को पसन्द नहीं था। वे खुलकर आपत्ति नहीं करते थे लेकिन चेहरे पर असन्तोष झलक उठता था। इसलिए रानू जाना भी नहीं चाहती थी।

कवि ने एक दिन एक आदमी के हाथों चिट्ठी भेजी। उस दिन शाम को वे एक नाटक देखने जानेवाले थे इसीलिए वे अपने साथ रानू को ले जाना चाहते थे। चिट्ठी की भाषा आदेश जैसी थी। उन्होंने वीरेन को निमंत्रित नहीं किया था, सिर्फ रानू को बुलाया था।

सास-ससुर के बदले रानू ने अपने पति से अनुमति माँगी।

वीरेन को बांग्ला गाना, कविता या साहित्य से कोई लगाव नहीं था। उसे पोलो खेलना अच्छा लगता था। मोटर रेसिंग। बीच-बीच में छुट्टियों में पत्नी के साथ लॉन्ग ड्राइव करना भी उसे पसन्द था।

शादी के पहले की बेनामी चिट्ठियों के बारे में उसने कभी भी कोई चर्चा नहीं की थी। मगर जोड़ासाँको के कवि अथवा शान्तिनिकेतन के गुरुदेव के प्रति उसमें वैसा आकर्षण नहीं था, इसे उसने इशारे से समझा दिया था।

रानू का अनुरोध सुनकर उसने कहा, "आप कैसे जा सकती हो? आज घर में एक पार्टी है। तुम्हारे न रहने पर अतिथि क्या सोचेंगे?"

रानू फिर भी अनुनय करते हुए बोली, "अगर ठीक समय पर लौट आऊँ? काफी दिन थियेटर देखे हो गए, मेरी बहुत इच्छा कर रही है।"

वीरेन ने नीरस गले से कहा, "अगर आठ बजे तक लौट सकती हो तो जाओ।"

सिर्फ थियेटर देखना ही नहीं, कवि के साथ बैठकर थियेटर देखना।

घर की गाड़ी और एक सरकार महाशय को लेकर रानू चली गई। जोड़ासाँको पहुँचकर वह ऊपर नहीं गई। खबर भेजते ही कवि खुद ही नीचे उतर आए।

रानू को देखकर वे बच्चों की तरह खुश हो गए।

रानू की भड़कीली साज-सज्जा को देखकर वे बोले, "वही रानू है! तुम्हारा चेहरा तो ठीक वैसा ही है। लगता है जैसे तुम्हें युगों से नहीं देखा।"

गाड़ी में सरकार महाशय और ड्राइवर के कारण रानू को बात करने में असहजता हो रही थी।

थियेटर साढ़े पाँच बजे शुरू होनेवाला था। मगर समय की पाबन्दी बंगालियों के स्वभाव में नहीं। इसके अलावा नाटक के पहले छोटा-मोटा भाषण, कवि को फूलों का गुच्छा भेंट किया गया। नाटक शुरू ही घंटा-भर देर से हुआ।

आम दर्शकों से अलग सबसे आगे कवि और रानू को मखमली कुर्सियों पर बिठाया गया था। नाटक का सेट बहुत खूबसूरत था। नाटककार के खुद उपस्थित रहने के कारण अभिनेता-अभिनेत्री जी-जान लगाकर अभिनय कर रहे थे। गीत-संगीत की प्रस्तुति भी बहुत अच्छी थी।

मध्यान्तर होते-होते पौने आठ बज गए।

रानू बीच-बीच में अपनी हाथ-घड़ी देख रही थी और मन-ही-मन बेचैन हो रही थी। नाटक के प्रति आकर्षण अदम्य था मगर मन घर में पड़ा था।

'अभी आ रही हूँ' कहकर वह उठ गई। थियेटर हॉल के मैनेजर के कमरे में जाकर उसने अपनी ससुराल में फोन किया। फोन किसी और ने उठाया। रानू ने उससे वीरेन को बुलाने का आग्रह किया।

उस व्यक्ति ने कुछ क्षण बाद कहा, "साहब कह रहे हैं, वे व्यस्त हैं, मुझे ही बता दीजिए।"

रानू बोली, "मैं जो नाटक देख रही हूँ उसे खत्म होने में थोड़ी देर होगी।"

रानू समझ गई, वीरेन करीब ही मौजूद था। फिर भी वह फोन नहीं पकड़ रहा था। वह व्यक्ति रानू की बात उसे रिले कर रहा था।

थोड़ी देर बाद उस व्यक्ति ने कहा, "साहब कह रहे हैं, सभी अतिथि आकर बैठे हुए हैं। मिसेज मुखर्जी से कहो, उनके बिना आए उन्हें भोजन नहीं परोसा जा सकता।"

बात खत्म हो गई।

रानू असमंजस में पड़ गई। बातों के तरीके से ही वह समझ गई कि अभी वापस न लौटने पर वीरेन बहुत क्रोधित होगा। और नाटक को इस तरह बीच में छोड़कर चले जाने से कवि बहुत दुखी होंगे। उस नाटक के खत्म होते-होते और सवा घंटा तो लगेगा ही।

रानू कुछ क्षण दुविधा में रही। कवि की अनुमति लेने के लिए उनके पास जाने का साहस नहीं हुआ। वह मन-ही-मन फैसला करके तेज कदमों से बाहर निकलकर गाड़ी में बैठ गई।

बीच रास्ते में न जाने क्या सोचकर उसने गाड़ी की खिड़की से गुलदस्ते को बाहर फेंक दिया।

वीरेन और रानू तिमंजिले के कमरों में रहते थे। बारजे से सुन्दर क्यारी किया हुआ बगीचा नजर आता था। भोर के वक्त वहाँ काफी संख्या में चिड़िया आकर चहचहाती थीं।

इस घर का नियम था कि पुरुषों के देर तक सोते रहने के बावजूद स्त्रियों को सुबह-सुबह ही उठना पड़ता था। इसलिए वीरेन के जागने के पहले ही रानू बिस्तर से उठ जाती थी। कुछ देर बारजे में खड़ी रहती थी। इस तरह ताजी हवा का आनन्द लेती थी।

दिन के वक्त सादा या दोरिया धने खाली अथवा टांगाइल साड़ी पहनना उस घर का नियम था। सिर पर पल्लू रखकर आँचल में चाबी का गुच्छा बाँधना होगा। इसके बाद दिन-भर पति का दर्शन दुर्लभ रहेगा। अपने सबसे करीबी व्यक्ति के साथ जो कुछ भी संग-साथ या बातें होनी होंगी, उसके लिए सिर्फ रात को ही मौका मिलेगा।

ससुर राजेन्द्रनाथ बहुत भोर में उठ जाया करते थे। दोमंजिले के बारजे में एक आरामकुर्सी पर बैठकर वे सूर्योदय देखा करते थे। विभिन्न मौसमी फलों को छीलकर एक चाँदी की तश्तरी में उन्हें देने की जिम्मेदारी रानू पर थी।

वे पुरुषार्थी के रूप में जाने जाते थे। अंग्रेजों के साथ व्यावसायिक प्रतियोगिता में ही वे सफल नहीं थे, वे अन्य तरह से भी मुकाबला करते थे। साहबों के अपने बेंगाल क्लब में उन्हें एक बार प्रवेश नहीं करने दिया गया था फलस्वरूप उन्होंने कई और लोगों के साथ मिलकर जोर-शोर से कैलकटा क्लब की स्थापना की थी जिसकी ख्याति दिनोदिन बढ़ रही थी।

राजेन्द्रनाथ दिन-भर विविध कार्यक्रमों में व्यस्त रहते थे। सुबह एक-डेढ़ घंटे का वक्त अपने परिवार के लोगों के साथ बिताते थे। उनकी पत्नी बगल में बैठी रहती थी। अपनी विवाहिता लड़कियों को उन्होंने घर में ही रखा था या अपने घर के करीब उनके लिए घर खरीद दिया था। वे लोग भी आ जाती थीं। पुत्रवधू रानू से वे छोटे-मोटे विविध विषयों की जानकारी लेते रहते थे।

फलाहार के बाद उनकी पत्नी उनके लिए कॉफी ले आती थी। लड़कियाँ कॉफी की तुलना में चाय पीना ही ज्यादा पसन्द करती थीं।

इसके बाद अखबार खोलते-न-खोलते कोई-न-कोई चला आता था। कभी कोई साहब-मेम या सर जी.सी. मिटर। सर नीलरतन सरकार या वर्धमान के विशालवपु महाराज। नौकरों से खबर पाकर राजेन्द्रनाथ ड्राइंगरूम में चले जाते थे। वहाँ पर लड़कियों के जाने की मनाही थी।

थोड़ा दिन चढ़ने पर लड़कियों को एकमंजिले पर उतर आना पड़ता था।

रसोईघर में घुसकर सास प्रतिदिन रसोई के लिए निर्देश दिया करती थीं जिसे रानू को बगल में खड़ी होकर सुनना पड़ता था। वह रसोई का क भी नहीं जानती थी, मसालों के नाम भी नहीं, फिर भी सीखना तो था ही। शादी के पहले उसकी रसोई की परीक्षा नहीं ली गई थी। रसोई पकाने में अपनी अयोग्यता की बात उसने सहज रूप से बता दी थी। इसे सुनकर वीरेन को बड़ी हँसी आई थी। अगर घर की बहुएँ रसोई करने लगें फिर तो रसोइयों की नौकरी ही चली जाएगी।

डाइनिंग रूम में राजेन्द्रनाथ के साथ नाश्ता करने उनका बड़ा बेटा और वीरेन, साथ में उनके एक दामाद भी बैठते थे। इसके बाद वे अपनी-अपनी गाड़ियों से दफ्तर रवाना हो जाते। वीरेन बड़ा न होने पर भी अपने पिता का प्रिय था। उसी पर व्यवसाय की सबसे ज्यादा जिम्मेदारी थी। वह राजेन्द्रनाथ के साथ उन्हीं की गाड़ी में जाता था।

गाड़ियों के रवाना होते समय घर की स्त्रियाँ सिर पर आँचल रखकर पोर्टिको में खड़ी होकर उन्हें विदा करती थीं। काफी दिनों से यह प्रथा चली आ रही थी। इसी समय रानू को कुछ क्षणों के लिए सड़क का दृश्य नजर आता था।

गेट के बाहर चीनी, जापानी और अन्यान्य अनेक फेरीवाले खड़े रहते थे। बाबुओं के निकल जाने के बाद वे लोग बैठके में आकर विभिन्न प्रकार के कपड़े, एम्ब्रॉयडरी सिल्क लेस सामने सजाकर बैठ जाते थे। प्रतिदिन कुछ-न- कुछ खरीद-फरोख्त हो ही जाती थी। इस तरह अच्छा-खासा समय बीत जाता।

दोपहर के भोजन के बाद उसे सास के कमरे में बैठना पड़ता था। रानू की पाँच ननदें, जो लोग सुबह नहीं आ पाती थीं, वे सभी दोपहर को जरूर आतीं। पान खाते-खाते बैठकी, सिलाई-बुनाई में वक्त बीतता। सिलाई की बहुत जरूरत थी, ऐसा नहीं था, बस ऐसा ही चला आ रहा था। रानू सिलाई के बारे

में कुछ भी नहीं जानती थी। अँगुली में सुई चुभने से खून निकलने लगता था। दूसरों के देख लेने के पहले ही वह उसे चूसकर मिटा देती थी। फिर भी कुछ ही दिनों में न चाहते हुए भी उसने सीख लिया। एक क्रॉसस्टिच का आसन बुनकर उसे वाहवाही भी मिल गई।

इस घर में कोई गाना नहीं सुनता था। रवीन्द्रनाथ के गाना सुनने का तो सवाल ही नहीं उठता था। कोई बांग्ला नाटक भी देखने नहीं जाता था। किताब नहीं पढ़ता था। पानी में नहीं भीगता था। बगीचे में दौड़ता नहीं था। लड़कियाँ साइकिल चलाती हैं, यह बात सुनकर वे आतंकित हो जाती थीं।

बीच-बीच में बाहर जाने का अवसर नहीं आता था, ऐसी बात नहीं थी। सास के लिए हर समय एक रोल्स रॉयस गाड़ी अंग्रेज ड्राइवर समेत हाजिर रहती थी। किसी-किसी दिन वे पुत्रवधू और लड़कियों को लेकर निकलती थीं। कहाँ? विभिन्न दुकानों में मनपसन्द चीजें खरीदने के लिए। हॉल एंड एंडरसन, आर्मी एंड नेवी स्टोर्स, व्हाइट एवे लेड ल और हैरिसन हैथवे—इन चार दुकानों में ही उनकी गतिविधियाँ सीमित रहती थीं। किसी भी भारतीय दुकान में जाना उनकी शान के खिलाफ था, यहाँ तक कि न्यू मार्केट में भी, क्योंकि वहाँ तो हर कोई आता-जाता था। निर्दिष्ट दुकानों में मोलभाव का सवाल नहीं उठता था। मनपसन्द वस्तु ले ली जाती। दाम भी खुद नहीं देना पड़ता था। यह काम पीछे खड़े सरकार बाबुओं का था।

संस्कृत भाषा के अध्यापक एवं मध्यवित्त परिवार की लड़की होते हुए भी रानू उस नवधनाढ्य और अंग्रेजी तहजीबवाले परिवार के अदब-कायदों को तेजी से सीखने लगी। जैसे, किसी के साथ ज्यादा अन्तरंगता नहीं दिखानी चाहिए। मुस्कुराते रहने के बावजूद दूसरों के साथ थोड़ी दूरी बनाए रखनी चाहिए। बाहर के लोगों की बातों में ज्यादा ध्यान लगाने की जरूरत नहीं। एक के पास कुछ दूर रुककर दूसरे की ओर मुखातिब हो जाना चाहिए। अचानक उदासीनता का रुख अपना लेना चाहिए। कोई खूब आर्त या विपन्न व्यक्ति आता तो उससे सहायता का वादा जरूर करना साथ ही यह भी जता देना कि उसके लिए तुम ज्यादा समय देने के लिए तैयार नहीं हो। रुपए जरूर मिलेंगे पर खासकर उसके लिए समय निकालने की फुरसत नहीं। नाते-रिश्तेदार आने पर समझ लेना होगा कि उनमें से किस-किस का स्तर कैसा है। जो लोग समान स्तर के नहीं हैं, उनका हँसते हुए छोटा-मोटा अपमान करते हुए उन्हें जता देना होगा कि यहाँ जब-तब आने की जरूरत नहीं।

भानु दादा की प्रायः याद आया करती थी। शान्तिनिकेतन की स्मृतियाँ अचानक याद आकर बाकी सब पर हावी हो जाती थीं। उन्हें चिट्ठी लिखने की तीव्र इच्छा होने पर भी लिख नहीं पाती थी। उनकी पुरानी चिट्ठियाँ ही वह बार-बार पढ़ती रहती थी।

सास-ससुर जब विलायत या कहीं और घूमने जाते थे तब रानू को थोड़ी-बहुत आजादी मिलती थी। तब भी उसे अकेले निकलने नहीं दिया जाता था, जब-तब अपने मायके भी नहीं जा सकती थी। पति के साथ ही थिएटर-बाइस्कोप जा सकती थी। वीरेन को इन सबमें एकदम रुचि नहीं थी, समय भी नहीं था, फिर भी वह एकदम से युवती पत्नी के अनुरोध की उपेक्षा नहीं कर पाता था।

कवि के साथ बीच-बीच में रानू की भेंट हो जाती थी, किसी उत्सव या परिचितों की विवाह पार्टियों में। वहाँ सिर्फ सौजन्यतामूलक बातें होती थीं जैसे वे कोई दूर के व्यक्ति हों। आँखें मिलती थीं जिनका मर्म कोई और नहीं समझता था। रानू इसे महसूस कर चुकी थी, इस बार थिएटर हॉल से कवि को बिना कुछ बताए बीच में चले आने पर कवि को बहुत धक्का लगा था, अभी भी उनमें अभिमान भरा था। मगर अभी तक उसे उस बारे में कवि से समझाकर कहने का मौका ही नहीं मिला था। वैसा अन्तरंग सान्निध्य पाने का अब उपाय भी नहीं था।

समय बीतने पर रानू माँ भी बन गई।

पहले एक बेटी, फिर एक बेटा।

एक लड़की को कौमार्यावस्था से लेकर विवाहितावस्था तक आते-आते काफी बदलाव आ जाता है। माँ बन जाने पर तो और ज्यादा।

स्वाभाविक रूप से उसका सबसे ज्यादा ध्यान उसकी सन्तान पर हो जाता है। इस घर में बच्चों के लिए मद्रासी आया रखी जाती थी, ढेर सारे नौकर थे। इसके बावजूद पहली मंजिल पर बच्चे के रोने की जरा भी आवाज कानों में पड़ते ही रानू तिमंजिले से भागी हुई चली जाती थी। बच्चों को जरा भी बुखार या सर्दी-खाँसी होने पर दुश्चिन्तावश रानू खाना नहीं खा पाती थी। भले ही कोलकाता के सबसे नामी डॉक्टर—वैद्य को बुला लिया जाए, उस वक्त वीरेन के कोलकाता न रहने पर रानू को कुछ सूझता नहीं था।

अपनी साज-सज्जा की ओर अब रानू का मन नहीं लगता था। वह दोनों बच्चों को अनवरत गुड्डों की तरह सजाती रहती थी फिर भी मन नहीं भरता था। इस घर में आने के बाद से वह एसराज बजाना भूल चुकी थी, किताबें

पढ़ने का भी समय नहीं निकाल पाती थी, अपने बच्चों को कविताएँ सिखाती थी, रामायण-महाभारत की कहानियाँ सुनाती थी।

मगर कुछ-कुछ कर्तव्य पालन तो करना ही पड़ता था, पति के साथ पार्टियों में जाना ही पड़ता। वह सबसे धनी बंगाली परिवार की बहू थी, अपने चाल-चलन में जरा भी ऊँच-नीच दिखाने का उपाय नहीं था।

रानू बहुत अच्छी अंग्रेजी बोल सकती थी, अंग्रेजी साहित्य का भी उसका ज्ञान अच्छा था यह जानकर उसके ससुर घर में अंग्रेज मेहमानों के आने पर उसे बुला भेजते थे। रानू के साथ बातचीत करके साहब-मेम जितने हैरान होते थे उतने ही उसके ससुर गर्व महसूस करते थे।

दिन-पर-दिन बीतते गए, महीने-दर-महीने, साल-दर-साल।

मनुष्य की स्मृति काफी कुछ नदी की भाँति होती है। कभी बहुत नीचे तरंगहीन बहती रहती है, फिर कभी ज्वार की तरह उत्ताल तरंगित हो उठती है।

अचानक शान्तिनिकेतन के लिए उसका मन हाहाकार कर उठता था। अपने कमरे में बैठी-बैठी उस सप्तदर्शी फूलों की महक मिलने लगती थी, लगता आम्रकुंज की हवाएँ आकर उसके बदन को सहला रही हों, छात्र-छात्राओं का समूह गान उसके कानों में बजने लगता। आँखों में चाँदनी से धुला एक दोमंजिला बरांडा तैरने लगता। वहाँ कवि क्या अकेले बैठे होंगे?

रानू की दो बहनें इन दिनों शान्तिनिकेतन में थीं। बड़ी बहन आशा ने कुछ ज्यादा उम्र में शान्तिनिकेतन के ही एक अध्यापक आर्यनायकम से शादी की थी। वे लोग हर समय कवि को देख पाते थे मगर रानू को यह अधिकार नहीं था।

अपनी बहनों से भी रानू को मिले अरसा हो गया था।

एक और बात सोचकर भी उसे तकलीफ होती थी। उसके बच्चे भी अभी तक कवि को नहीं पहचानते थे। क्या उन्हें कवि का आशीर्वाद नहीं मिलेगा?

एक दिन उसने वीरेन से कहा, "क्या हम लोग एक बार शान्तिनिकेतन घूमने नहीं जा सकते? तुमने तो शान्तिनिकेतन देखा ही नहीं।"

वीरेन ने कहा, "मैंने दुनिया की बहुत विख्यात जगहें अभी तक नहीं देखी हैं। शान्तिनिकेतन में ऐसी क्या खास बात है?"

रानू बोली, "अहा, शान्तिनिकेतन से अन्य किसी जगह की तुलना ही नहीं हो सकती।"

वीरेन ने कहा, "यह कौन तुलना कर रहा है इस पर निर्भर करता है।"

रानू बोली, "वहाँ मेरी दो दीदियाँ हैं। अपनी सुन्दर सालियों के साथ भी कुछ दिन बिताने की तुम्हारी इच्छा नहीं करती?"

किसी-किसी व्यक्ति को कोई विषय पसन्द न होने पर भी उसे लेकर बहस करना नहीं चाहता। उसे समय की बर्बादी लगती है। सीधे-सीधे उस बात को नकारने का मतलब पत्नी के मन को चोट पहुँचाना होता है। फिर कुछ दिन घर में अशान्ति बनी रहेगी। इससे अच्छा तो अनिच्छा के बावजूद उसे मान लेना चाहिए।

इस बीच सास-ससुर दोनों ही दिवंगत हो गए थे। अब किसी अन्य व्यक्ति से अनुमति लेने की जरूरत नहीं थी। रानू खुद ही सब कुछ बन्दोबस्त करने लगी।

पति, अपने दोनों बच्चों, उनकी आया, नौकर-चाकर और ढेर सारे माल पत्र लेकर ट्रेन के रिजर्व किए एक कम्पार्टमेंट में वे सवार हुए। बम्बई-दिल्ली जानेवाली गाड़ियों की तुलना में शान्तिनिकेतन वाली गाड़ी की चाल काफी धीमी थी। उसके डिब्बे गन्दे थे। हॉकरों के शोरगुल से कुछ सुनाई नहीं पड़ता था। शुरू से ही वीरेन को सभी कुछ नागवार लग रहा था। वह मुँह बनाए बैठा रहा।

बोलपुर स्टेशन में कीचड़ जमा हुआ था। वीरेन का चेहरा देखकर लगता था जैसे उसे जबर्दस्ती कोई कड़वी दवा पिला दी गई हो।

स्वागत के लिए रथी मौजूद था। रानू काफी दिनों के बाद आई थी। इस बार उसकी खातिरदारी ही कुछ और थी। वह इस वक्त भारत के एक प्रधान उद्योगपति की पत्नी थी। कुछ दिन पहले एक और उद्योगपति श्री टाटा वहाँ एक अतिथि निवास निर्माण करने के लिए काफी धन दे गए थे। रानू ने अपने पति को भी साथ लाकर बड़ा काम किया था। वे अपनी आँखों से यहाँ का काम-काज देखें। उनके लिए एक अलग सुसज्जित मकान की व्यवस्था कर दी गई थी।

उस घर में जैसे हर समय लोगों का आना-जाना लगा ही रहता था, वैसे ही कवि के पास भी वे लोग दल-बल सहित जाते थे। साथ मिलकर चाय पीते, थोड़ी बातचीत भी होती। कवि इधर काफी मौन हो गए थे, वे बातें करना ही नहीं चाहते थे। अचानक उठकर दूसरे कमरे में चले जाते थे।

रानू ने कवि के अस्त-व्यस्त बालों पर गौर किया। उनकी दाढ़ी भी जैसे ज्यादा सफेद हो गई थी। मगर चाहने पर भी तो वह अब कवि के बालों में कंघी नहीं कर सकती थी।

वीरेन को वहाँ पर समय बिताने का एक उपाय हाथ लग गया था। उसे ब्रिज खेलना पसन्द था। रथी को भी ताश का नशा था। हर शाम को एक पार्टनर जुटाकर ताश की बैठकी जम जाती थी।

एक दिन ऐसे समय रानू वहाँ से उठकर कवि के कमरे में चली गई।

वहाँ नेपाल मजुमदार और विधुशेखर शास्त्री बैठे थे। उनके चले जाने के बाद ही एक ईरान के अध्यापक आ गए। फिर कोई और। मीरा और प्रतिमा भी जब-तब आ जातीं।

इस बीच आशा के यहाँ पर भी रानू हो आई।

रानू शान्तिनिकेतन की पुरानी बाशिन्दा थी। जो लोग रानू को काफी दिनों से देख रहे थे उनके अनुसार वह अब और ज्यादा सुन्दर हो गई थी। अब वह पूर्ण युवती थी। कैशोर्य अथवा प्रथम यौवन की चंचलता उसमें नहीं थी। चेहरे की लुनाई अब और बढ़ गई थी। उसकी हँसी पूर्णिमा की चाँदनी जैसी लगती थी। वहाँ सभी लोग रानू से बात करना चाहते थे। उसे सभी को थोड़ा-थोड़ा समय देना पड़ता था।

सिर्फ वह जिनके लिए काफी दिनों से संचित बातें करने के लिए भागी हुई आई थी, उन्हीं के साथ एकान्त में बातें नहीं कर पा रही थी।

एक दिन रानू ने शाम को पूछा, "भानु दादा, तुम मुझे अपना नया गीत नहीं सुनाओगे?"

कवि बोले, "ऐसी भीड़-भाड़ में क्या गाना होता है?"

उनका इशारा स्पष्ट था।

कवि के रात्रि भोजन के बाद उनके पास फिर कोई नहीं जाता था। वैसे समय ही तो बरांडे में बैठकर कवि ने रानू को गाना सुनाया था। रानू की बेसिर-पैर की बातें सुनी थीं। उसे रोते हुए देखा था। इस बार तो रानू ने ऐसे समय आने की एक बार भी जरूरत नहीं समझी।

दोनों की दृष्टियों में जैसे कुछ क्षणों के लिए एक सेतु निर्मित हुआ। इसके बाद रानू ने धीरे से सिर हिलाकर अपनी सहमति जताई।

कवि के लिए रात का भोजन आने पर रानू को भी घर लौटने के लिए बुलाया गया।

बच्चों का खाना-पीना पहले ही हो गया था। उन्हें सुला भी दिया गया था। रानू देख आई थी। इस बार कई लोगों के साथ बैठकर डाइनिंग टेबल पर भोजन करना था। इसके बाद ड्राइंगरूम में बैठकर कुछ देर बैठकी।

एक निर्दिष्ट समय पर बिजली की बत्ती बुझा देने के कारण शान्तिनिकेतन में सभी जल्दी से सो जाते थे। यह कमरा भी कुछ देर में खाली हो गया।

रानू के पूरे शरीर में अस्थिरता की तरंगें उठ रही थीं।

इस समय उसकी भानु दादा के पास जाने की बात थी।

वीरेन एक विलायती रेडियो साथ लाया था। उसकी घुंडी घुमा-घुमाकर वह दुनिया की खबरें सुनने की कोशिश कर रहा था। रानू को पता था वह थोड़ी देर बाद ही सो जाएगा। तब रानू झट से भानु दादा के पास जा सकती थी।

मगर वह अकेले जाएगी? अब क्या सम्भव था? उसकी हिम्मत नहीं पड़ी। भानु दादा जो चाह रहे थे उसे देने की क्षमता मुझमें नहीं है, नहीं है।

हालाँकि भानु दादा प्रतीक्षा में बैठे हुए होंगे। दोमंजिले के बरांडे के अँधेरे में अकेले। उन्होंने सोचा होगा रानू आज जरूर आएगी। कवि लोग क्या जीवन भर ऐसे ही नासमझ रहते हैं? प्रेम उन्हें यथार्थ से काट देता है?

रानू के मन में शिलांग पहाड़ के उस घर में सुना एक गीत गुंजरित होने लगा—

तुम्हें गीत सुनाऊँगा इसीलिए तो मुझे जगाए रखती हो
ओ हे नींद भगानेवाली
मुझे चौंकाकर तभी तो पुकारती हो,
ओ हे दुख जगानेवाली...।

रानू अब दुख जगानेवाली का सही अर्थ समझ रही थी। कितने सुख की स्मृतियों के बीच भी जग उठता है दुख?

सिर्फ दुख जगातिया ही नहीं, कई स्मृतियाँ जैसे सीने में आँधी की तरह महसूस हो रही थीं।

भानु दादा और वह, वह और भानु दादा, इन दोनों का एकान्तवास अब कभी भी सम्भव नहीं हो पाएगा।

रानू वहाँ जा नहीं पा रही थी जबकि दूरी ही कितनी थी!

वह वीरेन को जोर से ठेलकर बोली, "जरा चलो न, एक बार कवि से मिल आएँ।"

वीरेन ने दोनों भौंहें सिकोड़कर कहा, "इस वक्त? क्यों? अभी तो थोड़ी देर पहले ही बात कर आए।"

रानू बोली, "फिर भी चलो न! फिर से एक बार हो आएँ।"

वीरेन ने पूछा, "फॉर गॉड्स सेक, टेल मी व्हाई?"

रानू व्याकुलता से बोली, "हम लोग कल चले जाएँगे। एक बार आखिरी बार के लिए न मिल आएँ? विदा नहीं लूँगी?"

वीरेन ने कहा, "हमें कल दोपहर को जाना है। पूरी सुबह पड़ी हुई है। उस वक्त क्या नहीं मिलेंगे?"

रानू फिर भी बड़ी दीनता से वीरेन का हाथ पकड़कर भीख माँगने की तरह बोली, "प्लीज चलो, मेरी इच्छा कर रही है। तुम मेरे साथ चलो।"

पत्नी के इस पागलपन का अर्थ वीरेन की समझ में नहीं आया। स्त्रियों के सभी आचरणों को भला कितने पुरुष समझते हैं।

लाचारी में वीरेन को उठकर कपड़े बदलकर निकलना ही पड़ा।

इसी बीच शान्तिनिकेतन की सारी बस्तियाँ सुनसान हो गई थीं। पेड़ों के बीच-बीच में छाया-प्रकाश की जाफरियाँ बनी हुई थीं। रानू को कुछ भी नजर नहीं आ रहा था। उसका दिल धक-धक कर रहा था बड़ी मुश्किल से वह अपनी रुलाई रोके हुई थी।

इस बीच बूँदाबाँदी होने लगी थी।

कवि बरांडे में नहीं, एक नए तैयार कमरे में बैठे थे। कमरा धुएँ से भरा था।

एक बड़े पात्र में हरसिंगार के पत्ते जलाए जा रहे थे। मच्छर भगाने का यह नया तरीका था।

पैरों की आहट पाकर कवि ने मुड़कर देखा।

कुछ कहने जाकर अचानक रुक गए। रानू के साथ वीरेन को देखकर वे फीके स्वर में बोले, "तुम लोग आए हो, आओ बैठो।"

दोनों कुछ देर पड़े सोफे पर बैठ गए। किसी के मुँह से कोई आवाज नहीं निकली।

धुएँ के कारण कवि बीच-बीच में अस्पष्ट हो जाते थे।

रानू को लगा, जैसे वह विश्वासघातिनी हो। भानु दादा से वह अपनी बात पर कायम नहीं रही। मगर इस वक्त उसके लिए अकेली आना अब सम्भव नहीं था, इसे क्या भानु दादा नहीं समझेंगे?

वीरेन से यह धुआँ बर्दाश्त नहीं हुआ। उसने पूछा, "क्या मैं इस धुएँ के बर्तन को जरा हटा सकता हूँ?"

कवि बोले, "हाँ-हाँ, कमरे के उस कोने में रख दो...।"

इसके बाद उन्होंने पूछा, "तुम लोग इस वक्त आए हो। खास कुछ कहना है क्या?"

वीरेन को क्या कहना था! उसने अपनी पत्नी की ओर देखा।

रानू सिर झुकाए बैठी थी। जैसे कवि की ओर देखते हुए भी डर रही थी।

कुछ देर बाद वह बोली, "एक गाना नहीं सुनाएँगे?"

कवि बोले, "गाना...आज तो नहीं हो पाएगा। तबीयत कुछ ठीक नहीं है।"

कवि की जब तबीयत ठीक नहीं थी तब तो उन्हें और जगाए रखना उचित नहीं होता। वीरेन यह सुनते ही तुरन्त उठकर बोला, "तो फिर अब हम लोग जाएँ?"

रानू भी उठकर खड़ी होकर, पहली बार कवि की ओर देखती हुई कातर गले से बोली, "जाएँ?"

रानू ने आशा की थी, कवि कहेंगे, "कुछ देर और बैठो।"

पहले जैसे एक बात में विदा नहीं लेने देते थे।

इस वक्त उन्होंने मुँह से कुछ नहीं कहा। हल्के से सिर झुका लिया।

वीरेन ने तेजी से दरवाजों की ओर पैर बढ़ा दिया। रानू बार-बार मुड़कर देख रही थी। उसका रोम-रोम इस आशा में था कि कवि उसे एक बार जरूर पुकारेंगे।

धुएँ के कारण कवि का चेहरा साफ नहीं दिख रहा था।

रानू ने खुद ही फिर से कहा, "हम लोग जा रहे हैं।"

कवि ने कुछ नहीं कहा, जैसे वे धुएँ में गायब हो गए हों।

इसके बाद रात-भर भला रानू को नींद कैसे आती?

सोए हुए पति के पास वह करवटें बदलती-बदलती उजाला होते ही उठ बैठी।

कवि इस समय घर के सामने के आँगन में बैठकर प्रथम सूर्य की रश्मियों का उपभोग करते थे। वहीं उनके लिए चाय लाई जाती।

रानू ने वहाँ लगभग दौड़ते हुए पहुँचकर देखा, इतनी भोर में ही उनके सामने सुधाकान्त बैठे हुए थे। दोनों चाय पी रहे थे। केटली में अब और चाय नहीं थी। सुधाकान्त चाय लाने चले गए।

सुधाकान्त जा रहे थे और उधर दूर से विधुशेखर इधर ही चले आ रहे थे। बीच के इस थोड़े से समय में ही रानू को कवि से अपनी बात कह देनी थी।

वह बोली, "भानु दादा कल रात में..."

कवि हाथ उठाकर उसे रुकने का संकेत करके उसकी ओर देखते रहे।

कवि भी क्या रात-भर सो नहीं सके थे? उनकी आँखों के नीचे थकान की काली रेखा थी। आँखें निष्प्रभ थीं। बैठे रहने की मुद्रा भी कैसी थकी-थकी थी।

अब बिलकुल समय नहीं था।

जो बात दूसरों के सामने नहीं कही जा सकती, वह बात दूसरे नहीं कहने देते।

रानू ने दोनों तरफ देखा। विधुशेखर ने चलते-चलते झुककर जमीन से क्या उठाया। सुधाकान्त ने एक नौकर के हाथ से चाय का दूसरा पॉट ले लिया। अब मिनट-भर में ही वे दोनों यहाँ आ जाएँगे।

कवि के चेहरे पर गहरा विषाद था। उषाकाल का अपरूप प्रकाश भी उसे मिटा नहीं पाया। वे अपलक रानू को देखे जा रहे थे।

रानू ने फिर से बड़ी व्याकुलता से कहा, "भानु दादा, तुम्हें सुनना ही पड़ेगा।"

कवि ने उसे एक बार फिर मौन होने का संकेत किया।

वे टूटे हुए स्वर में बोले, "रानू, अब से तुम मुझे भानु दादा कहकर मत बुलाना। भानु सिंह हमेशा के लिए खो गया है। अब उसे लौटाया नहीं जा सकता। तुम सुखी रहो। अपने पति के परिवार के गौरव में वृद्धि करो। तुम्हारे बेटे और बेटी को मैं आशीर्वाद देता हूँ, वे भी बड़े होकर लायक बनकर देश की सेवा करें।"

रानू ने दोनों हाथों से चेहरा ढक लिया। उसकी देह काँप रही थी।

दूर टन्न-टन्न करके घंटा बज उठा। रानू की बालिकावस्था के दान से निर्मित वह घंटा।

कवि कुर्सी से उठकर चलने लगे।

उनके दोनों हाथ पीछे की ओर थे। इस बीच उनका शरीर थोड़ा झुक गया था। उनकी त्वचा शिथिल हो गई थी।

आम्रकुंज के बीच से कवि धीरे-धीरे अकेले पैदल चले जा रहे थे। उनके ओंठ हल्के से हिल रहे थे—

कंगाल हुआ मेरा भुवन आज
कुछ न रहा शेष
ओ हे निष्ठुर क्या तुमने उसे देखा?
उसका सब झर गया
मर गया
जीर्ण वसन पड़ा रह गया
ढकता हूँ प्रेम दान से
नग्न प्राण की लाज!

उड़ गए कहाँ
कुंज में जो गीत थे उसके,
सूने हृदय में उसके अब
बजाओ अपनी बाँसुरी,

किसने बुझाया उसके दीपक का उजाला
उसे फिर जलाओ
मेरी आँखों को देता है धोखा
मेरा अपना अँधेरा।

जब टूटा मिलन मेला
सोचा था भूलूँगा नहीं
आँसुओं को,
झरते हैं फूल माला से हर दिन
पथ की धूल में
पता नहीं कब आई
विस्मृति की बेला।

कठोर हुआ
दिन-प्रतिदिन अपना सीना,
सोचा था अब झरेंगे नहीं
मेरी आँखों से आँसू
पर भेंट हुई अचानक बीच राह में
रुदन क्षमता कैसे तब—
विस्मृति के अटल तल में था
अश्रुजल का खेला!

मुड़ गई है काफी दूर
तुम्हारी राह से मेरी राह,
कैसे गूँथी जाएगी अब
मेरे फूलों से
तुम्हारी माला?
किसे पुकारती है रोती हुई
सुदूर हवा में तुम्हारी बाँसुरी।

थक गए हैं पाँव मेरे
पथ की तरु छाया में

बैठा हूँ,
साथी खो जाने की गोपन कथा
कहूँ जिसे वह है कहाँ—
छोड़कर
पीछे मुझे
जाते हैं पथिक चले
अपनी धुन में।

तुम तो जाओगे ही चले
कुछ भी नहीं रहेगा बाकी,
व्यथा दे जाने पर मुझे
क्या बात रह जाएगी वही?
पथिक,
तुम यूँ ही चले आए कुसुम वन में,
कुचलोगे जिन्हें चरणों से
उसे रख दूँगा मैं
ढककर!

दिन ढलेगा होगा अँधेरा
मैं अकेले बैठ
भरे हृदय से
रख दूँगा
अपनी वेदना मधुर करके
विदा वंशी की करुण धुन से
सांध्य गगन
होगा मगन
अश्रुजल से दूँगा रख
दुख की शोभा
नई करके।

प्रासंगिक तथ्य सूत्र

इस उपन्यास के सभी तथ्य निम्नलिखित पुस्तकों से लिये गए हैं—श्रीमती रानू मुखोपाध्याय की आत्मकथा की पांडुलिपि, रवीन्द्रनाथ की 'भानुसिंहेर पत्रावली' (भानु सिंह की पत्रावली), प्रशान्त कुमार पाल की लिखी 'रवि जीवनी', प्रभात कुमार मुखोपाध्याय रचित 'रवीन्द्रजीवन कथा', एल.के. एल्महर्स्ट रचित Poet and Plowman, कृष्णादत्त और एंड्रयू रॉबिन्सन की पुस्तक 'Rabindranath Tagore—The Myriad Minded Poet, कृष्ण कृपलानी की पुस्तक Rabindranath Tagore : A Biography और शंख घोष रचित 'कविर अभिप्राय' (कवि का अभिप्राय)।

इस उपन्यास की घटनाएँ और उद्धृत रचनाएँ सर्वत्र कालक्रमानुसार वर्णित नहीं हुई हैं। यह पुस्तक कोई जीवनी या इतिहास नहीं बल्कि उपन्यास है।

इस उपन्यास के अधिकतर हिस्से विदेश प्रवास के दौरान लिखे गए थे। पुस्तकें तथा अन्यान्य तथ्य सामग्री जुटाने में पार्थ बसु, बादल बसु, नीलाद्रि चाकी, नूपुर लाहिड़ी, यामिनी मुखोपाध्याय आदि ने मेरी विशेष रूप से सहायता की है। इनके प्रति मेरी कृतज्ञता का अन्त नहीं है।

—सुनील गंगोपाध्याय